FiNALEonline.de

FiNALEonline.de ist die digitale Ergänzung zu deinem Arbeitsbuch. Hier findest du eine Vielzahl an Angeboten, die dich zusätzlich bei deiner Prüfungsvorbereitung in Deutsch unterstützen!

Das Plus für deine Prüfungsvorbereitung:

- das Extra-Training Rechtschreibung
- Original-Prüfungsaufgaben mit Lösungen (bitte Code von S. 2 eingeben)
- Tipps zur Prüfungsvorbereitung, die das Lernen erleichtern

Online-Grundlagentraining

Du hast noch Lücken aus den vorherigen Schuljahren? Kein Problem! Das Online-Grundlagentraining auf FiNALEonline.de hilft dir dabei, wichtigen Lernstoff nachzuarbeiten und zu wiederholen.
Und so funktioniert es:

Für das Fach Deutsch stehen dir über 100 Aufgaben zu prüfungsrelevanten Grundlagen in kurzen Trainingseinheiten zur Verfügung.

Unser Tipp für Lehrerinnen und Lehrer:
Nutzen Sie unsere vielfältigen Arbeitsblätter auch für Ihren Unterricht.

Für Lehrerinnen und Lehrer:
Die Lehrerhandreichung für den optimalen Einsatz der Arbeitsbücher im Unterricht zum kostenlosen Download!

Du übst lieber auf Papier? Dann klicke auf „PDF“ und drucke dir die gewünschte Trainingseinheit einfach aus.

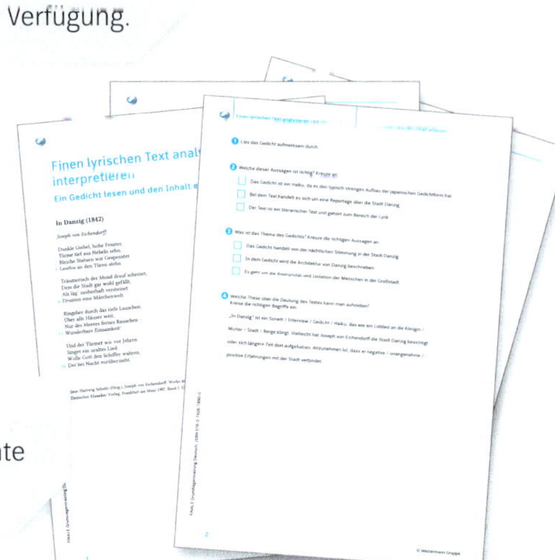

westermann

FiNALE Prüfungstraining

Niedersachsen

Abschluss 10. Klasse
Realschule
Deutsch

2023

Martina Hartwig
Melanie Priesnitz

Mit Beiträgen von
Walburga Böker
Peter Delp
Harald Stöveken

FiNALEonline.de

Liebe Schülerin, lieber Schüler,

sobald die Original-Prüfungsaufgaben zur Veröffentlichung freigegeben sind, können sie unter **www.finaleonline.de** zusammen mit ausführlichen Lösungen kostenlos heruntergeladen werden. Gib dazu einfach diesen Code ein:

DE1g9Rj

Einfach mal reinschauen: www.finaleonline.de

Bildnachweis: Peter Wirtz Fotografie, Dormagen: Titelfoto; game – Verband der deutschen Games-Branche e.V., Berlin: S. 18; stock.adobe.com, Dublin, Scott Griessel: S. 20; Shutterstock.com, New York, Irina Boldina: S. 23; www.co2online.de, Berlin: S. 29: Hüter, Michael, Bochum. Quelle: Stiftung Jugend und Bildung: S. 30, S. 71; Shutterstock.com, New York, Bartek Zyczynski: S. 78; stock.adobe.com, Dublin, Trueffelpix: S. 116; Shutterstock.com, New York, Gorodenkoff: S. 122

westermann GRUPPE

Druck A[1] / Jahr 2022
Alle Drucke der Serie A sind im Unterricht parallel verwendbar.

Redaktion: Marion Clausen, Berlin
Kontakt: finale@westermanngruppe.de
Layout: LIO Design GmbH, Braunschweig
Umschlaggestaltung: Gingco.Net, Braunschweig
Umschlagfoto: Peter Wirtz, Dormagen
Druck und Bindung: Westermann Druck GmbH, Georg-Westermann-Allee 66, 38104 Braunschweig

ISBN 978-3-7426-**2326**-3

Inhaltsverzeichnis

Was erwartet dich in diesem Arbeitsbuch?

Du bist in der 10. Klasse und vor dir liegt die Abschlussprüfung, das große „Finale“. Darauf will dich dieses Arbeitsbuch vorbereiten. Es gibt dir die Möglichkeit,

1. dich in verschiedene Themenbereiche einzuarbeiten,
2. dich mit den Prüfungsaufgaben und ihren Anforderungen vertraut zu machen.

Im **Teil A** erhältst du Hinweise, wie du dich zweckmäßig auf die Prüfung vorbereiten kannst. An Beispielen lernst du Prüfungsaufgaben und ihre Bewertung kennen.

Im **Teil B** wiederholst du wichtige Arbeitstechniken und Strategien. Zu jedem Arbeitsschritt – von der ersten Orientierung bis zum Überarbeiten deines Textes – bekommst du wichtige Informationen und hilfreiche Tipps. Außerdem enthält Teil B einen Text, mit dessen Hilfe du den Umgang mit Hörverstehensaufgaben einüben kannst.

Im **Teil C** findest du Prüfungsbeispiele, in denen du dein Wissen gezielt anwenden kannst. Auch hier arbeitest du nicht allein. Du erhältst wichtige Lösungshilfen, die dir sagen, worauf du bei der Erschließung der Texte und bei der Anlage deines Schreibplans achten musst.

Teil D und **Teil E** enthalten weitere Prüfungsbeispiele sowie die Original-Prüfungsaufgaben aus dem Jahr 2021, die du jetzt ohne Hilfen bearbeiten kannst. Sobald die Original-Prüfungsaufgaben aus dem Jahr 2022 zur Veröffentlichung freigegeben worden sind, kannst du sie unter **www.finaleonline.de** zusammen mit ausführlichen Lösungen kostenlos mit dem Codewort **DE1g9Rj** herunterladen.

Mit dem **Glossar** schließt dieses Arbeitsbuch zur Abschlussprüfung. Hier kannst du wichtige Grundbegriffe zur Erschließung von literarischen Texten und Sachtexten nachschlagen.

Und natürlich gibt es ein **Lösungsheft**, in dem du die Richtigkeit jedes Arbeitsschrittes überprüfen kannst. Außerdem findest du dort zu jedem Prüfungsbeispiel sowie zu den Original-Prüfungsaufgaben eine mögliche Musterlösung, sodass du nachlesen kannst, was von dir erwartet wird.

In diesem Arbeitsbuch findest du Schreibraum für wichtige vorbereitende Notizen.
Deinen Text zur Schreibaufgabe musst du allerdings auf einem gesonderten Blatt anfertigen.

Damit du ein Gefühl für die **Zeit** bekommst, kannst du bei den Aufgaben aus den Original-Prüfungen mit einer Uhr überprüfen, wie lange du brauchst.

Wir hoffen, dass du dich nach der Bearbeitung dieses Buches sicher für das „Finale“ fühlst.

Wir wünschen dir für die Prüfung toi, toi, toi.
Das Autorenteam

TIPP

Hast du noch Lücken aus den vorherigen Schuljahren? Dann empfehlen wir dir das „FiNALE Grundlagentraining Deutsch“ (ISBN 978-3-7426-1890-0). Es bietet prüfungsrelevantes Grundlagenwissen zum Nachschlagen und Üben. Ergänzend dazu findest du unter *www.finaleonline.de/grundlagentraining* ein kostenloses Online-Training bestehend aus interaktiven Übungsaufgaben und Arbeitsblättern zum Ausdrucken.

A Vorbereitung auf die Abschlussprüfung

A 1 Methoden der Prüfungsvorbereitung

Das Wort „Abschlussprüfung“ klingt für manche furchterregend. Im Grunde ist sie jedoch nur die letzte Klassenarbeit, die du an deiner Schule schreiben wirst. Und Erfahrungen mit Klassenarbeiten hast du doch bereits! Eine gute Vorbereitung hilft dir aber, dich optimal auf diese letzte Hürde einzustellen.

Wovon kannst du ausgehen?

Der **Termin für die Abschlussprüfung** steht bereits seit Langem fest. Er wird dir sehr frühzeitig von deiner Lehrerin bzw. deinem Lehrer mitgeteilt. Im Vorfeld der Abschlussprüfung erarbeitest du im Unterricht verschiedene **Texte und Textsorten**, die dir bei der inhaltlichen Vorbereitung helfen. Du wirst auch eine Klassenarbeit in der Jahrgangsstufe 10 unter den Bedingungen der Abschlussprüfung schreiben, sodass dir der **Ablauf der Prüfung** bereits bekannt ist und du dich gut darauf einstellen kannst.
Im Folgenden erhältst du Anregungen für die Vorbereitung und wichtige Hinweise auf die Prüfung.

Lernprotokolle anlegen

In der Abschlussprüfung kannst du zwischen verschiedenen thematischen Schwerpunkten wählen, die auf der Grundlage mehrerer (auch unterschiedlicher) Textsorten bearbeitet werden. So kannst du dich gründlich auf beide Aufgabentypen vorbereiten:

Im Unterricht	**Mit FiNALE**
• Sachtexte zu verschiedenen Themen bearbeiten • verschiedene literarische (erzählende) Texte bearbeiten	• Strategien für die Bearbeitung von Prüfungsvorlagen erarbeiten und in Beispielen anwenden

1 Welche Themen und Texte habt ihr bis jetzt im Unterricht besprochen? Liste sie auf.

Folgende Texte haben wir im Unterricht schon behandelt:

Erschließen von Sachtexten / Erörtern / Argumentieren

Erschließen von literarischen Texten / Interpretieren / Vergleichen

Hörtexte

2 Lege für Texte, die du schon bearbeitet hast, ein Lernprotokoll an und sammle diese in einem Portfolio (siehe folgende Seite).

Kopiervorlage • Kopiervorlage

Lernprotokoll

Datum	Titel	Textsorte	Ablageort

Das will ich mir merken:

1. **Zum Thema / Inhalt:** (Stichpunkte zum Text / wichtige Gedanken / Merkmale der Textsorte)

2. **So verstehe ich den Text:**

3. **Das habe ich geübt / Das muss ich noch üben:**

4. **Bemerkungen:** (Das halte ich für wichtig / Bezüge zu anderen Texten vermerken / passende Internet-Adressen ergänzen)

Die Zeitvorgaben in der Prüfung

INFO

Die schriftliche Abschlussprüfung in Deutsch dauert insgesamt 195 Minuten.
Sie beginnt zwischen 8.00 und 8.15 Uhr. Der genaue Zeitpunkt wird von deiner Schule festgelegt.
Die Abschlussprüfung besteht aus zwei Abschnitten:

I. Entscheidung für eine Prüfungsaufgabe
Du erhältst eine Prüfungsvorlage mit verschiedenen Materialtexten, und zwar den Basisteil mit verschiedenen Aufgaben und zwei Wahlteile (Wahlteil A und Wahlteil B), die jeweils eine längere Schreibaufgabe beinhalten.
Die Aufgaben im Basisteil musst du bearbeiten, zwischen den Wahlteilen A und B kannst du selbst entscheiden.

I. Prüfungsaufgabe auswählen
15 min

Die Aufgabenstellungen der Wahlteile können unterschiedliche inhaltliche Schwerpunkte haben (zum Beispiel Schwerpunkt „Literarische Texte" oder Schwerpunkt „Sachtexte") und unterschiedliche Schreibaufgaben beinhalten (z.B. Verfassen einer Stellungnahme, Schreiben eines Briefes oder eines inneren Monologs).

Innerhalb von 15 Minuten musst du dich für einen Wahlteil entscheiden.
Den Wahlteil, den du nicht bearbeiten willst, musst du durchstreichen.

II. Bearbeitung der Prüfungsaufgaben
Hörverstehenstest: (ca. 20 Minuten)
Ein Text wird zweimal vorgelesen. Zwischen dem ersten und zweiten Vorlesen des Textes gibt es eine kurze Pause. Beim zweiten Vorlesen darfst du dir Notizen machen. Fragen zum Text dürfen nicht gestellt werden. Anschließend erhältst du ein Arbeitsblatt mit Aufgaben zum Text. Diese musst du beantworten.

II. Prüfungsaufgabe bearbeiten
180 min

Basisteil und Wahlteil: Bearbeiten der Prüfungsaufgabe (ca. 160 Minuten)
Zuerst musst du die Aufgaben des Basisteils bearbeiten. Dazu musst du beispielsweise den Materialtexten Informationen entnehmen und diese zusammenfassen, Diagramme auswerten usw.

Im von dir ausgewählten Wahlteil (A oder B) wird dir eine Schreibaufgabe gestellt, die du in einem zusammenhängenden Text beantworten musst. Die Aufgaben im Basisteil können dir helfen, diese längere Schreibaufgabe zu verfassen.

Für diese beiden Prüfungsteile hast du insgesamt 180 Minuten Zeit.

1 Trage auf diesem Zeitstrahl ein, wie viel Zeit für die einzelnen Prüfungsteile zur Verfügung steht.

8.00 8.30 9.00 9.30 10.00 10.30 11.00 11.30 12.00

Erfahrungen auswerten: Zeitplanung und Zeitkontrolle

1 Für die Bearbeitung der schriftlichen Prüfung hast du insgesamt 180 Minuten Zeit.
Für die Bearbeitung des Hauptteils I (Hörverstehen) musst du ungefähr 20 Minuten einplanen.
Für die Schreibaufgabe bleiben dir dann noch ungefähr 160 Minuten. Es ist daher wichtig, dass du ein Gefühl für die Zeit bekommst.
Bearbeite die Prüfungsbeispiele in den Teilen C bis E deshalb immer mit einer Uhr.
Halte fest, wie viel Zeit du für die einzelnen Arbeitsschritte einplanst und wie viel Zeit du tatsächlich benötigst.

	geplante Zeit	benötigte Zeit
1. Texte lesen und erfassen		
2. Text untersuchen und auswerten		
3. Aufgaben des Basisteils bearbeiten		
4. Aufgabenstellung des Wahlteils genau erfassen		
5. Deinen Text planen und gliedern		
6. Deinen Text schreiben und überarbeiten		
Prüfungsbeispiel ______________________	Zusammen 160 Minuten	

	geplante Zeit	benötigte Zeit
1. Texte lesen und erfassen		
2. Text untersuchen und auswerten		
3. Aufgaben des Basisteils bearbeiten		
4. Aufgabenstellung des Wahlteils genau erfassen		
5. Deinen Text planen und gliedern		
6. Deinen Text schreiben und überarbeiten		
Prüfungsbeispiel ______________________	Zusammen 160 Minuten	

	geplante Zeit	benötigte Zeit
1. Texte lesen und erfassen		
2. Text untersuchen und auswerten		
3. Aufgaben des Basisteils bearbeiten		
4. Aufgabenstellung des Wahlteils genau erfassen		
5. Deinen Text planen und gliedern		
6. Deinen Text schreiben und überarbeiten		
Prüfungsbeispiel ______________________	Zusammen 160 Minuten	

2 Notiere: Wo gab es Abweichungen von deiner Planung? Welche Schlüsse ziehst du daraus?

____

____

____

A 2 Was wird bei den Aufgabenstellungen erwartet?

Alle Aufgabenstellungen (Aufgaben im Basisteil und in den Wahlteilen) enthalten Hinweiswörter (Operatoren), die dir nicht nur helfen, die Aufgaben zu verstehen, sondern auch aufzeigen, welche Schwierigkeitsstufe eine Aufgabe hat.

Alle folgenden Aufgabenstellungen könnten aus Prüfungsarbeiten stammen. Lies die Aufgaben genau. (ACHTUNG: Der zugehörige Text ist nicht abgedruckt.)

1 In der Aufgabenstellung **1** unten ist durch Unterstreichen hervorgehoben worden, was von dir erwartet wird. Unterstreiche auch in den weiteren Teilaufgaben (**2** bis **6**), was du tun sollst. Die Verben in den Info-Kästen geben dir Hinweise.

Schwierigkeitsstufe 1: Hier musst du Wissen wiedergeben.

1 Fasse die Kurzgeschichte „Die Tochter“ von Peter Bichsel (Text 1) in nicht mehr als fünf Sätzen zusammen.

2 Beschreibe, wie die Eltern die Tochter sehen.

3 Stelle dar, wie sich das Verhältnis zwischen Eltern und Tochter in Text 2 entwickelt hat.

INFO zu Stufe 1

nennen, beschreiben, benennen, wiedergeben, zusammenfassen, darstellen:
Hier musst du den Sachverhalt/den Inhalt/die Textaussage/den Zusammenhang in eigenen Worten strukturiert wiedergeben.
Dabei sind nur die wichtigsten Fakten zu nennen.
Deine eigene Meinung/dein Kommentar ist nicht gefragt.

Schwierigkeitsstufe 2: Hier musst du Fragen und Probleme selbstständig erfassen. Fertigkeiten, die du hast, sollen in einem neuen Zusammenhang angewendet werden.

4 Vergleiche die im Diagramm dargestellten Umfrageergebnisse mit den Erklärungen der Mutter in Text 3.

5 Benenne die sprachlichen Mittel, die der Autor von Text 3 einsetzt, um die Haltung der Tochter deutlich zu machen. Erläutere diese an zwei Beispielen.

INFO zu Stufe 2

erklären, erläutern:
Hier müssen die Textaussagen/die Inhalte durch zusätzliche Informationen und Beispiele veranschaulicht und/oder durch Kenntnisse belegt werden.
nachweisen:
Hier sollst du bestimmte Merkmale oder Inhalte eines Textes (Sachtext/Literarischer Text) aufzeigen bzw. beschreiben.
vergleichen:
Hier sollst du Informationen aus den Materialien unter bestimmten Bedingungen vergleichen, indem du Gemeinsamkeiten, Unterschiede oder Abweichungen herausarbeitest.

Schwierigkeitsstufe 3: Hier musst du eigene Lösungsansätze finden. Du sollst also Probleme und Themen reflektieren und/oder bewerten.

6 Die Texte 1 – 4 beziehen sich auf das Verhältnis von Kindern zu ihren Eltern. Beurteile die unterschiedlichen Verhaltensweisen der vorgestellten Elternpaare. Nimm Stellung zu den vorgeschlagenen Lösungsansätzen.

INFO zu Stufe 3

beurteilen:
Hier musst du, manchmal auch mithilfe verschiedener Zusatzmaterialien (Diagramm, Karikatur ...), ein begründetes Urteil fällen.
Stellung nehmen, auseinandersetzen mit:
Hier soll, nach einer eingehenden Auseinandersetzung mit einem Sachverhalt, eine eigene Einschätzung des Problems verfasst werden. Dabei kann auch eine Argumentationskette entwickelt werden, die zu einem logischen Schluss führt.
begründen:
Hier sollst du eine Einschätzung/eine eigene Meinung sachlich und fachlich korrekt belegen.
verfassen:
Hier soll ein Text unter Berücksichtigung der geforderten Textmerkmale (Interpretation, Erörterung ...) verfasst werden.

2 Im Wahlteil findest du zwei umfangreiche Schreibaufgaben. Diese könnten aussehen wie das folgende Beispiel. Unterstreiche auch in dieser Aufgabe, was du tun sollst. Die Verben in den Info-Kästen geben dir auch hier Hinweise.

Du arbeitest als Schülervertreter bzw. Schülervertreterin in der Arbeitsgruppe „Elternarbeit" in deiner Schule mit. Für eure nächste Sitzung verfasst du einen Text darüber, wie Eltern und Kinder sich in verschiedenen Situationen verhalten und wie sich durch bestimmte Verhaltensweisen das Verhältnis zueinander problematisch entwickeln kann.

Bearbeite hierfür die folgenden Aufgaben in einem zusammenhängenden Text.
Beachte dabei auch die Überleitungen.

AUFGABENSTELLUNG

a) Alle Texte befassen sich mit dem Thema „Konflikte zwischen Eltern und Kindern". Fasse die einzelnen Textaussagen kurz zusammen.
b) Vergleiche, welche Rolle die Verhaltensweisen der Eltern in den dargestellten Konfliktsituationen spielen.
c) Beurteile die Reaktionen der Kinder auf das Verhalten der Eltern anhand von zwei Beispielen.
d) Erörtere, welche Lösungsmöglichkeiten für beide Seiten vorgeschlagen werden.
e) Begründe, für welches Lösungsmodell du dich entscheidest.

TIPP

Im Internet findest du unter **www.finaleonline.de** eine ergänzende Liste zu allen Hinweiswörtern (Operatoren)!

A 3 Wie entscheide ich mich für die Prüfungsaufgabe?

Die erste Orientierung erhältst du durch den Hinweis, der sich vor den Materialtexten befindet. Die Beispiele auf dieser Doppelseite könnten auch in der Prüfung vor den verschiedenen Materialtexten stehen. (ACHTUNG: Die Texte und Materialien sind nicht abgedruckt.)

INFO

Du erhältst eine Prüfungsvorlage mit unterschiedlichen Materialtexten. Daran schließen sich Aufgaben im Basisteil an, die du bearbeiten musst. Danach musst du dich für eine Schreibaufgabe im Wahlteil A oder B entscheiden. Du musst dich innerhalb von 15 Minuten entscheiden, welche Schreibaufgabe du bearbeiten willst.
Gehe so vor:
Verschaffe dir einen ersten Überblick durch das Lesen des ersten Hinweises (Thema, evtl. Textarten).
Verschaffe dir durch überfliegendes Lesen der Texte (siehe B 4, Seite 34) einen genaueren Überblick.
Überfliegendes Lesen ist wichtig, weil du zum genauen Lesen der Texte zu wenig Zeit hast.
Lies dir die beiden Schreibaufgaben dann genau durch (siehe TIPP zu **3**, Seite 12).

1 Lies den folgenden Hinweis genau. Unterstreiche, was von dir erwartet wird. Unterstreiche außerdem das Thema, mit dem du dich beschäftigen musst, und die einzelnen Teile der Aufgabenstellung, die du bearbeiten sollst.

Beispiel:
Die folgenden Texte, das Diagramm und das Foto befassen sich aus unterschiedlichen Perspektiven mit dem Thema „Herbst“. Lies alles aufmerksam, markiere die für dich wichtigen Stellen und bearbeite dann zuerst die sich anschließenden Aufgaben im Basisteil.
Im Anschluss daran musst du dich entscheiden, ob du die Schreibaufgabe im Wahlteil A oder B bearbeitest.

2 Unterstreiche in den Aufgaben des Basisteils, die du bearbeiten musst, alle Operatoren (siehe Seite 9/10).

TIPP zu 2

Überlege nun:
Was wird in den einzelnen Aufgaben von dir verlangt?
Was bedeuten die verschiedenen Operatoren (siehe Seite 9/10)?

Beispiel:
a) Fasse Text 1 in nicht mehr als vier Sätzen zusammen.
b) Vergleiche die im Diagramm dargestellten Ergebnisse mit den in Text 2 genannten Erwartungen der Menschen.
c) Stelle mithilfe eines Beispiels dar, wie sich die Befragten das Voranschreiten der Klimaerwärmung vorstellen.
d) Benenne in jedem der drei Gedichte zwei sprachliche Mittel, die die Autoren einsetzen. Erkläre deren Bedeutung.
e) Die Texte 2 – 4 beziehen sich auf das Thema „Herbst“. Verdeutliche in jeweils einem Satz ihre zentrale Aussage. Im Anschluss daran musst du dich entscheiden, ob du die Schreibaufgabe im Wahlteil A oder B bearbeitest.

3 Unterstreiche nun, was in den Wahlteilen A und B von dir verlangt wird.

TIPP zu 3

Überlege:

Welche Textsorten bearbeite ich gerne?
- Kann ich gut Gedichte interpretieren?
- Komme ich mit Kurzgeschichten gut klar?
- Bevorzuge ich Sachtexte?
- Fällt es mir leicht, Diagramme zu erlesen?

Welche Texte verfasse ich selbst gerne?
- Bevorzuge ich informierende Texte?
- Schreibe ich gerne Texte, die argumentativ Probleme gegenüberstellen und in denen ich meine eigene Meinung deutlich machen kann?
- Bevorzuge ich persönliches Schreiben (Briefe)?

Was verlangt die Schreibaufgabe genau von mir?
- Welches ist der Anlass für meine Schreibaufgabe?
- Welches Anliegen hat mein Schreiben?
- Wer sind meine Adressaten?
- Mit welchen Operatoren, die in der Schreibaufgabe vorkommen, kann ich gut umgehen?

Beispiel:

Wahlteil A

Du bist Mitarbeiterin bzw. Mitarbeiter der AG „Schul-Homepage". Immer zu Beginn eines neuen Schuljahres bekommt eine/einer den Auftrag, ein passendes Gedicht für die Startseite auszusuchen. Diesmal bist du an der Reihe. Für die nächste Redaktionssitzung sollst du begründen, für welches Gedicht du dich entschieden hast.
Bearbeite dazu die folgenden Aufgaben in einem zusammenhängenden Text. Beachte auch die Überleitungen.

AUFGABENSTELLUNG Wahlteil A

a) Stelle einleitend die drei Gedichte vor, die du zur Auswahl hast.
b) Erläutere kurz die Gemeinsamkeiten, aber auch die Unterschiede zwischen den einzelnen Gedichten.
c) Formuliere drei Gründe, die für das Gedicht deiner Wahl sprechen. Gehe dazu auf die unterschiedlichen Inhalte und die eingesetzten sprachlichen Mittel ein.

Wahlteil B

Im Erdkundeunterricht behandelt ihr das Thema „Klimaveränderung". Für eine Wandzeitung zu diesem Thema sollst du einen informierenden Text zur Klimaveränderung in Deutschland am Beispiel der Jahreszeit Herbst verfassen.
Bearbeite dazu die folgenden Aufgaben in einem zusammenhängenden Text.
Beachte auch die Überleitungen.

AUFGABENSTELLUNG Wahlteil B

a) Verfasse zunächst eine Einleitung, in der du deine Mitschülerinnen und Mitschüler auf das Thema einstimmst.
b) Beschreibe, welche positiven bzw. negativen Auswirkungen die Jahreszeit Herbst auf die Menschen haben kann. Zeige dies mithilfe von je zwei Beispielen aus den drei Gedichten.
c) Erläutere, welche Klimaveränderungen laut Forschung in der Jahreszeit Herbst erwartet werden.
d) Erkläre und begründe anhand von zwei Beispielen, welche Maßnahmen die Menschen gegen die Klimaveränderung ergreifen können.

TIPP

Wichtig:
- Nutze die 15 Minuten der Auswahlzeit voll aus.
- Konzentriere dich auf deine Stärken.
- Achte nicht auf die Länge der einzelnen Materialtexte.

A 4 Die Prüfungsarbeit: Ein Beispiel

Die Prüfung enthält mehrere Texte und verschiedene Aufgaben zu einem thematischen Schwerpunkt. In unserem Beispiel sind es Materialien zum Thema „Sport im Alltag Jugendlicher".

Deine schriftliche Abschlussarbeit im Fach Deutsch beginnt, indem die Lehrerin oder der Lehrer dir die Unterlagen für den Basisteil und die Wahlaufgaben aushändigt. Du hast nun 15 Minuten Zeit, dich für den Wahlteil A oder den Wahlteil B zu entscheiden. Den von dir nicht gewählten Wahlteil streichst du verbindlich durch.

Deine Bearbeitungszeit beginnt mit dem Hörverstehenstest. Dieser Teil der Prüfung besteht aus einer Hörverstehensaufgabe. Hier ist ein Beispieltext abgedruckt, der zeigt, wie so ein Text und die Fragen dazu inhaltlich aussehen könnten.

ACHTUNG: In der Prüfung bekommst du den Text nur zweimal vorgespielt, du bekommst ihn nicht schriftlich ausgehändigt! Erst wenn du den Teil zum Hörverstehen abgegeben hast, darfst du mit der Bearbeitung des Basisteils und der von dir gewählten Wahlaufgabe beginnen.

1 Die folgende Prüfungsvorlage wurde zum Teil bereits bearbeitet. Jedoch ist sich der Schüler unsicher, immerhin geht es hier um die Abschlussarbeit. Hilf ihm, indem du seine Lösungen mit den Aufgabenstellungen vergleichst und die Antworten gegebenenfalls ergänzt oder verbesserst.

Hörverstehenstest

Ich pumpe, also bin ich

Simon, Samim und Tamim schwitzen fast täglich im Fitnessstudio. Sie wollen „den Körper ausdefinieren", sagen sie, haben einen strengen Ernährungsplan. 900.000 Jugendliche gehen zum Krafttraining. Ist das noch Hobby-Sport – oder ungesunder Körperwahn?

„Es ist viel Aufwand", sagt Simon, 15. Der Gymnasiast aus Hamburg geht seit einem halben Jahr ins Fitnessstudio, um Muskeln aufzubauen und Fett abzubauen. Sechsmal pro Woche trainiert er gemeinsam mit seinem Freund Luc nach dem Unterricht. Noch vor kurzem hat Simon morgens gar nichts gegessen, heute steht er zeitiger auf, um sich Eier zu kochen. Genau 150 Gramm Eiweiß soll er laut Ernährungsplan zu sich nehmen. Außerdem schmiert er sich Brote, denn das Mittagessen in der Schule passt nicht in den Ernährungsplan. „Es ist aber auch ein Gefühl von Genugtuung, wenn man sieht, wie andere in unserem Alter schon die Form verlieren, während wir uns gerade ausdefinieren", sagt Simon.

Simon gehört zu einer steigenden Zahl von Jugendlichen, die in Fitnesscentern versuchen, ihren Körper einer ästhetischen Norm anzupassen. Etwa 900.000 unter 20-Jährige gehen regelmäßig in deutsche Kraftstudios. Sie wollen schön sein, muskulös und fit.

Für Michael Sauer hat diese Sportbegeisterung nicht nur positive Seiten. Der Dopingexperte vom Manfred-Donike-Institut in Köln möchte verhindern, dass Jugendliche dem Muskelaufbau mit Pulvern und Tabletten nachhelfen. [...] Michael Sauer macht Präventionsunterricht an Schulen, aber er ist kein Mann, der mit erhobenem Zeigefinger kommt. Er sagt: „Wenn wir mit den Kids über Medikamentenmissbrauch sprechen, können wir nicht sagen: Von Anabolika kannst du sterben. Denn dann hört mir keiner mehr zu. Wir versuchen zu sagen: Wenn du die Mechanismen des Körpers nutzt, dann brauchst du auch keine Zusatzmittel zu nehmen, um dein Ziel zu erreichen."

Die Zwillinge Samim und Tamim, 16, gehen stets mit ihrem Freund Michael, 16, ins Fitnessstudio. Im Wollpulli auf der Straße sehen die drei Schüler eines Wirtschaftsgymnasiums in Hamburg noch aus wie Teenager, doch im Muskelshirt auf der Hantelbank wirken sie mit den muskulösen Armen und dem definierten Bauch zehn Jahre älter. Früher machten die Jungen Kickboxen oder spielten Handball. Seit fünf Monaten gehen sie lieber ins Fitnessstudio, manchmal viermal die Woche.

Sie fühlen sich wohl in ihrem Körper, posieren vor der Kamera, leicht verlegen, aber doch stolz. „Beim Sport können wir super abschalten, außerdem bleiben wir fit und sehen dabei noch gut aus", sagt Tamim. [...]

Dass immer mehr Jugendliche aller Bildungsniveaus in die Studios strömen, beobachtet auch Mischa Kläber, Ressortleiter „Präventionspolitik und Gesundheitsmanagement" beim Deutschen Olympischen Sportbund.

In der Muckibude entwickele sich jedoch unter den Jugendlichen schnell eine „Zweck-Mittel-Mentalität", meint Kläber. Um weniger zu essen, greife man zu Diätdrinks oder Pillen. Möchte man auch für den nächsten Tag wieder fit sein im Training, helfe Kreatin weiter. „Ich verteufele nicht die Nahrungsergänzungsmittel schlechthin. Ein Eiweißshake macht mehr Sinn als vier Liter Milch am Tag zu trinken, wie es noch in alten Bodybuilding-Handbüchern steht", sagt Kläber. Gefährlich sei es dann, wenn die frei zugänglichen Mittel nicht mehr wirkten und man zu stärkeren Mitteln greife.

Fitness für gutes Aussehen ist für die Jugendlichen auch Identitätsarbeit. „Sie versuchen ihre Rolle als Sportler auszufüllen, verbringen viel Zeit im Studio und mit der Zubereitung von Essen, ihre Sozialkontakte beschränken sich zunehmend auf Personen mit ähnlichen Interessen. Je intensiver sich ein Athlet über seine Körperoptik definiert, desto schwieriger wird es, den Pfad wieder zu verlassen", sagt Kläber. Jugendliche, die muskulös aussehen wollen, haben meist keine Ahnung, wie sie das schaffen sollen. „Sie holen sich ihr Wissen von Freunden, aus dem Internet oder von Leuten in ihrer Muckibude. Wir wissen aber nicht, was die ihnen empfehlen – dort liegt die Schwachstelle", meint Michael Sauer.

Im Fitnessstudio von Samim und Tamim, Simon und Luc gibt es einen Automaten mit Nahrungsergänzungsmitteln. Ob sich die Jungs so etwas auch manchmal gönnen? „Wir geben hier kein Geld für die Shakes aus, sondern machen die zu Hause aus Quark und Wasser", erklärt Samim. In der Werbebroschüre für die Nahrungsergänzungsmittel steht neben Krea-Genic „Nicht für Kinder oder Jugendliche geeignet!" Davor hat Simon Respekt. Aber er sagt auch: „Wenn wir alt genug sind und Kreatin keine gesundheitlichen Risiken hat, dann nehmen wir das auch zur Hilfe."

Quelle: Maria Timtschenko: Ich pumpe, also bin ich. SPIEGELonline, 09.12.2013. http://www.spiegel.de/lebenundlernen/schule/jugendliche-im-fitnessstudio-hobby-sport-oder-koerperwahn-a-919483.html (aufgerufen am 28.01.2022)

AUFGABENSTELLUNG Hörverstehen

1 Fasse kurz den Inhalt des Artikels zusammen.

In dem Text geht es um Jugendliche, die in einem Fitnessstudio trainieren, bzw. „pumpen", um besser auszusehen. Durch Muskeltraining versuchen sie, ihre Körper auszudefinieren, um sich darin wohler zu fühlen. Dieser Trend nimmt unter den Jugendlichen immer stärker zu.

Doch dabei lauern auch Gefahren: Oft ist den Jugendlichen ihr Aussehen wichtiger als ihre Gesundheit. Es ist schwer umzudenken, wenn man sich erst einmal dem „Körperkult" hingegeben hat.

2 Welchen Gefahren sind Jugendliche ausgesetzt, wenn sie übertriebenes Fitnesstraining betreiben? Gib zwei Beispiele an, die auch im Artikel genannt werden.

Es kann sein, dass Jugendliche falsch trainieren oder sich ungesund ernähren, weil sie Menschen fragen, die sich nicht auskennen, oder weil sie sich im Internet selber informieren. Zudem gibt es Jugendliche, die ihre Grenzen nicht kennen. Sie wollen immer muskulöser werden und laufen Gefahr, auch zu ungesunden Substanzen oder sogar Anabolika zu greifen, um dieses Ziel zu erreichen.

3 Welche der folgenden Aussagen bezüglich des Körperkultes bei Jugendlichen stammen singgemäß aus dem Text? Kreuze an:

Aussage	richtig	falsch
Die Zahl der Jugendlichen, die in Fitnessstudios trainieren, steigt stetig an.	☒	☐
Nahrungsergänzungsmittel sind für Jugendliche oft leicht zugänglich.	☒	☐
Die Jungen gehen außerdem noch zum Kickboxen und zum Handball.	☐	☒
Das Interesse für Körperoptik ist meistens nur von kurzer Dauer.	☐	☒

4 In dem Artikel heißt es, Fitness für gutes Aussehen sei für die Jugendlichen auch „Identitätsarbeit" (Zeile 49). Erkläre mit eigenen Worten, was damit gemeint ist.

Jugendliche müssen ihre Rolle im Leben und in der Gemeinschaft noch finden. Alle versuchen dabei, ein Bild von sich nach außen zu zeigen, das den eigenen Wünschen und Träumen entspricht. Diese Jugendlichen hier wollen sich als Sportler präsentieren. So erfahren sie Anerkennung für ihr Aussehen und für ihr Durchhaltevermögen. Andere Menschen bewundern sie dafür. Das gibt ihnen das Gefühl, etwas gut gemacht zu haben und in etwas „Experte" zu sein. Darauf sind sie stolz und ihr Selbstbewusstsein wächst.

5 Glaubst du, die Jugendlichen aus dem Artikel werden später zu Nahrungsergänzungsmitteln greifen? Begründe deine Antwort.

Ja, das denke ich. Den Jugendlichen scheint ihr Aussehen sehr wichtig zu sein und und ich habe nicht den Eindruck, dass sie es schlimm fänden, diese Mittel zu nehmen, wenn sie erwachsen sind. Einer der Jungen sagt ja sogar, dass er nur deshalb auf Kreatin verzichtet, weil es nicht für Kinder und Jugendliche geeignet ist.

Basisteil

TEXT 1 Was ist eSport?

Der Begriff „eSport" ist die Abkürzung für „elektronischer Sport" und bezeichnet das wettbewerbsmäßige Spielen von Computer- und Videospielen. Unwichtig für die Definition sind das Genre und die Plattform eines Titels. Egal ob PC oder Konsole, Renn- oder Actionspiel: Wer den geregelten Wettkampf gegen andere Zocker ausübt, betreibt eSport.

Zu den beliebtesten eSport-Titeln gehören „Counter-Strike – Global Offensive" und „League of Legends". [...] Jahr für Jahr schütten diverse Veranstalter Preisgelder in Millionenhöhe bei Turnieren für beide Games aus. [...] Etwa der eSports World Championship (ESWC): Der ESWC gilt als die Weltmeisterschaft des eSports, jedes Spiel ist eine Disziplin. An den hoch dotierten[1] Wettbewerben nehmen vor allem Zocker teil, die vom eSport leben. Diese Profis heißen im Szene-Jargon „Progamer". Einer der bekanntesten ist der ehemalige „Quake 3"-Profi Jonathan Wendel: Fatal1ty, der Spielname des US-Amerikaners, ziert sogar noch heute, Jahre nach seinem Karriereende, Headsets und Soundkarten des Herstellers Creative.

Für besonders große und wichtige Veranstaltungen wie den ESWC versammeln sich die Spieler und tragen ihre Partien im lokalen Netzwerk aus. Doch der Großteil des eSportler-Alltags findet im Internet statt: Im Netz halten Progamer und Hobbyspieler ihr Training ab, treten in Online-Ligen an und treffen sich zum Diskutieren auf Szene-Seiten. Dabei ist die ESL[2] mit mehr als 3 Millionen registrierten Benutzern Dreh- und Angelpunkt: Die Webseite der ESL fungiert als Plattform, die Matches zwischen Spielern vermittelt. Eine Rangliste zeigt dann, wer am besten daddelt. Das klingt nach einer einsamen Angelegenheit, ist es aber nicht: Die meisten eSportler organisieren sich in Clans. [...] Das sind Spielervereinigungen, die Sportvereinen ähneln. Man verabredet sich zum Training, zu Wettkämpfen oder auch mal außerhalb der virtuellen Welt zum Feiern. Einige Clans sind eingetragene Vereine oder gar Unternehmen, die meisten existieren jedoch als lose Zusammenschlüsse von Gleichgesinnten. [...]

In Titeln wie „Counter-Strike – Global Offensive" kommen sie ohne Mitspieler und gemeinsame Trainingseinheiten auch nicht weit: Wettbewerbe im Valve[3]-Ballerspiel finden meistens im Modus 5 gegen 5 statt. Dann ist neben einer guten Hand-Auge-Koordination und blitzschnellen Reflexen auch eine gehörige Portion Taktik gefragt.

TEXT 1

Diese Anforderungen sind es auch, die Befürworter wie der Verband Deutscher eSport-Bund (ESBD) als Argumente für eine Anerkennung des eSports als Sportart in die Waagschale werfen. Falls Sie dem Gedanken skeptisch gegenüber stehen, der Zockerei Sportstatus zu gewähren, dann geht es Ihnen wie dem Deutschen Olympischen Sportbund (DOSB), der für die Anerkennung maßgeblich ist: Dessen Definition verlangt eine „eigene, sportartbestimmende motorische Aktivität". Die liegt beim eSport nicht vor.
Anerkennung vom DOSB hin oder her: Unter dem Strich zeichnet sich der eSport durch den Spaß am Zocken, am Wettbewerb und die Leidenschaft der Beteiligten aus. Viele Fans, Organisatoren und Spieler opfern ihre komplette Freizeit für das Hobby. Der eSport hat Suchtpotenzial – seien Sie sich dessen bewusst, wenn Sie einen Ausflug in die Szene starten.

1 **hoch dotiert:** eine sehr gute Bezahlung aufweisend

2 **ESL:** Electronic Sports League

3 **Valve:** Entwicklerfirma (z. B. von „Counter Strike")

Quelle: Rüdiger Kopp, Was ist eSport? Computerbild digital, Hamburg 04.03.2018. http://www.computerbild.de/artikel/cbs-News-Spiele-eSport-Begriffserklaerung-Definition-6148676.html (verändert; aufgerufen am 28.01.2022)

AUFGABENSTELLUNG Basisteil

1 Fasse in nicht mehr als vier Sätzen zusammen, worum es in dem Text geht.

Der Artikel aus der Computerbild beschreibt das Phänomen des eSports. Es wird erklärt, wie Spieler diesen „Sport" ausüben und was sie darin sehen. ESport ist jedoch nach wie vor umstritten. Während die einen es als echten Sport sehen, fehlt dem Deutschen Olympischen Sportbund die eigene motorische Aktivität, also ein besonderer Bewegungsablauf.

2 In dem Text wird für Begriffe, die mit dem Bereich des eSports zu tun haben, eine eigene Sprache genutzt.

a) Suche die folgenden drei speziellen Vokabeln im Text und erkläre sie aus dem Textzusammenhang heraus mit deinen eigenen Worten.

Vokabel	Erklärung
eSport	*Sport, der virtuell betrieben wird (Computerspiele)*
Progamer	*Spieler von Computerspielen, die Geld mit dem Spielen verdienen; professionelle Spieler*
Clans	*Zusammenschlüsse von Spielern, die eine Interessengemeinschaft bilden*

b) Begründe, warum „Gamer" eigene Vokabeln für ihre Freizeitbeschäftigung erfinden.

Immer wenn Menschen sich in Gruppen zusammentun, entwickeln sie ihr eigenes Vokabular. Das passiert ganz automatisch, wenn man Zeit miteinander verbringt, und schweißt die Gruppe stärker zusammen. Im Bereich „Gaming" kommt hinzu, dass es für vieles einfach noch keine passenden Wörter gab, also musste man sie erfinden.

3 Nenne stichpunktartig drei Aspekte, warum „Gamer“ davon überzeugt sind, einen Sport auszuüben.

– *Die Spieler treten gegeneinander an.*

– *Es gibt eine Rangliste. / Es besteht ein Wettkampf.*

– *Es geht um taktisches Vorgehen und Reflexe.*

GRAFIK **Knapp jeder zweite Deutsche ist ein Gamer**

Mehr als 34 Millionen Deutsche sind Gamer

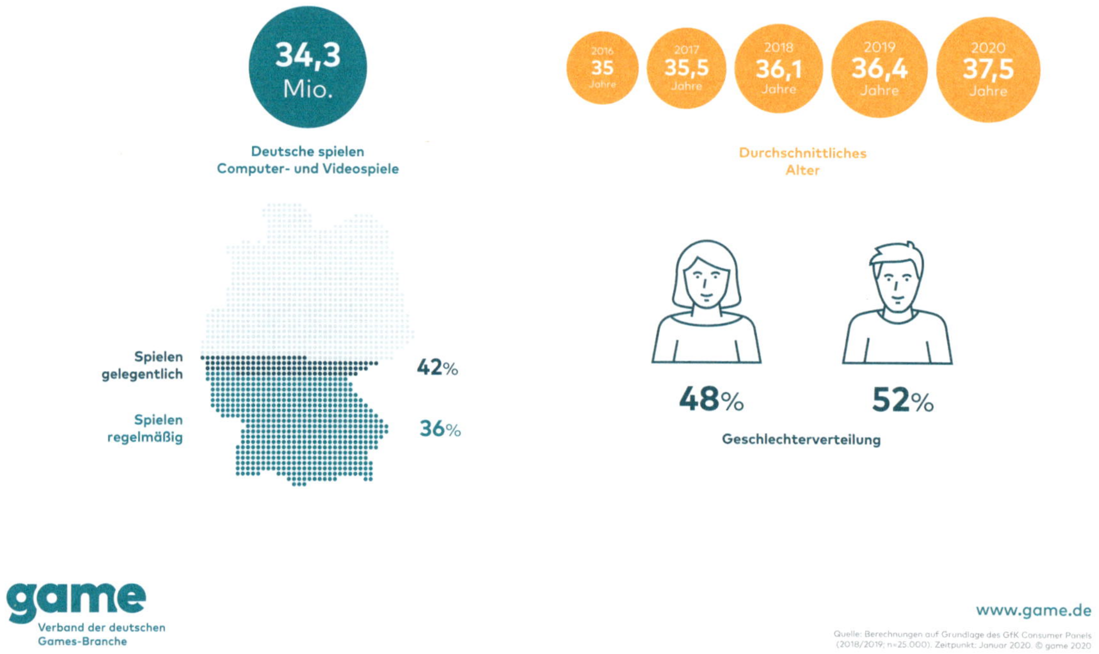

Quelle: © game – Verband der deutschen Games-Branche e.V., Berlin

4 Erkläre das Thema der Grafik in eigenen Worten.

Die Grafik gibt an, wie viele Menschen in Deutschland im Januar 2020 gelegentlich oder regelmäßig Computer- und Videospiele gespielt haben. Außerdem gibt sie Auskunft über das Durchschnittsalter und die Geschlechterverteilung der Spielenden.

5 Beschreibe kurz die in der Grafik enthaltenen Informationen.

Das Durchschnittsalter der befragten Menschen, die sich in Deutschland gelegentlich oder regelmäßig mit Computer- und Videospielen beschäftigen, stieg von 35 Jahren im Jahr 2016 auf über 37 Jahre im Jahr 2020 an. Dabei spielen 42 % der Befragten gelegentlich, 36 % dagegen regelmäßig. 48 % der Spielenden sind weiblich und 52 % männlich.

6 Stelle einen Zusammenhang her zwischen den Inhalten der Grafik und dem Phänomen des eSports.

Die Grafik zeigt, dass viele Menschen in Deutschland Computer- und Videospiele spielen. Fast jeder Zweite beschäftigt sich damit. Für immer mehr Menschen gehören Computer- und Videospiele also zum Alltag, 36 Prozent spielen sogar regelmäßig. Beschäftigt man sich mit einer Sache intensiv, entsteht schnell das Bedürfnis, sich mit anderen zu vergleichen. Die Spieler sind stolz auf ihr Können und auf das, was sie „ingame", also im Spiel, erreicht haben. Somit steigt das Bedürfnis, sich neue Herausforderungen zu suchen, indem man mit anderen in den Wettstreit tritt. Wenn man das Durchschnittsalter der Spielenden betrachtet, lässt sich vermuten, dass es sich beim eSport nicht nur um ein Phänomen unter Jugendlichen handelt.

Wahlteil A

Du betreibst leidenschaftlich eSport. Aber schon seit längerer Zeit besteht ein Konflikt zwischen dir und deinen Eltern, weil diese sich wünschen, dass du einen „richtigen" Sport ausübst. Du stößt auf eine Infobroschüre, die dich darüber informiert, dass in deiner Stadt ein Kurs angeboten wird, der nach den Lehren von Ido Portal unterrichtet wird. Du bist begeistert und versuchst, deine Eltern davon zu überzeugen, dass „Movement Culture" genau das richtige Hobby für dich wäre.

TEXT 2A Movement Culture: Die Wiederentdeckung des Körpers

Fitness boomt wie nie zuvor. Deutsche Fitnessstudios liegen laut dem Deutschen Sportstudio Verband mit weit über neun Millionen Mitgliedern quantitativ sogar vor Fußballvereinen. Noch nie war der Fitnessgedanke so selbstverständlich in den gesellschaftlichen Alltag integriert – die Yogastunde vor Arbeitsbeginn, das 20-Minuten Workout in der Mittagspause, Cardiotraining am Abend. Und immer mehr Apps und Geräte begleiten uns dabei. Der Fitness-Tracker[1] am Arm weiß, wie viele Schritte man am Tag bereits zurückgelegt hat, die Apple Watch, wie viel Workout noch ansteht.

Trends wie Bodybuilding und Aerobic legten schon in den 80er-Jahren den Grundstein für die heutige Studio-Kultur. Arnold Schwarzenegger lockte die Massen an die Hanteln, und Jane Fondas Aerobic-Videos begeisterten kurz darauf auch immer mehr Frauen für Fitnessstudios. So avancierte das Workout zum zentralen Element einer gemeinsamen Körpererlebniskultur.

Heute finden wir uns in einer Welt mit einem schier endlosen Angebot wieder – von Discount-Fitnessstudios, die für wenige Euro im Monat das Studioworkout ermöglichen, bis zu Exklusiv-Fitness, bei der Training, Yogakurs und Wellness zum Erlebnis verschmelzen. Denn der sportliche Lebensstil hört nicht an der Hantelbank auf: Proteinshakes, Magazine, Sportbekleidung, Youtube-Sportfreaks, Aktivurlaube – Fitness ist in allen gesellschaftlichen Bereichen angekommen und regelmäßiges Training alltäglich geworden.

Doch das Prinzip Fitnessstudio hat eine Kehrseite: Sport dient hier primär dem Erlangen einer bestimmten Ästhetik, der Fokus liegt auf Muskelpartien oder sogenannten Problemzonen. Oft werden spezielle Muskeln überstrapaziert, Dehnungen vernachlässigt, Geräte falsch benutzt. Die Folgen können ein unnatürlicher Aufbau der Muskeln, Bewegungseinschränkungen oder sogar langwierige Schädigungen sein. Was bei diesen durchstrukturierten, methodischen Trainingsplänen zu kurz kommt, ist das Körperbewusstsein. Das Gefühl für Bewegung.

Immer mehr Menschen reicht das bloße Pumpen nicht mehr. Sie suchen die Wiedererkennung des eigenen Körpers und Bewegung als kreatives Erlebnis. Aus diesem Bedürfnis heraus formiert sich zurzeit die Trendbewegung der „Movement Culture". Ihre zentralen Fragen lauten: Wieso bewegen wir uns? Zu welchen komplexen Formen und Abläufen ist der menschliche Körper in der Lage? Wie fühlt sich der eigene Körper in der Bewegung an?

Movement Culture zielt darauf, das riesige Bewegungspotenzial des Menschen voll auszunutzen. Als Visionär der Bewegung gilt der israelische Sportler Ido Portal, der einen dezidiert[2] körperlichen Lebensstil lehrt und praktiziert. Für ihn ist der Körper ein Feld des lebenslangen Lernens und der Weiterentwicklung. Portal nutzt dabei Trainingsformen aus unterschiedlichsten Sportarten – etwa Capoeira[3], Tanz, Kampfsport, Parkour oder Turnen –, um den Körper neu kennenzulernen. Ästhetik wird in der Movement Culture nicht als Zweck behandelt, sondern als eine natürliche Begleiterscheinung.

Warum ist das Gehirn eines Tänzers kognitiv fitter als das eines gleichaltrigen „Normalsportlers"? Weil es mit jeder neuen Choreografie Bewegungen neu erlernt. Die Vielseitigkeit fördert die Wahrnehmung von Körperbewegung und -lage im Raum, die Stellung einzelner Körperteile zueinander. Ido Portal geht es nicht darum, Beweglichkeit künstlich in unseren Lebensstil zu integrieren – denn Beweglichkeit ist unser Leben.

Dieses neue Bedürfnis nach Körperlichkeit verändert auch den Fitness-Markt. Studios wie der Brooklyn Zoo in New York könnten das bisherige Fitnesssystem revolutionieren: Eine 10.000 Quadratmeter große Fläche, die ausschließlich dem freien Training des Körpers gewidmet ist. Parkour-Elemente, Kletterstangen und -seile sowie Federböden sollen Anfänger und Fortgeschrittene auf dem Weg zur vollen Ausschöpfung ihrer Bewegungspotenziale unterstützen.

So stellen immer mehr Menschen fest, dass dem „normalen" Fitness-Workout etwas fehlt. Sie entdecken den Körper neu – und tragen dazu bei, dass sich ein achtsameres Verhältnis zu Bewegung in der Gesellschaft verbreitet.

1 **der Fitness-Tracker:** Tragbares Gerät, welches Schritte zählt und Körperdaten auswertet (Herzschlag, Puls)

2 **dezidiert:** *hier:* entschlossen gelebt

3 **die Capoeira:** Brasilianischer Kampftanz

Quelle: Yvonne Winnefeld: Movement Culture: Die Wiederentdeckung des Körpers. https://www.zukunftsinstitut.de/artikel/sport/movement-culture-die-wiederentdeckung-des-koerpers/; Zukunftsinstitut GmbH, Frankfurt/Main 2020 (aufgerufen am 28.01.2022)

Neue Bewegungen trainieren mit Capoeira-Figuren.

Quelle Foto: Adobe Stock / Scott Griessel

AUFGABENSTELLUNG Wahlteil A

1 Du arbeitest einen informierenden Vortrag aus, mit dem du deine Eltern überzeugen willst. Gehe folgendermaßen vor:

a) Beginne mit der Beschreibung deines Anliegens.
b) Erkläre deinen Eltern, wie dein sportlicher Alltag bis jetzt ausgesehen hat. Beziehe dabei die Informationen aus Text 1 ein.
c) Erläutere ihnen ausführlich, was „Movement Culture“ ist. Nutze die Informationen aus Text 2A.
d) Führe drei Gründe an, warum es für dich langfristig von Vorteil wäre, diese Art von Sport zu machen.
e) Schließe mit einem Appell an deine Eltern.

Möglicher Schülertext:

Mama und Papa, ich möchte mit euch über etwas reden. Und zwar haben wir doch schon lange darüber diskutiert, dass ich mich mehr bewegen und deshalb eine neue Sportart anfangen soll. Bis jetzt konnten wir uns aber nie auf eine Sportart einigen, denn irgendwie hatten wir immer unterschiedliche Vorstellungen davon, was ein gutes Hobby für mich wäre.

Natürlich ist es so, dass viele Jugendliche, was Bewegung angeht, ziemlich faul sind. Auch ich bin diesbezüglich nicht immer motiviert. Und dann macht man eben das, was jeder macht. Alle in meiner Klasse, und natürlich auch ich, spielen zum Beispiel Computerspiele. Auch wenn ihr das nicht verstehen könnt, sind Computerspiele für viele Jungen und Mädchen in meinem Alter, mich eingeschlossen, nämlich auch eine Art Sport. Viele Jugendliche versuchen, in „ihrem" Spiel immer besser zu werden, bis sie schließlich in der Lage sind, in richtigen Wettkämpfen gegeneinander anzutreten. Wie das Training in einem Fußball- oder Schwimmverein kostet das viel Zeit und Energie – mitunter ist man dann zu müde, um noch irgendetwas anderes an Sport zu machen und sich auch einmal draußen zu bewegen. So geht es mir auch. Ihr habt ja selber gemerkt, wie viel Zeit ich in meinem Zimmer vor dem Rechner verbracht habe.

Jetzt allerdings habe ich eine Broschüre gefunden, in der über eine Sportart berichtet wird, die mich wirklich interessiert. Der Kurs, der in unserer Stadt neu angeboten wird, heißt „Movement Culture". Die Idee dazu hat ein israelischer Sportler mit dem Namen Ido Portal entwickelt. Sein Gedanke ist es, den Sport in den Alltag zu integrieren. Er ist der Meinung, dass jeder Mensch das natürliche Bedürfnis hat, sich zu bewegen. Aufbauend auf diesem Gedanken hat er sein Programm aus ganz vielen verschiedenen Sportarten zusammengestellt, ein „Best off" sozusagen. Das tut er, weil er denkt, dass es für die Kreativität und den Selbstausdruck der Menschen gut sei, immer neue Bewegungsabläufe zu lernen und nicht einige wenige immer und immer wieder zu wiederholen, wie es z. B. im Fitnessstudio oft der Fall ist. „Movement Culture" sorgt also nicht nur für einen fitten Körper, sondern auch für einen fitten Geist! Ich stelle mir das sehr interessant vor und würde deshalb sehr gerne an diesem Kurs teilnehmen.

Im Grunde ist ein Kurs wie „Movement Culture" doch auch genau das, was ihr für mich möchtet, denn ihr denkt ja, dass ich „keinen Bock hätte", mich zu bewegen. Das stimmt ja oft auch. Da stelle ich es mir hilfreich vor, wenn mir jemand eine andere Sicht auf den Körper und Bewegung vermittelt. Denn

ganz ehrlich: Sonst macht man das, was man kennengelernt hat und was man jeden Tag sieht. Und meine Freunde zocken nun einmal und ab und an geht einer ins Fitnessstudio und stemmt ein paar Hanteln. Das war es dann auch schon. Und wenn ich mithilfe von Movement Culture auch meine kognitiven Fähigkeiten noch verbessern könnte, so wie Ido Portal es verspricht, dann wäre es doch ein toller Nebeneffekt. Dann würde ich nicht nur lauter spannende Trainingsformen aus unterschiedlichen Sportarten kennen lernen, sondern dabei auch noch mein Gehirn trainieren. Vielleicht fällt mir dann ja sogar die Schule leichter, wer weiß?
Zuletzt möchte ich noch sagen, dass in meinem Alter jeder Jugendliche auch irgendwie „seinen Weg" gehen möchte. Jeder möchte etwas Besonderes sein oder machen. Für mein Selbstbewusstsein wäre es bestimmt richtig gut, wenn ich mich an etwas herantraue, was kein anderer aus meiner Clique macht, vor allem, wenn ich darin auch noch richtig gut werden könnte.
Ihr seht, ich habe mich schon richtig intensiv mit dem Thema „Movement Culture" beschäftigt. Ich habe mich auch schon darüber informiert, was so ein Kurs kosten würde, und er ist gar nicht so teuer, wie man es vielleicht vermuten würde. Natürlich würde ich mich auch an der Kursgebühr beteiligen, ich habe ja noch das Geburtstagsgeld von den Großeltern. Ich bitte euch deshalb darum, mir zu erlauben, mich für „Movement Culture" anzumelden.

Wahlteil B

Deine Schule hat es geschafft und ist als „Sportfreundliche Schule" vom Land Niedersachsen ausgezeichnet worden. Es gibt eine große Feierstunde deswegen. Nach der Veranstaltung sprechen dich als Schulsprecher vermehrt Schüler und Schülerinnen an, die finden, wenn die Schule sportfreundlich sei, müsse sie auch eine AG im Bereich des eSports anbieten. Für die nächste Besprechung mit der Schulleitung bereitest du eine entsprechende Stellungnahme vor.

TEXT 2B Sportfreundliche Schule

Mit der Landesauszeichnung „Sportfreundliche Schule" sollen Schulen motiviert werden, Sport und Fitness in ihr Schulprogramm aufzunehmen und mit vielfältigen Bewegungsangeboten und gesunder Ernährung die Entwicklung von Kindern und Jugendlichen zu fördern. Ferner möchten das Niedersächsische Kultusministerium und der Landessportbund Niedersachsen für ein sportfreundliches Klima an den Schulen werben und die Arbeit der Schulleitung, der Lehrkräfte sowie aller Personen würdigen, die sich in einer Schule für Sportlichkeit und Fitness der Kinder und Jugendlichen einsetzen.
Alle allgemein bildenden und berufsbildenden Schulen Niedersachsens können sich um die Landesauszeichnung „Sportfreundliche Schule" bewerben.

Quelle: Niedersächsisches Kultusministerium, Hannover; https://www.mk.niedersachsen.de/startseite/schule/schuelerinnen_und_schueler_eltern/schulsport/projekte_aktionen_initiativen/fitnesslandkarte/sportfreundliche_schule/sportfreundliche-schule-154569.html (aufgerufen am 28.01.2022)

TEXT 3B Warum ist Schach eigentlich Sport?

Viele Menschen fragen sich, warum Schach ein Sport ist. Beide Spieler sitzen sich ja bloß gegenüber und bewegen sich nicht selbst. In der Tat kann man

TEXT 3B

grübeln, ob Schach ein Sport sein soll. Es gibt aber gute Gründe dafür. Schach ist ein Denksport. Der Sieg hängt nicht vom Glück oder vom Zufall ab, sondern vom Können. Deshalb gilt das Glücksspiel Poker etwa nicht als Sport. Schach wird auf der ganzen Welt nach klaren Regeln gespielt. Es gibt Turniere, Einzel- und Teamwettkämpfe, sogar Schach-Olympiaden. Die Leistung eines Spielers lässt sich dabei genau messen. Schach bringt Menschen zusammen und hat auch einen erzieherischen Wert: Man lernt verlieren. All das zählt bei der Frage, ob etwas ein Sport ist. Klar, ein wichtiges Kriterium fehlt: die körperliche Aktivität. Aber über die lässt sich auch in anderen Sportarten streiten, etwa im Motorsport.

Quelle: Andreas Strepenick, Alexander Preker: Warum ist Schach eigentlich Sport? Badische Zeitung, 08.11.2013. http://www.badische-zeitung.de/schach-x1x/warum-ist-schach-eigentlich-ein-sport--76946348.html (aufgerufen am 28.01.2022)

Quelle Foto: Shutterstock / Irina Boldina

AUFGABENSTELLUNG Wahlteil B

1 Bearbeite die folgenden Aufgaben in einem zusammenhängenden Text. Gehe folgendermaßen vor:

a) Beginne mit einer kurzen Einleitung, in der du ins Thema einführst und erklärst, was „eSport" ist.
b) Benenne drei Gründe, warum es „eSport" als AG an eurer Schule geben sollte.
c) Begründe, warum „eSport" sehr wohl ins Konzept einer „sportfreundlichen Schule" passen könnte. Nutze dazu deine Erkenntnisse aus den Texten 2B und 3B.
d) Formuliere einen Vorschlag, wie eure Schule in Zukunft mit dem Thema „eSport" umgehen sollte.

Möglicher Schülertext:

Vor Kurzem wurde unsere Schule vom Land Niedersachsen als „Sportfreundliche Schule" ausgezeichnet. Danach sind einige Personen auf mich zugekommen, weil sie der Meinung sind, dass eine Schule auch den eSport fördern muss, wenn sie sich auf die Fahnen schreibt, sportfreundlich zu sein.
eSport bedeutet, dass Schülerinnen und Schüler nicht wie sonst auf dem Sportplatz oder in der Turnhalle, sondern innerhalb eines Computerspiels gegeneinander antreten. Auch wenn es durchaus umstritten ist, ob es sich beim eSport wirklich um Sport handelt, gehört er für uns Jugendliche mittlerweile zum Alltag. Daher möchte ich den Vorschlag einbringen, neben den altbekannten Sportarten auch den eSport an unserer Schule zu fördern, indem eine entsprechende AG gegründet wird.

In meiner Klasse z. B. spielt eigentlich jeder Computer- oder Videospiele, sei es auf dem PC, an Konsolen oder einfach nur auf dem Smartphone. Aber Computerspiele sind nicht nur bei Jugendlichen beliebt. Der Verband der deutschen Games-Branche hat in einer Umfrage herausgefunden, dass im letzten Jahr 42 Prozent der Deutschen gelegentlich und 36 Prozent sogar regelmäßig Computerspiele spielen. Computerspiele sind also schon längst keine flüchtige Modeerscheinung mehr – und natürlich sollte auch unsere Schule diesbezüglich mit der Zeit gehen.

Darüber hinaus braucht man, um ein Computerspiel erfolgreich spielen zu können, eine gute Hand-Augen-Koordination, gute Reflexe und muss dazu in der Lage sein, immer wieder neue Taktiken zu entwickeln. Gerade in Gruppenspielen muss man viel darüber nachdenken, wer wann etwas tut. Zudem gibt es schon richtige Organisationen, die Turniere organisieren. Große Hallen werden gemietet und die Spielenden „zocken" da zusammen. Mit Sicherheit wäre es für unsere Schülerschaft ein ganz besonderes Erlebnis, ein solches Turnier z. B. in unserer Turnhalle durchführen zu dürfen. Und natürlich wäre diese Veranstaltung ein Wettstreit der oben genannten Kompetenzen.

In der Beschreibung der Idee der „Sportfreundlichen Schule" steht, dass es unter anderem um Bewegung und Fitness geht. Die Frage, die man sich im Zusammenhang mit dem Thema eSport grundsätzlich stellen muss, ist: Sind diese beiden Begriffe immer nur körperlich zu verstehen oder geht es auch um geistige Beweglichkeit und Fitness im Kopf? Auch Schach ist ein Sport, genauer gesagt ein Denksport, und niemand würde das in Frage stellen. Das Entscheidende ist nämlich, dass Schach nach klaren Regeln gespielt wird und das Können über Sieg und Niederlage entscheidet – genau wie beim eSport. Und über die fehlende körperliche Aktivität lässt sich schließlich auch bei anderen Sportarten streiten, wie z. B. beim Motorsport. Warum also sollten wir an unserer Schule nicht auch dem modernen Denksport, dem eSport, Rechnung tragen?

Nun, sicherlich stellt man sich die Frage: Wie sollen wir den eSport in unser Schulleben integrieren? Diese Frage kann ich noch nicht abschließend beantworten, da in diesem Zusammenhang viele Punkte diskutiert und geklärt werden müssen. Zuerst einmal würde ich mir aber Offenheit von den Lehrkräften und der Schulleitung wünschen. Gerne würden wir innerhalb der Schülervertretung eine Arbeitsgruppe bilden, die entsprechende sinnvolle Vorschläge erarbeitet. Schön wäre es, wenn die Schulleitung Entgegenkommen zeigen und auf der nächsten Dienstversammlung dieses Thema vorstellen würde. Vielleicht findet sich dann die ein oder andere Lehrkraft, die uns dabei hilft, den eSport so ins Schulleben einzubinden, dass er eine Bereicherung für unsere Schule ist.

Wonach richtet sich die Note?

Beurteile die Schülerleistung anhand des Bewertungsbogens.

Teilaufgabe	Anforderung	erfüllt	teilweise erfüllt	nicht erfüllt
	Basisteil			
1	Der Schüler hat Text 1 wie gefordert zusammengefasst.			
2	a) Der Schüler hat die genannten Begriffe treffend erklärt. b) Der Schüler hat sinnvoll begründet, warum „Gamer“ eigene Begrifflichkeiten für ihre Freizeitbeschäftigung erfunden haben.			
3	Der Schüler hat drei richtige Aspekte genannt.			
4	Der Schüler hat das Thema der Grafik in eigenen Worten wiedergegeben.			
5	Der Schüler hat wie gefordert die in der Grafik enthaltenen Informationen beschrieben.			
6	Dem Schüler ist es gelungen, einen Zusammenhang zwischen dem Inhalt der Grafik und dem Thema „eSport“ herzustellen.			
	Zusammenhängender Text zum Wahlteil A			
1	Der Schüler hat ... • in der Ich-Form geschrieben. • in der Einleitung den Eltern kurz sein Anliegen erklärt. • den eigenen Alltag als eSportler wiedergegeben. • unter Zuhilfenahme des Textes 2A erläutert, was „Movement Culture“ genau ist. • drei Gründe benannt, warum er diesen Sport ausüben möchte. • abschließend einen Appell an die Eltern gerichtet.			
	Zusammenhängender Text zum Wahlteil B			
1	Der Schüler hat ... • in der Einleitung ins Thema eingeführt und erklärt, was „eSport“ ist. • drei Gründe genannt, die für eSport als AG sprechen. • begründet, warum sich „eSport“ sehr wohl in das Konzept der „Sportfreundlichen Schule“ integrieren lässt. • einen angemessenen Vorschlag gemacht, wie in Zukunft weiter mit dem Thema „eSport“ verfahren werden soll.			

B Arbeitstechniken und Strategien der Aufgabenbearbeitung

B 1 Arbeitstechnik: Hörverstehen üben

Die Prüfungsaufgaben enthalten einen Hörtext, der dir vorgespielt wird. In der Regel handelt es sich um einen Sachtext. Teile des Inhalts können in Form eines Dialogs oder eines Interviews dargeboten werden. Deine Aufgabe ist es, wesentliche Teile des gehörten Textes zu erfassen und wiederzugeben. Dazu musst du nach dem zweiten Hören verschiedene Aufgaben bearbeiten.

Erster Schritt: Sich orientieren

Da du während des ersten Zuhörens nicht mitschreiben darfst, musst du dich gut konzentrieren. Nach dem ersten Hören solltest du wissen, um was es in dem Text geht: Wird ein Sachverhalt erklärt? Wird eine Problemfrage erörtert? Formuliere im Kopf einen Satz dazu.
In dem Text geht es um …

TIPP zum ersten Schritt

1. Schließe die Augen und höre konzentriert zu.
2. Achte auf Fragewörter und auf strukturierende Wörter im Text (*erstens, zweitens, zum Schluss, zusammenfassend, abschließend …*).
3. Grübele nicht über ein unverstandenes Wort nach.

Zweiter Schritt: Inhalt sichern

Beim **zweiten** Hören darfst du dir Notizen machen. Versuche nicht alles mitzuschreiben. Folge dem Verlauf des Textes und notiere dir nach Möglichkeit nur wichtige Stichpunkte. Notiere dir keine ganzen Sätze.

TIPP zum zweiten Schritt

- Gibt es Schlüsselwörter, Fachbegriffe, Fremdwörter?
- Werden Jahreszahlen genannt oder andere Zahlenangaben gemacht?
- Denke daran, dass man Verbindungen von Begriffen mit Strichen, Pfeilen oder anderen Zeichen darstellen kann.

Dritter Schritt: Aufgaben beantworten

Halte dich nicht zu lange mit dem zweiten Schritt auf, denn sonst fehlt dir die Zeit zur Beantwortung der Aufgaben.
Es gibt verschiedene Arten von Aufgaben, die möglich sind.

1 Zusammenfassen des Textes oder von Textabschnitten.
Fasse den Inhalt des Textes kurz zusammen.

____

____

____

2 Ankreuzen der richtigen Antwort/Antworten unter mehreren Vorgaben:
Kreuze die richtigen Antworten an.

Der Begriff „regional" ist gesetzlich geschützt. ☐
Verbraucherzentralen stehen den „Frei von"-Labels kritisch gegenüber. ☐
Strichcodes auf Lebensmittelverpackungen enthalten keine Informationen für den Verbraucher. ☐

3 Fragen zu inhaltlichen Begründungen und Zusammenhängen:
a) *Nenne drei Kennzeichen, die auf jeder Lebensmittelverpackung sein müssen.*

____

b) *Erkläre, was man unter dem Begriff „clean labels" versteht.*

____

Hier liegt ein Hörtext in gedruckter Form vor. Lass ihn dir zweimal in einem normalen Sprechtempo vorlesen, um die Prüfungssituation zu simulieren. Decke ihn ab, wenn du die dazugehörigen Aufgaben bearbeitest. Die Vorlesezeit beträgt ca. drei bis vier Minuten für einmaliges Lesen.

Wer soll das noch alles verstehen?

Verpackte Lebensmittel, die man kaufen kann, müssen in bestimmter Weise gekennzeichnet sein. Diese Kennzeichnung mit dem Namen und der genauen Beschreibung des Lebensmittels, mit der Zutatenliste und dem Hinweis auf eventuell Allergien auslösende Stoffe, der Nährwerttabelle, dem Mindesthaltbarkeits- oder Verfallsdatum, der Füllmenge, der Firmenangabe mit Adresse und dem Preis soll Verbraucher/-innen gegenüber Transparenz schaffen. So soll die Kundschaft die verschiedenen Lebensmittel vergleichen und nach den jeweiligen Bedürfnissen auswählen können. Zusätzlich gehört auf die Verpackungen aller Lebensmittel der maschinenlesbare Strichcode. Die dazugehörige Zahlenkombination ist nichts weiter als eine Artikelnummer, die von den Scannerkassen erfasst werden kann. Der Code enthält keine Informationen für Verbraucher/-innen.
Außerdem muss sich auf verpackten tierischen Lebensmitteln, also auf Produkten aus Fleisch, Milch, Ei oder Fisch, das Identitätskennzeichen befinden. Auch diese Pflichtkennzeichnung ist keine Verbraucherinformation, sondern dient der Lebensmittelüberwachung, denn anhand dieses Zeichens können Produkte zurückverfolgt werden.
In den letzten Jahren sind verschiedene Label oder Siegel dazugekommen, die deutlich machen, dass sich ein Nahrungsmittel zum Beispiel „regional“ nennen darf. Dieser Begriff ist jedoch gesetzlich nicht geschützt. Beim Einkauf regionaler Lebensmittel ist es deshalb ratsam, immer genau zu fragen, wofür die Angabe „regional“ genau steht. Man sollte sich dabei nicht von Begriffen wie „aus der Region“ oder „von hier“ täuschen lassen. Oft ist die Region nämlich nicht klar beschrieben. Auch bei der Verwendung des Labels „Bio“ ist Vorsicht geboten, denn allein im Bereich der Bio-Lebensmittel gibt es über 50 verschiedene Etiketten.
Neuerdings werden immer mehr sogenannte „clean labels“ verwendet. Dabei handelt es sich um einen Hinweis auf das Nichtvorhandensein oder die Nichtverwendung von bestimmten Lebensmittelzutaten oder Stoffen. Zu den „clean labels“ gehören Kennzeichnungen wie „ohne Gentechnik“, „laktosefrei“, „glutenfrei“ oder Angaben wie „ohne Zuckerzusatz“.
Doch für wen hat das alles eine Bedeutung? Die deutschen Verbraucherzentralen haben Befragungen mit Kundinnen und Kunden durchgeführt, in denen es darum ging, was diese mit den vielen unterschiedlichen Informationen auf den Verpackungen von Lebensmitteln anfangen können. Das Ergebnis lautete zusammengefasst: eigentlich nichts!
Gerade die vielen „Frei von“-Labels erwecken den Eindruck, als ob der nicht enthaltene Bestandteil sehr gefährlich oder total ungesund sei. Dabei sind Gluten und Laktose nur für Personen gefährlich, die an einer Gluten- oder an einer Milchzucker-Unverträglichkeit leiden. Aus Sicht der Verbraucherzentralen sind gerade die „clean labels“ oftmals überflüssig und erfüllen nicht den Zweck, den sie eigentlich haben sollten, nämlich die Käuferschaft klar zu informieren.
Schon seit Jahren wird von Verbraucherschützern gefordert, eine Ampelkennzeichnung auf Lebensmitteln einzuführen. Durch diese soll der jeweilige Gehalt eines Lebensmittels an Fett, Salz, Zucker und gesättigten Fettsäuren farblich ausgewiesen werden: Grün steht dabei für einen niedrigen, Gelb für einen mittleren und Rot für einen hohen Gehalt. Aber die Gesetzgebung konnte sich auf diese einfache Kennzeichnung noch nicht einigen.

Autorentext

B 2 Arbeitstechnik: Schaubilder und Karikaturen auswerten

Häufig findest du in Prüfungsaufgaben auch Schaubilder wie Diagramme und Tabellen. Diese enthalten Zusammenfassungen von Daten, die nach bestimmten Gesichtspunkten geordnet sind.

Folgende Aufgabenstellungen sind bei Schaubildern möglich:
- Du musst überprüfen, ob die vorgegebenen Aussagen zu einem Schaubild richtig sind oder nicht.
- Du musst feststellen, ob die Informationen eines Schaubildes die Aussagen eines Textes bestätigen, ergänzen oder widerlegen. Dazu musst du ein Schaubild richtig lesen und verstehen.

Schaubilder auswerten

1 Werte Schaubild A (Seite 29) nach folgenden Schritten aus:

Erster Schritt: Sich orientieren

a) Worum geht es in dem Schaubild A? Notiere stichpunktartig.

Thema: ______________________

Zahlenangaben: ______________________

orangefarbene Balken: ______________________

grüne Balken: ______________________

Vergleiche zwischen: ______________________

TIPP zum ersten Schritt

Lies die Überschriften und Erläuterungen.
- Um welches Thema geht es?
- Welche Zahlenangaben werden gemacht? Werden sie in Prozent, Promille oder in absoluten Zahlen (z. B. Tausend) angegeben?
- Worauf beziehen sich diese Angaben?
- Was wird miteinander verglichen?

Zweiter Schritt: Den Inhalt des Schaubildes erfassen und stichpunktartig aufschreiben

b) Schreibe die Informationen auf, die du dem Schaubild entnehmen kannst.

____

____

____

____

TIPP zum zweiten Schritt

Sieh dir das Schaubild genauer an.
- Worauf bezieht sich der größte Wert?
- Worauf bezieht sich der niedrigste Wert?
- Gibt es Auffälligkeiten?

Dritter Schritt: Aufgabenstellung beantworten und Ergebnisse aufschreiben

c) Beantworte die Aufgaben zu Schaubild A. Achte genau auf die Aufgabenstellung.

____

____

____

____

TIPP zum dritten Schritt

- Formuliere in ganzen Sätzen.
- Verwende folgende Formulierungen:
  es gibt weniger als ...
  mehr als bei ... / seit ....
  genauso oft ...
  seltener ...
  auffällig ist, dass ...

2 Bearbeite in gleicher Weise die Schaubilder B und C. Schreibe auf gesonderte Blätter.

Schaubild A: Balkendiagramm
Heimtiere in Deutschland

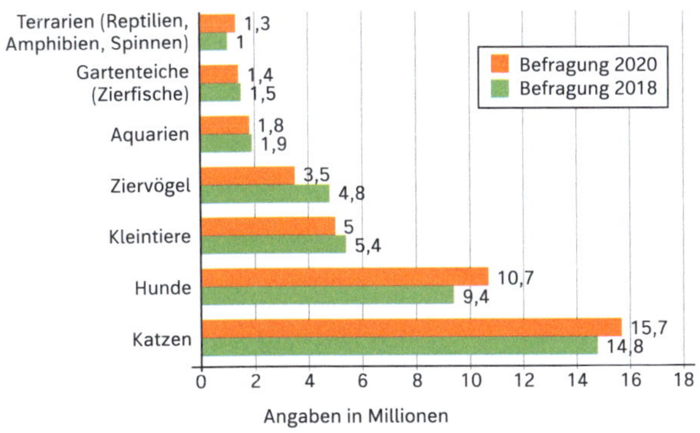

Quelle der Daten: Industrieverband Heimtierbedarf e.V. (IVH) / Zentralverband Zoologischer Fachbetriebe Deutschlands e.V. (ZZF) 2019 und 2021 (jeweils Befragung von 7.000 Haushalten)

INFO

Balkendiagramme zeigen oft absolute Zahlen oder Prozentzahlen an. Die Länge des Balkens gibt die Anzahl an, die man meist auf der x-Achse ablesen kann. Neben der y-Achse wird angegeben, worauf sich die Balken beziehen.

AUFGABENSTELLUNG

1. Welche Haustiere sind in Deutschland die beiden beliebtesten?
2. Bei welchen Haustieren hat sich der Bestand seit 2018 vergrößert?

Schaubild B: Kreisdiagramm
Stromverbrauch in Privathaushalten

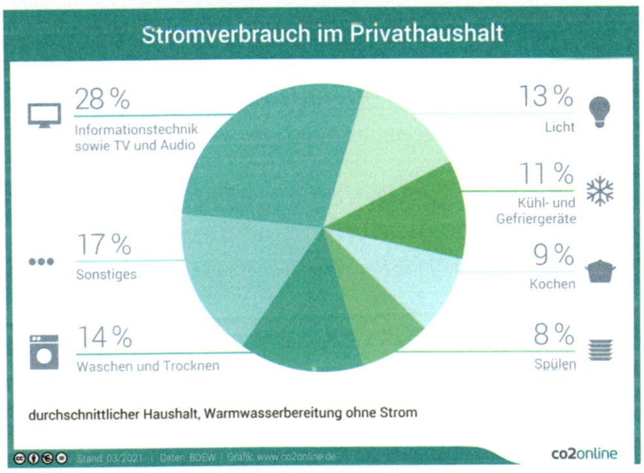

Quelle: www.co2online.de, Berlin

INFO

Kreisdiagramme zeigen die prozentuale Zusammensetzung einer Gesamtmenge. Dabei ist der Kreis in mehrere Teile unterteilt, die jeweils den Anteil an der Gesamtmenge wiedergeben.

AUFGABENSTELLUNG

1. Wie viel Prozent des Stroms werden für Haushaltstätigkeiten verbraucht?
2. Vergleiche die gefundene Zahl mit dem Stromverbrauch für „Informationstechnik, sowie Audio und TV." Wie bewertest du das Ergebnis?

Schaubild C: Verlaufsdiagramm
Anteil der Raucher (12- bis 17-Jährige)

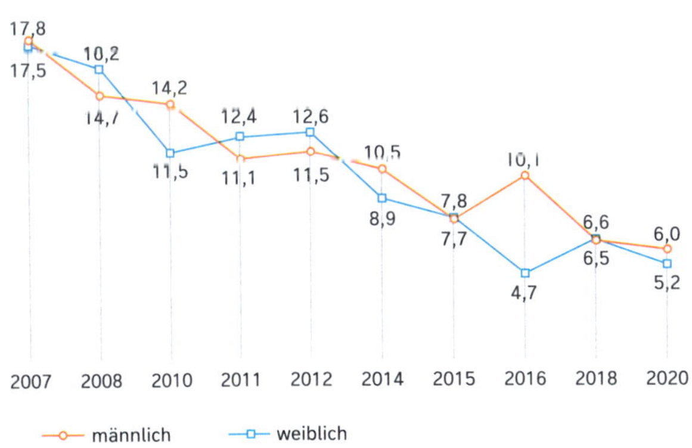

Quelle der Daten: Bundeszentrale für gesundheitliche Aufklärung (BZgA), Köln

INFO

Kurven- oder Verlaufsdiagramme eignen sich dazu, Daten von verschiedenen Zeitpunkten grafisch vergleichend darzustellen.

AUFGABENSTELLUNG

1. Welche Entwicklung ist seit 2007 zu erkennen?
2. Zu welcher Zeit ist der größte Unterschied zwischen den Geschlechtern zu erkennen?

Karikaturen auswerten

INFO

Eine Karikatur ist eine Zeichnung, die durch übertriebene Darstellung einen Sachverhalt kritisiert. Es ist wichtig, drei Dinge herauszufinden:
- Was sehe ich auf dem Bild?
- Was bedeutet das, was ich sehe?
- Was will die Zeichnerin oder der Zeichner damit aussagen?

Karikatur

Quelle: © Michael Hüter, Bochum / Stiftung Jugend und Bildung

1 Werte die Karikatur nach folgenden Schritten aus und notiere deine Antworten stichpunktartig.

Erster Schritt: Sich orientieren – Was sehe ich?

a) Was siehst du auf dem Bild?

____

____

Zweiter Schritt: Was bedeutet das, was ich sehe?

b) Welche Szene ist auf dem Bild dargestellt?

____

____

Dritter Schritt: Was will der Zeichner damit aussagen?

c) Worauf spielt der Zeichner an? Was will er kritisieren?

____

____

2 Fasse die gefundenen Informationen zu der Karikatur auf einem gesonderten Blatt in höchstens fünf Sätzen zusammen.

B 3 Arbeitstechnik: Argumente aufbauen

Wenn du jemanden von deinem Standpunkt überzeugen willst, brauchst du gute Argumente.
Niemand glaubt dir „einfach so“ – du musst deine Meinung klar belegen und damit deine Zuhörerinnen und Zuhörer zum Nachdenken bringen.

INFO zur Bildung von Argumenten

Ein **Argument** besteht in der Regel aus drei Teilen:

- **Behauptung:** In einem kurzen Satz wird auf den Punkt gebracht, was du aussagen möchtest. (z. B.: „Hausaufgaben sind sinnvoll.“)
- **Begründung:** Du erklärst deine Behauptung so, dass die zuhörende Person versteht, was genau du damit meinst. (Mögliches Beispiel: „Durch die Anfertigung der Hausaufgaben haben Schüler und Schülerinnen die Möglichkeit, den Lernstoff zu wiederholen. Sie finden heraus, was sie schon können und was nicht.“)
- **Beispiel:** Das Beispiel ist ein Beweis für die Richtigkeit deiner Behauptung. Es sollte etwas sein, was du selbst erlebt oder gelesen hast, ein Textzitat oder auch eine genaue Erklärung zu einem Teilaspekt. (Mögliches Beispiel: „Wenn ich in Mathematik nicht regelmäßig meine Hausaufgaben gemacht hätte, wäre es mir nie gelungen, in der letzten Arbeit des Halbjahres endlich eine Drei zu schreiben. Weil ich durch das Anfertigen der Hausaufgaben den Stoff wiederholt und an meinen Schwächen gearbeitet habe, habe ich keine Fünf im Zeugnis bekommen und meine Versetzung war nicht gefährdet.“)

1 Ergänze die folgenden Behauptungen zu aussagekräftigen Argumenten.

Behauptung	*Reisen bildet.*
Begründung	*Man lernt andere Sitten und Gebräuche kennen. Dadurch …*
Beispiel	*In meinem letzten Urlaub habe ich zum Beispiel gelernt …*

Behauptung	*Haustiere sind wichtig für Kinder.*
Begründung	...
Beispiel	...

2 Unterstreiche in der folgenden Meinungsäußerung die Behauptung, die Begründung und das Beispiel mit unterschiedlichen Farben.

TIPP zu 2

Es ist wichtig, dass du lernst, Behauptungen, Begründungen und Beispiele zu unterscheiden und in Texten zu erkennen. Nur wenn du das sicher kannst, ist es dir möglich, deine eigenen Gedanken und Argumente zu ergänzen und Textpassagen teilweise zu übernehmen und in deine eigene Argumentation einzubauen. Die fertige Argumentation ist dann trotzdem dein Text und wirkt nicht einfach abgeschrieben.

Lebensweisen anderer Länder und Kulturen können das eigene Leben verändern und bereichern. Reisende bringen aus dem Urlaub oft Dinge mit, die bei uns unbekannt sind und die sich als praktisch, modisch, wohlschmeckend oder dekorativ erweisen. Wenn man zum Beispiel in islamisch geprägten Ländern unterwegs ist, wird man durch die Küche beeindruckt, die sich durch leichte Speisen und viele unbekannte Gewürze auszeichnet. Aus der türkischen Küche haben wir beispielsweise das Gewürz Kumin übernommen und viele in Salz und Essig eingelegte Gemüsesorten. Das alles macht unsere Speisen pikanter, abwechslungsreicher und obendrein noch bekömmlicher.

3 Deine Schule plant eine Projektwoche. Für die inhaltliche Gestaltung sollen die Schülerinnen und Schüler Vorschläge machen. Deine Klasse befürwortet das Thema „Unsere Klasse wird ein Team". Du als Klassensprecher hast deine Klassenkameraden darum gebeten, dir kurz aufzuschreiben, warum das Thema für sie wichtig ist. Du selber möchtest diese Notizen als Hilfestellung nutzen, um die Schulleitung von eurem Vorschlag zu überzeugen. Die folgenden Zettel haben dich erreicht. Unterstreiche auf den Zetteln die Stellen, die dir helfen können, gute Argumente zu formulieren.

A *Das Thema ist deshalb wichtig, weil viele von uns den Tag vor dem Computer verbringen. Kommunikation findet nur noch über das Handy oder über soziale Netzwerke statt. Wir unternehmen gar nichts miteinander.*

B *Ein Beispiel dafür, dass das Thema gut ist, ist unsere letzte Klassenfahrt. Wir haben viel zusammen gemacht. Ich habe dabei viele Kartenspiele gelernt, die auch später in meinem Freundeskreis gut ankamen.*

C *In unserer Klasse gibt es oft Streit. Irgendwie will jeder besser sein als der andere und gönnt dem anderen nichts. Lukas hat Marc neulich den ganzen Tag geärgert, nur weil der eine bessere Note in der Mathearbeit geschrieben hat.*

D *Mobbing ist ja wohl überall ein Problem, deshalb ist das Thema wichtig. Auch in unserer Klasse gibt es welche, die dauernd ausgelacht werden. Ich nenne jetzt keinen Namen, aber du weißt, wen ich meine.*

4 Formuliere drei vollständige Argumente, die du im Gespräch mit der Schulleitung vorbringen willst. Warum ist das Thema „Unsere Klasse wird ein Team" eine gute Idee?

TIPP zu 4

Die Notizen deiner Klassenkameraden enthalten Behauptungen, Begründungen und Beispiele, die es dir leichter machten sollen, Argumente zu formulieren. Denke aber daran, dass die Notizen deiner Klassenkameraden nur Hilfestellungen sind. Du kannst die Argumente auch um Behauptungen, Begründungen oder Beispiele aus deinem eigenen Erfahrungsschatz ergänzen oder komplett selbstständig formulieren.

a) *Behauptung: Es herrscht Streit in den Klassen.*

Begründung: Schülerinnen und Schüler werden geärgert – oft aus Gründen, für die sie nichts können und die auch eigentlich kein Grund dafür sind, jemanden zu beleidigen.

Beispiel: In unserer Klasse …

b) *Behauptung: …*

…

B 4 Arbeitstechnik: Überfliegendes Lesen

Auch wenn du alle Tipps zur Entscheidung für eine Prüfungsaufgabe beachtest (siehe A 3, Seite 11), bist du in den 15 Minuten, die dir zur Verfügung stehen, um dir einen Überblick über die Aufgaben zu verschaffen, unter starkem Zeitdruck. Du musst alle Texte und die Aufgabenstellungen lesen und verstehen. Dabei hilft dir die Strategie des **überfliegenden Lesens**.

INFO zur Technik des überfliegenden Lesens

Beim **überfliegenden Lesen** geht es darum, sich einen ersten Eindruck über die vorhandenen Materialien und Aufgabenstellungen zu verschaffen. Hierbei gleiten deine Augen nur oberflächlich über den Text – du liest nicht jede einzelne Silbe oder jedes einzelne Wort. Vielmehr „scannen" deine Augen den Text ab und bleiben dabei an Schlüsselbegriffen hängen.
Das Markieren einiger dieser besonders wichtigen Stellen kann später hilfreich sein.
Um Zeit zu sparen, lässt du unwichtigere Stellen erst einmal aus.
Später, wenn du dich für eine Aufgabe entschieden hast, musst du natürlich alle für dich wichtigen Textinhalte gründlich lesen.

1 Hier findest du einen **Sachtext**, in dem bereits einige Kernaussagen markiert sind. Du hast zwei Minuten Zeit, den Text zu überfliegen und weitere Kernaussagen zu markieren.

TIPP zu **1** und **2**

Zuerst liest du immer die Überschrift des Textes. Beim weiteren „Scannen" achte besonders auf die Stellen im Text, die auf die **W-Fragen** antworten:
- Worum geht es?
- Wo und wann spielt die Handlung?
- Welche Personen handeln?
- Wer erzählt?
- Was wird ausgesagt?

Was fällt auf bei der Ernährung der Jugendlichen?

Um das Essverhalten von 6- bis 17-Jährigen zu untersuchen, wurden im Auftrag des Robert-Koch-Instituts zwischen 2015 und 2017 2.644 Kinder und Jugendliche an 170 Orten, verteilt auf ganz Deutschland, befragt. Die Ergebnisse legten die Forscher in den sogenannten „EsKiMo-Studien I und II" vor. Bei den jüngeren Kindern füllten ihre Eltern Ernährungsprotokolle für einen mehrtägigen Untersuchungszeitraum aus. Jugendliche zwischen 12 und 17 Jahren beantworteten selbst in Interviews detaillierte Fragen zu den Speisen, die sie normalerweise essen.
Dabei zeigten sich für die Gruppe der Jugendlichen zwei besonders auffällige Aspekte: Zum einen stehen die jungen Menschen heutzutage unter einem erheblichen Schlankheitsdruck. Ein Drittel der eigentlich normalgewichtigen Jugendlichen unter den Studienteilnehmern fühlt sich deutlich zu dick und 40 Prozent der untergewichtigen schätzt ihr geringes Gewicht als „genau richtig" ein. Dementsprechend hat schon jeder fünfte Befragte in dieser Altersklasse bereits eine längere Diät hinter sich – wobei der Prozentsatz bei den Mädchen noch einmal deutlich höher ist als bei den Jungen. Viele Jugendliche achten sogar ständig darauf, nicht zu viel zu essen, und zählen bei jeder Mahlzeit die Kalorien aus Sorge, sie könnten zunehmen.
Zum anderen fiel auf, dass jeder sechste der befragten Jugendlichen in den vergangenen vier Wochen Nahrungsergänzungsmittel geschluckt hatte. Vor allem Jugendliche, die viel Sport machen und normalgewichtig sind, greifen öfter zu Nahrungsergänzungsmitteln als andere. Auch unter Vegetariern war

der Anteil auffallend hoch, in dieser Gruppe nahmen fast 30 Prozent Pulver und Kapseln. Der Großteil gab an, mit den Mineralstoffen oder Vitaminen seine Gesundheit verbessern zu wollen. Ein Fünftel sagte, sie würden die Mittel auf Anraten ihres Arztes nehmen.
Außerdem zeigt die Studie, dass der Anteil der Vegetarier unter den Jugendlichen zunimmt. Fünf Prozent der befragten 12- bis 17-Jährigen ernährt sich aktuell vegetarisch, bei den Mädchen sind es sogar 8,1 Prozent. Diese Zahlen liegen deutlich über dem Bundesdurchschnitt von 4,3 Prozent bei Erwachsenen. Dabei könnte nicht nur das Tierwohl eine Rolle spielen, sondern der Verzicht auf Fleisch ist auch beim Klimaschutz wichtig.

Autorentext

2 Überfliege diesen Textauszug aus einer Kurzgeschichte und markiere die Kernaussagen. Dazu hast du zwei Minuten Zeit.

TIPP zu 1 und 2

Achte darauf, dass du wirklich nur einzelne Wörter bzw. Wortgruppen und nur in Ausnahmefällen einen Satz unterstreichst. Du wirst merken, dass es dir dann viel leichter fällt, die Übersicht zu behalten!

Clown

Seit vier Jahren arbeitete er nun schon als Clown. Obwohl – eigentlich nicht wirklich. Im richtigen Leben, fernab der Zirkuswelt, war er der Inhaber eines kleinen Buchgeschäftes.
„Junge“, hatte sein Vater ihn gewarnt, „Junge, das wird nichts. Mach dich nicht lächerlich. Warum wirst du nicht Tischler, so wie ich? Handwerk, weißt du, Handwerk hat goldenen Boden.“
Seine Mutter, die hatte zu ihm gehalten, so lange er denken konnte. Sie glaubte an ihn. Stets und immer hatte sie allen wieder und wieder gesagt, dass sie an ihren Jungen glaube, an ihn und an seinen Traum von einem eigenen, gut besuchten Buchladen. [...]
„Spot an!“ Die klassische Zirkusmusik ertönte, während er mit seinen Kollegen in die Manege einmarschierte. Er winkte, sah kleine Kinder auf sich zeigen. Es war so einfach: Er stolperte, oder besser gesagt, er tat so und die Kinder im Publikum jauchzten und klatschten vor Begeisterung.
Nach der Pause hatten viele dieser Kinder kleine Luftballontiere im Arm, die er in der Pause an sie zu verschenken pflegte. Mittlerweile war er gut darin, konnte blitzschnell die verschiedensten Tiere formen.
„Hund!“, „Giraffe!“, „Katze!“, brüllten sie begeistert – und er gab ihnen, was immer sie sich wünschten.
Bis hierhin war es okay für ihn. Was er hasste, war der Teil, in dem er mit einem anderen Clown zusammen als eigene Zirkusnummer auftrat. Er fragte sich, wie man sich als erwachsener Mann dermaßen der Lächerlichkeit preisgeben konnte. [...]

Autorentext

B 5 Arbeitstechnik: Texte erschließen und zusammenfassen

Bevor du dich mit der Aussage eines Textes auseinandersetzen kannst, musst du ihn zunächst genau lesen, um seinen Inhalt zu verstehen. Dabei helfen dir unterschiedliche Lesestrategien. Einige kannst du bereits **vor dem Lesen** anwenden, auf andere kannst du **während des Lesens** zurückgreifen.

Nach dem Lesen helfen dir weitere Lesestrategien dabei, dein Textverständnis noch einmal zu überprüfen. Die folgenden Textbeispiele stammen aus dem Text *„Was ist ein Blog und was macht ein Blogger eigentlich genau?“* (siehe Seite 37/38).

Erster Schritt: Vor dem Lesen → Sich orientieren

„Was ist ein Blog und was macht ein Blogger eigentlich genau?“

1 Notiere stichpunktartig, was dir zum Titel einfällt.

Es geht um das Schreiben und Veröffentlichen von Texten.

2 Stelle anhand des Titels Fragen an den Text oder äußere Vermutungen zu seinem Inhalt.

Welche Geschichte hat der Weblog?
Wie kann man selbst einen Blog erstellen?

TIPP zum ersten Schritt

Überlege:
- Was weißt du bereits über das Thema?
- Geht der Text kritisch mit einem Thema um?

Zweiter Schritt: Während des Lesens → Markieren

TIPP zum zweiten Schritt

- Lies immer „mit dem Stift“. Es kann hilfreich sein, verschiedene Farben zu benutzen.
- Manche Unklarheiten kann man auch mithilfe des Textes, der unmittelbar vor oder hinter dem unbekannten Wort steht, klären.

3 Markiere unverständliche Textstellen und kläre sie z. B. durch Nachschlagen im Wörterbuch.

4 Mache dir Randnotizen. Dafür gibt es verschiedene Möglichkeiten.

a) Wichtige Aussagen unterstreichen und dazu Stichworte an den Rand schreiben.

TIPP zu **3** und **4**

Schau dir im Text auf Seite 37 die Unterstreichungen, Markierungen und Kommentare an und bearbeite den Rest des Textes in gleicher Weise.

Das Weblog, das Blog oder mittlerweile laut Duden auch der Blog ist aus dem Ursprung heraus nichts anderes als ein Online-Tagebuch. User, die das Internet früh für sich entdeckt hatten, stellten ihre Lebensereignisse online. Das Kunstwort Weblog als Kurzform für World Wide Web & Logbuch entstand und die ersten Web-Logger, also Blogger, waren geboren.

Online-Tagebuch

Definition

b) Mit Symbolen (! !! ?) verdeutlichst du, welche Textstellen oder Abschnitte dir besonders wichtig erscheinen oder wo du noch Klärungsbedarf siehst.

Dank Kategorien und Schlagwörtern können Blogleser schnell und einfach durch den Blog navigieren.

??

5 Hilfreich ist es auch, Fragen oder Kommentare zum Gelesenen am Rand zu notieren. So verschaffst du dir einen intensiveren Zugriff auf den Text.

Möchte man einen eigenen Blog erstellen, findet man im Netz kostenlose Blogging-Dienste und kann so ohne finanziellen Aufwand und mit wenigen Klicks sofort loslegen. Für eine einfache und schnelle Einrichtung ist in der Regel keine Registrierung vonnöten, es reicht, einen Nickname sowie eine Mailadresse anzugeben.

Sind kostenfreie Blogging-Dienste genauso gut wie kostenpflichtige?

AUFGABENSTELLUNG

1 Lies zunächst den folgenden Textausschnitt und bearbeite ihn danach, indem du die TIPPs zu **6** und **7** zur Texterschließung benutzt (siehe Seite 38).

Was ist ein Blog und was macht ein Blogger eigentlich genau?

Für die meisten Menschen ist ein Blog oder das Bloggen so selbstverständlich wie die Luft zum Atmen. Es gibt jedoch auch viele, vor allem viele ältere Menschen, die nicht wissen, was ein Blog ist und was ein Blogger eigentlich macht. […]

Das Weblog, das Blog oder mittlerweile laut Duden auch der Blog ist aus dem Ursprung heraus nichts anderes als ein Online-Tagebuch. User, die das Internet früh für sich entdeckt hatten, stellten ihre Lebensereignisse online. […] Wofür einst das gute alte Tagebuch aus Papier herhalten durfte, wurde nun das World Wide Web als Medium genutzt. Das Kunstwort Weblog als Kurzform für World Wide Web & Logbuch entstand und die ersten Web-Logger, also Blogger, waren geboren.

Online-Tagebuch

Definition

Mittlerweile ist das Medium Blog den Kinderschuhen entwachsen und schon lange kein reines Tagebuch mehr für persönliche Gedanken und Träume. Blogs entstehen aus den unterschiedlichsten Gründen, Zielsetzungen und mit den vielfältigsten Themen.

Der Unterschied zwischen teilweise überladenen Webseiten und Blogs ist der einfache und schlichte Aufbau. […] Reine Blogs bieten dem Leser eine sauber strukturierte Informationsquelle ohne viel Drumherum. In der Regel sind Blogbeiträge absteigend nach Datum aufgelistet und geben dem Blogleser eine genaue Übersicht über die Aktualität eines Beitrags.

Dank Kategorien und Schlagwörtern können Blogleser schnell und einfach durch den Blog navigieren. Die entsprechende interne Verlinkung und Auflistungen aller Artikel, die einer Kategorie oder einem Schlagwort zugeordnet sind, tragen erheblich zur Nutzerfreundlichkeit bei. […] Die Faszination Blog hat weltweit mittlerweile viele Millionen Anhänger und täglich werden es mehr. Das Tolle an einem Blog ist, dass ein Blog dank der Kommentarfunktion ganz einfach zu einem regen Gedankenaustausch von Gleichgesinnten beitragen kann. […] Möchte man einen eigenen Blog erstellen, findet man im Netz kostenlose Blogging-Dienste und kann so ohne finanziellen Aufwand und mit wenigen Klicks sofort loslegen. Für eine einfache und schnelle Einrichtung ist in der Regel keine Registrierung vonnöten, es reicht, einen Nickname sowie eine Mailadresse anzugeben. […]

??

Sind kostenfreie Blogging-Dienste genauso gut wie kostenpflichtige?

Egal, ob jemand aus Spaß an der Freude im Hobbybereich oder seinen Lebensunterhalt mit dem Bloggen bestreiten möchte, inzwischen ist alles möglich.

Dabei gibt es zahlreiche unterschiedliche Blogthemen, wie Fashion-Blogs, Kunstblogs, News-Blogs, Mikroblogs (Bsp. Twitter), Wissenschafts-Blogs und viele mehr. Die Liste lässt sich endlos verlängern. […]
Vom Einzelkämpfer bis zu ganzen Gruppen gibt es Blogger, die einzelne Blogs oder gar Blognetzwerke betreiben. Der Blog ist global betrachtet weitaus mehr als nur ein Tagebuch oder eine Website, sondern ein Medium, das mitunter eine sehr große Meinungsmacht mit sich bringt. […]
Von professionellen Journalisten werden Blogger oft fachlich nicht ernst genommen, sei es wegen der fehlenden journalistischen Ausbildung oder einfach, weil man die neue Konkurrenz fürchtet. […] Zudem sind Blogger oftmals schneller und damit aktueller in ihrer Berichterstattung.

Quelle: Andreas Meyhöfer (Bremen): Blog, Bloggen? Was ist ein Blog und was macht ein Blogger eigentlich genau? https://blogsheet.info/blog-blogger-genau-erklaert-18677 (verändert; aufgerufen am 28.01.2022)

6 Teile den Text in sinnvolle Abschnitte, damit er für die Weiterarbeit übersichtlicher wird. Trenne dabei die Abschnitte durch Querstriche und fasse den jeweiligen Inhalt in einem Satz zusammen.

7 Schlüsselwörter sind die wichtigen Wörter in einem Abschnitt, da sie dessen Kerngedanken tragen. Unterstreiche in jedem Abschnitt die Schlüsselwörter.

TIPP zu 6 und 7

Unterteile den Text in nicht zu viele kleine Abschnitte. Unterstreiche möglichst nur ein Schlüsselwort pro Abschnitt. Deine Vorlage wird sonst leicht zu unübersichtlich.

Dritter Schritt: Nach dem Lesen → Notieren

8 Inhaltliche Zusammenfassung

a) Diese kannst du mithilfe von Markierungen, Stichpunkten und Randnotizen vorbereiten.
Fasse den Text kurz zusammen und beachte dabei folgende Punkte:
- Um welches Thema geht es?
- Wer berichtet über das Thema?
- Warum wird über das Thema berichtet?
- Gibt es wichtige Zitate?
- Um welche Textsorte handelt es sich?
- Mit welcher Absicht wurde der Text verfasst? (Will der Autor unterhalten, informieren, kritisieren …)

TIPP zum dritten Schritt

Wenn du vor dem Lesen anhand des Titels Fragen oder Vermutungen an den Text gestellt hast, solltest du nun dein Wissen dahingehend überprüfen:
- Welche Antworten hast du im Text auf deine Fragen gefunden?
- Haben sich deine Vermutungen bestätigt?
- Welche Erkenntnisse hat dir der Text darüber hinaus gebracht?

b) Du kannst außerdem ein Cluster oder eine Mindmap anlegen. Dazu schreibst du das zentrale Thema des Textes in die Mitte eines Blattes Papier. Darum herum notierst du die im Text genannten verschiedenen thematischen Aspekte, Inhalte oder Personen. Du kannst auch weitere Aspekte hinzufügen bzw. hast die Möglichkeit, besonders wichtige Details durch Farben oder Ähnliches hervorzuheben.

westermann

FiNALE Prüfungstraining

Niedersachsen

Abschluss 10. Klasse Realschule 2023

Deutsch

Lösungen

Martina Hartwig
Melanie Priesnitz

Mit Beiträgen von
Walburga Böker
Peter Delp
Harald Stöveken

ISBN 978-3-7426-2326-3

A Vorbereitung auf die Abschlussprüfung

A 1 Methoden der Prüfungsvorbereitung

Seite 7

1. Teil I der Prüfung (Auswahl der Prüfungsaufgabe: 15 Minuten): 8.00 – 8.15 Uhr
   Teil II der Prüfung (Bearbeitung der Prüfungsaufgabe: 180 Minuten): Hörverstehenstext: 8.15 – 8.35 Uhr, Basisteil und Wahlaufgabe: 8.35 – 11.15 Uhr
   Da die Schulen den Beginn zwischen 8.00 und 8.15 wählen können, muss der Zeitstrahl spätestens um 11.30 Uhr beendet sein.

A 2 Was wird bei den Aufgabenstellungen erwartet?

Seite 9

1. Aufgabe **1**
   Fasse die Kurzgeschichte „Die Tochter“ von Peter Bichsel (Text 1) in nicht mehr als fünf Sätzen zusammen.

   Aufgabe **2**
   Beschreibe, wie die Eltern die Tochter sehen.

   Aufgabe **3**
   Stelle dar, wie sich das Verhältnis zwischen Eltern und Tochter in Text 2 entwickelt hat.

   Aufgabe **4**
   Vergleiche die im Diagramm dargestellten Umfrageergebnisse mit den Erklärungen der Mutter in Text 3.

   Aufgabe **5**
   Benenne die sprachlichen Mittel, die der Autor von Text 3 einsetzt, um die Haltung der Tochter deutlich zu machen. Erläutere diese an zwei Beispielen.

Seite 10

   Aufgabe **6**
   Die Texte 1 – 4 beziehen sich auf das Verhältnis von Kindern zu ihren Eltern. Beurteile die unterschiedlichen Verhaltensweisen der vorgestellten Elternpaare. Nimm Stellung zu den vorgeschlagenen Lösungsansätzen.

2. **Wahlteil**
   Du arbeitest als Schülervertreter bzw. Schülervertreterin in der Arbeitsgruppe „Elternarbeit“ in deiner Schule mit. Für eure nächste Sitzung verfasst du einen Text darüber, wie Eltern und Kinder sich in verschiedenen Situationen verhalten und wie sich durch bestimmte Verhaltensweisen das Verhältnis zueinander problematisch entwickeln kann.
   Bearbeite hierfür die folgenden Aufgaben in einem zusammenhängenden Text.
   Beachte dabei auch die Überleitungen.
   a) Alle Texte befassen sich mit dem Thema „Konflikte zwischen Eltern und Kindern“. Fasse die einzelnen Textaussagen kurz zusammen.
   b) Vergleiche, welche Rolle die Verhaltensweisen der Eltern in den dargestellten Konfliktsituationen spielen.
   c) Beurteile die Reaktionen der Kinder auf das Verhalten der Eltern anhand von zwei Beispielen.
   d) Erörtere, welche Lösungsmöglichkeiten für beide Seiten vorgeschlagen werden.
   e) Begründe, für welches Lösungsmodell du dich entscheidest.

A 3 Wie entscheide ich mich für die Prüfungsaufgabe?

Seite 11

1. Beispiel:
   Die folgenden Texte, das Diagramm und das Foto befassen sich aus unterschiedlichen Perspektiven mit dem Thema „Herbst“. Lies alles aufmerksam, markiere die für dich wichtigen Stellen und bearbeite dann zuerst die sich anschließenden Aufgaben im Basisteil. Im Anschluss daran musst du dich entscheiden, ob du die Schreibaufgabe im Wahlteil A oder B bearbeitest.

2. a) Fasse Text 1 in nicht mehr als vier Sätzen zusammen.
   b) Vergleiche die im Diagramm dargestellten Ergebnisse mit den in Text 2 genannten Erwartungen der Menschen.
   c) Stelle mithilfe eines Beispiels dar, wie sich die Befragten das Voranschreiten der Klimaerwärmung vorstellen.
   d) Benenne in jedem der drei Gedichte zwei sprachliche Mittel, die die Autoren einsetzen. Erkläre deren Bedeutung.
   e) Die Texte 2 – 4 beziehen sich auf das Thema „Herbst“. Verdeutliche in jeweils einem Satz ihre zentrale Aussage.

Seite 12

3. **Wahlteil A**
   Du bist Mitarbeiterin bzw. Mitarbeiter der AG „Schul-Homepage“. Immer zu Beginn eines neuen Schuljahres bekommt eine/einer den Auftrag, ein passendes Gedicht für die Startseite auszusuchen. Diesmal bist du an der Reihe. Für die nächste Redaktionssitzung sollst du begründen, für welches Gedicht du dich entschieden hast.
   Bearbeite dazu die folgenden Aufgaben in einem zusammenhängenden Text.
   Beachte auch die Überleitungen.
   a) Stelle einleitend die drei Gedichte vor, die du zur Auswahl hast.
   b) Erläutere kurz die Gemeinsamkeiten, aber auch die Unterschiede zwischen den einzelnen Gedichten.
   c) Formuliere drei Gründe, die für das Gedicht deiner Wahl sprechen. Gehe dazu auf die unterschiedlichen Inhalte und die eingesetzten sprachlichen Mittel ein.

   Wahlteil B
   Im Erdkundeunterricht behandelt ihr das Thema „Klimaveränderung“. Für eine Wandzeitung zu diesem

Thema sollst du einen informierenden Text zur Klimaveränderung in Deutschland am Beispiel der Jahreszeit Herbst verfassen.
Bearbeite dazu die folgenden Aufgaben in einem zusammenhängenden Text.
Beachte auch die Überleitungen.

a) Verfasse zunächst eine Einleitung, in der du deine Mitschülerinnen und Mitschüler auf das Thema einstimmst.
b) Beschreibe, welche positiven bzw. negativen Auswirkungen die Jahreszeit Herbst auf die Menschen haben kann. Zeige dies mithilfe von je zwei Beispielen aus den drei Gedichten.
c) Erläutere, welche Klimaveränderungen die Forscher in der Jahreszeit Herbst erwarten.
d) Erkläre und begründe anhand von zwei Beispielen, welche Maßnahmen die Menschen gegen die Klimaveränderung ergreifen können.

A 4 Die Prüfungsarbeit: Ein Beispiel

Seite 13 – 25
Die Aufgaben aus Hauptteil 1 und 2 sind richtig gelöst worden. Ebenso verhält es sich mit den Schreibaufgaben in den Wahlteilen A und B.

Wonach richtet sich die Note?
Die Anforderungen sind nahezu alle erfüllt worden. Sinn der Aufgabenstellung ist es, dass du durch den Vergleich von Aufgabenstellung und Bewertungsbogen erkennst, welche Gesichtspunkte in die Bewertung einfließen. Manche Aufgaben würdest du vielleicht anders lösen – oder ausführlicher. Das ist toll und absolut in Ordnung. Achte nur darauf, dass du die Aufgabenstellung bei der Lösung der Aufgaben im Blick behältst!

B Arbeitstechniken und Strategien der Aufgabenbearbeitung

B 1 Arbeitstechnik: Hörverstehen üben

Seite 26
Dritter Schritt: Aufgaben beantworten

1. In dem Text wird beschrieben, wie Lebensmittel in Deutschland gekennzeichnet sein müssen und welche Bedeutung diese Kennzeichnungen für den Verbraucher haben. Dabei geht der Text kritisch auf bestimmte Kennzeichnungen wie „regional" ein oder auf sogenannte „clean labels" wie laktosefrei oder glutenfrei. Die Verbraucherzentralen fordern schon lange eine Ampelkennzeichnung für Lebensmittel, damit der Kunde durch die vielen anderen, oft unnötigen Informationen, nicht verwirrt wird.

2. Verbraucherzentralen stehen den „Frei von"-Labels kritisch gegenüber.
Strichcodes auf Lebensmittelverpackungen enthalten keine Informationen für den Verbraucher.

3. a) – Zutatenliste
   – Mindesthaltbarkeitsdatum bzw. Verfallsdatum
   – Füllmenge
   b) Dabei handelt es sich um einen Hinweis auf das Nichtvorhandensein oder die Nichtverwendung von bestimmten Lebensmittelzutaten oder Stoffen. Zu den „clean labels" gehören Kennzeichnungen wie „ohne Gentechnik", „laktosefrei", „glutenfrei" oder Angaben wie „ohne Zuckerzusatz".

B 2 Arbeitstechnik: Schaubilder und Karikaturen auswerten

Seite 28/29
Schaubilder auswerten

1. Schaubild A

a) Thema: Heimtiere in Deutschland
Zahlenangaben: in Millionen
Orangefarbene Balken: Angaben aus einer Befragung aus dem Jahr 2020
Grüne Balken: Angaben aus einer Befragung aus dem Jahr 2018
Vergleiche zwischen der Anzahl der unterschiedlichen Heimtiere in den Jahren 2020 und 2018
b) Für Tiere in Terrarien, in Gartenteichen und Aquarien, für Ziervögel, Kleintiere, Hunde und Katzen werden jeweils die Anzahlen für die Jahre 2020 und 2018 angegeben. Die Daten stammen aus Befragungen von 7.000 Haushalten, die der Industrieverband Heimtierbedarf e.V. (IVH) und der Zentralverband Zoologischer Fachbetriebe Deutschlands e. V. (ZZF) durchgeführt haben.
c) 1. Katzen und Hunde sind die beliebtesten Haustiere in Deutschland.
2. Es gab 2020 mehr Terrarien (+ 0,3 Mio.), mehr Hunde (+ 1,3 Mio.) und mehr Katzen (+ 0,9 Mio.) im Vergleich zum Jahr 2018.

2. Schaubild B

a) Thema: Stromverbrauch im Privathaushalt
Zahlenangaben: in Prozent
Felder des Kreisdiagramms: Stromverbrauch für sieben verschiedene Verbrauchsstellen in einem durchschnittlichen Haushalt, der für seine Warmwasserversorgung keinen Strom braucht
Vergleiche zwischen der Menge des Stromverbrauchs für die verschiedenen Verbrauchsstellen in einem Haushalt
b) Es werden die Prozentanteile des Stromverbrauchs für Informationstechnik (incl. TV und Audio), Waschen und Trocknen, Licht, Kühl- und Gefriergeräte, Kochen und Spülen angegeben; die restlichen Stromverbraucher sind unter Sonstiges zusammengefasst. Die Daten stammen vom März 2021.
c) 1. Zu Tätigkeiten des Haushalts gehören: Kühl- und Gefriergeräte (11 %), Kochen (9 %), Spülen (8 %) und Waschen und Trocknen (14 %). Insgesamt sind dies 42 % des Gesamtstromverbrauchs.
2. 28 % des Stromverbrauchs werden für Informationsgeräte, TV und Audio genutzt. Dies sind fast zwei Drittel des Verbrauchs für Haushaltstätigkeiten. Ich finde die Zahl ziemlich hoch, wenn man bedenkt, dass Informationsgeräte, TV und Audio

eher Unterhaltungsbedürfnisse befriedigen. Es zeigt, wie häufig diese Geräte, z.B. Computer, in einem Haushalt genutzt werden.

3. Schaubild C

a) Thema: Rauchverhalten Jugendlicher
Zahlenangaben: Anteil der Raucher unter den 12- bis 17-Jährigen, in Prozent
Orangefarbene Kurve: Raucher
Blaue Kurve: Raucherinnen
Vergleiche zwischen männlichen und weiblichen Jugendlichen im Alter von 12 bis 17 Jahren im Zeitraum von 2007 bis 2020

b) Seit 2007 ist die Zahl der männlichen und weiblichen Raucher unter den Jugendlichen im Alter von 12 bis 17 Jahren insgesamt zurückgegangen. In den Jahren 2008, 2011 und 2012 war der Anteil weiblicher Raucherinnen höher als der der männlichen Raucher. 2015 war er nahezu gleich. Ein auffälliger Unterschied im Rauchverhalten ist im Jahr 2016 festzustellen: Während der Anteil der Raucher deutlich zunimmt, sinkt er bei den Raucherinnen ebenso deutlich ab. 2018 ist er in beiden Gruppen fast identisch. 2020 sinkt der Anteil in beiden Gruppen, wobei er bei den weiblichen Raucherinnen noch stärker sinkt.

c) 1. Seit 2007 sinkt die Zahl der Raucher bei weiblichen und männlichen Jugendlichen insgesamt.
2. 2016 gab es hinsichtlich des Rauchverhaltens zwischen männlichen und weiblichen Jugendlichen den größten zahlenmäßigen Unterschied.

Seite 30
Karikaturen auswerten

a)
- Schulklasse mit vier Schüler/-innen, die Smartphones in der Hand halten
- Lehrer mit Tablet
- Beamer/Tafel mit der Aufschrift „Frage 1" und drei Antwortmöglichkeiten sowie dem Hinweis auf einen Telefonjoker
- Sprechblase Lehrer: „Bitte voten!"
- Titel der Karikatur: Unterrichten mit neuen Medien

b) Im Unterricht werden vom Lehrer zu einer Frage mehrere Antwortmöglichkeiten vorgegeben und die Schüler/-innen treffen per Smartphone ihre Auswahl.

c) Mögliche Antwort: Die Szene erinnert an übliche Quiz- und Rateshows aus dem Fernsehen, die zu beliebten Unterhaltungssendungen gehören. Der Zeichner spielt darauf an, dass der Unterricht inzwischen ebenfalls solch eine Unterhaltung bieten muss, um die Klasse zum Mitmachen zu motivieren. Gleichzeitig schwingt auch eine Kritik daran mit, dass neue Medien im Unterricht nicht sinnvoll für das Lernen eingesetzt werden, sondern nur als Spaßfaktor.

B 3 Arbeitstechnik: Argumente aufbauen

Seite 31/32

1. Behauptung: Reisen bildet.
Begründung: Man lernt andere Sitten und Gebräuche kennen. Dadurch weiß man nicht nur, was man selber als Kind gelernt hat, sondern lernt von anderen Menschen auch das, was in anderen Gegenden üblich ist.
Beispiel: In meinem letzten Urlaub habe ich zum Beispiel gelernt, dass die Menschen in Italien die Pizza früher eigentlich erfunden haben, weil sich auch arme Menschen dieses Essen leisten konnten.

Behauptung: Haustiere sind wichtig für Kinder.
Begründung: Kinder können durch die Pflege der Haustiere lernen, Verantwortung zu übernehmen. Sie müssen bestimmte Pflichten zuverlässig einhalten.
Beispiel: Meine Familie hat zum Beispiel zwei Hunde. Ich habe früh angefangen, mit ihnen spazieren zu gehen und sie zu füttern. So habe ich meinen Eltern Arbeit abgenommen und gelernt, mich um andere zu kümmern.

Seite 32

2. Behauptung:
Lebensweisen anderer Länder und Kulturen können das eigene Leben verändern und bereichern.
Begründung: Reisende bringen aus dem Urlaub oft Dinge mit, die bei uns unbekannt sind und die sich als praktisch, modisch, wohlschmeckend oder dekorativ erweisen.
Beispiel: Wenn man zum Beispiel in islamisch geprägten Ländern unterwegs ist, wird man durch die Küche beeindruckt, die sich durch leichte Speisen und viele unbekannte Gewürze auszeichnet. Aus der türkischen Küche haben wir beispielsweise das Gewürz Kumin übernommen und viele in Salz und Essig eingelegte Gemüsesorten. Das alles macht unsere Speisen pikanter, abwechslungsreicher und obendrein noch bekömmlicher.

Seite 33

3. A Das Thema ist deshalb wichtig, weil viele von uns den Tag vor dem Computer verbringen. Kommunikation findet nur noch über das Handy oder über soziale Netzwerke statt. Wir unternehmen gar nichts miteinander.
B Ein Beispiel dafür, dass das Thema gut ist, ist unsere letzte Klassenfahrt. Wir haben viel zusammen gemacht. Ich habe dabei viele Kartenspiele gelernt, die auch später in meinem Freundeskreis gut ankamen.
C In unserer Klasse gibt es oft Streit. Irgendwie will jeder besser sein als der andere und gönnt dem anderen nichts. Lukas hat Marc neulich den ganzen Tag geärgert – nur weil der eine bessere Note in der Mathearbeit geschrieben hat.
D Mobbing ist ja wohl überall ein Problem, deshalb ist das Thema wichtig. Auch in unserer Klasse gibt es welche, die dauernd ausgelacht werden. Ich nenne jetzt keinen Namen, aber du weißt, wen ich meine.

4. Mögliche Lösung:
a) Behauptung: Es herrscht Streit in den Klassen.
Begründung: Schülerinnen und Schüler werden geärgert – oft aus Gründen, für die sie nichts können

und die auch eigentlich kein Grund sind, jemanden zu beleidigen.
Beispiel: In unserer Klasse gibt es welche, die dauernd ausgelacht werden. Wenn zum Beispiel jemand eine gute Arbeit schreibt, ist er erst mal eine Woche „dran".

b) Behauptung: Viele von uns sitzen lange vor dem Computer.
Begründung: Es ist in unserer Klasse „in", Computerspiele zu spielen. Wenn man einmal vor dem Rechner sitzt, vergehen die Stunden wie im Flug. Dann trifft man sich mit den anderen überhaupt nicht mehr und geht nicht raus.
Beispiel: In meiner Klasse gibt es zwei Jungen, Leon und Max, von denen ich weiß, dass sie eigentlich nur über Skype miteinander reden und online Spiele zusammen spielen. Die treffen sich nie wirklich.

c) Behauptung: Wenn man etwas zusammen unternimmt, lernt man voneinander.
Begründung: Nur, wenn eine Klasse wirklich ein Team ist und zusammen Zeit verbringt, kann der eine vom anderen lernen.
Beispiel: Auf unserer letzten Klassenfahrt haben wir viel zusammen gespielt. Das Ergebnis war, dass eigentlich jede bzw. jeder in der Klasse irgendwelche neuen Spiele kennengelernt hat. Das hat uns allen Spaß gemacht.

B 4 Arbeitstechnik: Überfliegendes Lesen

Seite 34/35

1. Mögliche Lösung:

Was fällt auf bei der Ernährung der Jugendlichen?
Um das Essverhalten von 6- bis 17-Jährigen zu untersuchen, wurden im Auftrag des Robert-Koch-Instituts zwischen 2015 und 2017 2.644 Kinder und Jugendliche an 170 Orten, verteilt auf ganz Deutschland, befragt. Die Ergebnisse legten die Forscher in den sogenannten „EsKiMo-Studien I und II" vor. Bei den jüngeren Kindern füllten ihre Eltern Ernährungsprotokolle für einen mehrtägigen Untersuchungszeitraum aus. Jugendliche zwischen 12 und 17 Jahren beantworteten selbst in Interviews detaillierte Fragen zu den Speisen, die sie normalerweise essen.
Dabei zeigten sich für die Gruppe der Jugendlichen zwei besonders auffällige Aspekte: Zum einen stehen die jungen Menschen heutzutage unter einem erheblichen Schlankheitsdruck. Ein Drittel der eigentlich normalgewichtigen Jugendlichen unter den Studienteilnehmern fühlt sich deutlich zu dick und 40 Prozent der untergewichtigen schätzt ihr geringes Gewicht als „genau richtig" ein. Dementsprechend hat schon jeder fünfte Befragte in dieser Altersklasse bereits eine längere Diät hinter sich – wobei der Prozentsatz bei den Mädchen noch einmal deutlich höher ist als bei den Jungen. Viele Jugendliche achten sogar ständig darauf, nicht zu viel zu essen, und zählen bei jeder Mahlzeit die Kalorien aus Sorge, sie könnten zunehmen.
Zum anderen fiel auf, dass jeder sechste der befragten Jugendlichen in den vergangenen vier Wochen Nahrungsergänzungsmittel geschluckt hatte. Vor allem Jugendliche, die viel Sport machen und normalgewichtig sind, greifen öfter zu Nahrungsergänzungsmitteln als andere. Auch unter Vegetariern war der Anteil auffallend hoch, in dieser Gruppe nahmen fast 30 Prozent Pulver und Kapseln. Der Großteil gab an, mit den Mineralstoffen oder Vitaminen seine Gesundheit verbessern zu wollen. Ein Fünftel sagte, sie würden die Mittel auf Anraten ihres Arztes nehmen.
Außerdem zeigt die Studie, dass der Anteil der Vegetarier unter den Jugendlichen zunimmt. Fünf Prozent der befragten 12- bis 17-Jährigen ernährt sich aktuell vegetarisch, bei den Mädchen sind es sogar 8,1 Prozent. Diese Zahlen liegen deutlich über dem Bundesdurchschnitt von 4,3 Prozent bei Erwachsenen. Dabei könnte nicht nur das Tierwohl eine Rolle spielen, sondern der Verzicht auf Fleisch ist auch beim Klimaschutz wichtig.

Seite 35

2. Mögliche Lösung:

Clown
Seit vier Jahren arbeitete er nun schon als Clown. Obwohl – eigentlich nicht wirklich. Im richtigen Leben, fernab der Zirkuswelt, war er der Inhaber eines kleinen Buchgeschäftes.
„Junge", hatte sein Vater ihn gewarnt, „Junge, das wird nichts. Mach dich nicht lächerlich. Warum wirst du nicht Tischler, so wie ich? Handwerk, weißt du, Handwerk hat goldenen Boden."
Seine Mutter, die hatte zu ihm gehalten, so lange er denken konnte. Sie glaubte an ihn. Stets und immer hatte sie allen wieder und wieder gesagt, dass sie an ihren Jungen glaube, an ihn und an seinen Traum von einem eigenen, gut besuchten, Buchladen. [...]
„Spot an!" Die klassische Zirkusmusik ertönte, während er mit seinen Kollegen in die Manege einmarschierte. Er winkte, sah kleine Kinder auf sich zeigen. Es war so einfach: Er stolperte, oder besser gesagt, er tat so und die Kinder im Publikum jauchzten und klatschten vor Begeisterung. Nach der Pause hatten viele dieser Kinder kleine Luftballontiere im Arm, die er in der Pause an sie zu verschenken pflegte. Mittlerweile war er gut darin, konnte blitzschnell die verschiedensten Tiere formen. „Hund!", „Giraffe!", „Katze!", brüllten sie begeistert – und er gab ihnen, was immer sie sich wünschten. Bis hierhin war es okay für ihn. Was er hasste, war der Teil, in dem er mit einem anderen Clown zusammen als eigene Zirkusnummer auftrat. Er fragte sich, wie man sich als erwachsener Mann dermaßen der Lächerlichkeit preisgeben konnte. [...]

B 5 Arbeitstechnik: Texte erschließen und zusammenfassen

Seite 38

6. – Abschnitt 1: Ein Blog ist ein sogenanntes Online-Tagebuch. (Z. 1 –10)
 – Abschnitt 2: Blogs sind schlicht, ihre Beiträge sind in einer bestimmten Reihenfolge aufgelistet und im Internet unter zugeordneten Schlagwörtern zu finden. (Z. 11 –23)
 – Abschnitt 3: Es gibt weltweit Millionen Blogger, die in einem regen Gedankenaustausch stehen. (Z. 23 –27)

- Ein eigener Blog kann über Blogging-Dienste kostenfrei und ohne Registrierung, lediglich unter Angabe eines Nicknamen und einer Mailadresse eingerichtet werden. (Z. 27–31)
- Es gibt Blogs zu allen möglichen Themen. (Z. 32–36)
- Mit einem Blog kann eine Meinung kundgetan, aber auch beeinflusst werden. (Z. 37–40)
- Blogger sind im Vergleich zu professionellen Journalisten mit ihren Beiträgen oft schneller und aktueller. (Z. 41–44)

7. Mögliche Schlüsselwörter:
Online-Tagebuch (Z. 5), World Wide Web & Logbuch (Z. 9), einfacher und schlichter Aufbau (Z. 16), Verlinkung (Z. 21), Schlagwort (Z. 22), Gedankenaustausch (Z. 26), eigener Blog (Z. 27), Blogthemen (Z. 34), Meinungsmacht (Z. 40), schneller und aktueller (Z. 44)

8. Mögliche Antworten:
   - Es geht um das Thema „Bloggen".
   - Der Artikel stammt von Andreas Meyhöfer, der selbst ein Blogger zu sein scheint.
   - Weil das Thema zu einem Trend geworden ist.
   - Nein
   - Es handelt sich um einen Blogartikel, der im Online-Portal „blogsheet" veröffentlicht wurde.
   - Der Autor möchte mithilfe von Fachwissen und Profi-Tipps über das Thema informieren.

B 6 Arbeitstechnik: Einen informierenden Text erarbeiten

Seite 41
Aufgabe 1
In dem Text „Pillenkick – Schmerzmittelmissbrauch im Fußball" geht es um die Nutzung von Schmerzmitteln im Fußball und darum, ob diese als Doping eingestuft werden sollten. Anders als Dopingmittel sind Schmerzmittel im Leistungssport grundsätzlich legal. Was viele Sportlerinnen und Sportler nicht beachten, ist jedoch der gesundheitsgefährdende Aspekt der Einnahme. Im Rahmen einer Umfrage im Auftrag der ARD äußerten sich Sportler, Ärzte und Funktionäre zu ihren Erfahrungen mit Medikamenten.

Aufgabe 2

Person	Aussage
Jonas Hummels	... sagt von sich: „Du konntest mir neun Mal sagen, du nimmst zu viel Schmerzmittel. Ich habe neun Mal weggehört."
Hans Geyer	... fordert, Schmerzmittel als Dopingmittel einzustufen.
Jiri Dvorak	... möchte die Verwendung von Schmerzmitteln reguliert sehen.

Aufgabe 3
Durch die Einnahme von Schmerzmitteln kann es sein, dass Sportlerinnen und Sportler die Abnutzung bzw. Schädigung ihrer Gelenke nicht mehr spüren. Die Folgen können Arthrose im jungen Alter oder Gelenkschädigungen sein. Zudem besteht auch ein höheres Risiko für Herzprobleme.

Seite 42
Aufgabe 4
Schmerzmittel sind kein Doping, da sie als legal eingestuft werden und meist sogar ohne Rezept frei in der Apotheke erhältlich sind. Trotzdem erfüllen sie Kriterien, die für eine Einstufung als Dopingmittel sprechen: Sie tragen zur Leistungssteigerung bei, da sie durch Unterdrückung der Schmerzen eine höhere Einsatzbereitschaft ermöglichen. Zudem sind sie gesundheitsgefährdend und können den Körper des Einnehmenden langfristig schädigen.

Aufgabe 5 siehe Lösung zu 10.

Seite 43
1. Mögliche Antworten:
   - Aspirin, Ibuprofen
   - Kopfschmerzen, Zahnschmerzen u.a.
   - meist Tabletten
   - helfen meist in kurzer Zeit

2. Verfasse einen <u>informierenden Text</u> zum Thema „Schmerzmittel im Sport" für ein <u>Referat</u>.
Gehe dabei so vor:
   a) <u>Finde</u> eine passende <u>Überschrift</u> für deinen Text.
   b) <u>Schreibe</u> mithilfe der Informationen des Textes eine kurze <u>Einleitung</u> zum Thema.
   c) <u>Stelle dar</u>, warum <u>Schmerzmittelgebrauch im Fußball</u> ein <u>Problem</u> darstellt.
   d) <u>Erläutere</u>, was <u>Doping</u> ist und <u>warum Schmerzmittelgebrauch</u> im Moment <u>nicht als solches eingestuft wird</u>.
   e) <u>Verfasse begründet</u> deine eigene <u>Meinung</u> zum Thema: Bist du für oder gegen die Freigabe des Dopings im Sport?
   f) <u>Beende</u> deinen Text mit einer <u>Antwort</u> darauf, <u>ob du selber Schmerzmittel als Dopingmittel</u> bezeichnen würdest oder nicht.

Meine Aufgabe ist es, einen informierenden Text in Form eines Referates zu verfassen.
Nachdem ich meinem Text eine passende Überschrift gegeben habe, beginne ich damit, eine Einleitung zum Thema „Schmerzmittel im Sport" zu verfassen. Dafür nutze ich die Informationen des Textes „Pillenkick – Schmerzmittelmissbrauch im Fußball".
Im Anschluss erkläre ich, warum Schmerzmittelgebrauch im Fußball ein Problem darstellt. Dann setze ich mich mit dem Begriff Doping auseinander und überlege schriftlich, warum Schmerzmittel im Moment nicht als Dopingmittel eingestuft sind.
Ich beende meinen Text mit meiner Meinung dazu, ob ich Doping im Sport erlauben würde und ob ich Schmerzmittel den Dopingmitteln zuordnen würde.

Seite 43
3. Individuelle Lösung

4. Individuelle Lösung

5. a) Zeile 1 – 24: Die Verwendung von Schmerzmitteln gehört im Fußball zum Alltag.
   b) Zeile 25 – 39: Funktionäre fordern, Schmerzmittel als Doping einzustufen.
   c) Zeile 40 – 47: Vorstellung der Umfrage von CORRECTIV und ARD
   d) Zeile 47 – 59: Betroffene berichten von ihren Erfahrungen mit Schmerzmitteln
   e) Zeile 60 – 64: Langfristige Folgen des Schmerzmittelgebrauchs im Sport
   f) Zeile 65 – 71: Fußballer trauen sich nicht, über ihre Schwächen zur reden.

6. Der informative Text „Pillenkick – Schmerzmittelmissbrauch im Fußball" wurde am 10.01.2022 auf dem Internet-Blog „CORREKTIV – Recherchen für die Gesellschaft" veröffentlicht. Er stellt eine Umfrage vor, die im Auftrag der ARD erstellt wurde. Darin geht es um die Nutzung von Schmerzmitteln im Fußball, die inzwischen alltäglich ist, obwohl die Einnahme nicht nur eine Leistungssteigerung bewirkt, sondern auch zu gesundheitlichen Schäden führen kann. Betroffene berichten von ihren Erfahrungen und erzählen, dass sowohl im Leistungssport als auch bei den Amateuren kaum noch Fußballer ohne Schmerzmittel spielen. Einige Funktionäre fordern deshalb, auch Schmerzmittel als Dopingmittel einzustufen und zu verbieten.

7. Unter Doping versteht man die Einnahme von leistungssteigernden Mitteln, mit denen verbotenerweise die Leistungsfähigkeit für die Dauer eines sportlichen Wettkampfs gesteigert werden soll.

8. Individuelle Lösung, z. B.
   Kontra: Doping soll nicht erlaubt sein.
   Ich entscheide mich für die Kontraseite, da ich die Nutzung von Dopingmitteln im Sport unfair finde. Zudem sollte Sport der Gesundheit guttun und diese nicht langfristig schädigen.

   Pro: Doping soll freigegeben werden.
   Ich entscheide mich für die Proseite, weil eine Freigabe für eine ärztliche Kontrolle sorgt, die Gesundheitsschaden verhindern kann. Außerdem soll jeder Mensch frei über seinen Körper verfügen können.

9.

Schreibplan

5 a) Überschrift: Schmerzmittel im Sport – ein Tabu?

<u>Einleitung:</u>

5 b) Text vorstellen, Einleitung zum Thema mithilfe der Informationen des Blogbeitrags
- Schmerzmittel werden oft im Fußball verwendet
- Langfristige Gesundheitsschäden möglich

<u>Hauptteil:</u>

5 c) Warum ist Schmerzmittelgebrauch im Fußball ein Problem?
- Sportler unterschätzen die gesundheitlichen Schäden, weil Schmerzmittel überall erhältlich sind
- Gebrauch steigt, nicht nur im Profi-, sondern auch im Amateursport, schlechtes Vorbild
- Unfaires Mittel, um Leistung zu steigern
- Mittel stehen bisher nicht auf der Dopingliste, obwohl sie ähnlichen Zwecken dienen

5 d) Was ist Doping?
- Anwendung von Mitteln, die auf gesundheitsgefährdende Art und Weise zur illegalen Leistungssteigerung im Sport beitragen

Warum ist Schmerzmittelgebrauch kein Doping?
- bisher nicht verboten, wird also auch nicht getestet
- ohne Rezept erhältlich

5 e) Sollte Doping im Sport erlaubt sein? Begründung mithilfe von Material 2 (Tabelle)
Doping soll nicht erlaubt sein, weil:
- unfairer Vorteil gegenüber Konkurrenz
- gesundheitliche Schädigung durch langfristige Einnahme
- schlechtes Vorbild gegenüber Kindern oder Sporttreibenden aus dem Breitensport

<u>Schlussteil:</u>

5 f) Schmerzmittel = Doping? Meiner Meinung nach: Ja.
- Einnahme von Schmerzmitteln sollte verboten werden
- Gesundheit der Sportlerinnen und Sportler schützen

10. Möglicher Schülertext:
Schmerzmittel im Sport – ein Tabu?

Der Text „Pillenkick – Schmerzmittelmissbrauch im Fußball" vom 10.1.2022 stammt von dem Internet-Blog CORRECTIV und berichtet von einer Bestandsaufnahme über den Einsatz von Schmerzmitteln im Fußball.
Vorbereitend auf eine Dokumentation der ARD wurden eine Umfrage sowie eine umfangreiche Recherche zum Thema „Schmerzmittelnutzung im Fußball" durchgeführt. Es hat sich herausgestellt, dass immer mehr Fußballer zu Schmerzmitteln greifen, um ihre Leistungsfähigkeit zu verbessern oder einen Spieleinsatz überhaupt möglich zu machen. Langzeitschäden werden dabei viel zu selten beachtet.
Schmerzmittel im Fußball sind ein weitreichendes Problem. In jeder Hausapotheke findet man Schmerzmittel, die viele gegen Kopf- oder Zahnschmerzen etc. nutzen. Dadurch kann der Eindruck entstehen, diese Mittel seien harmlos. Sportlerinnen und Sportler unterschätzen oft die schädigenden Wirkungen bei Langzeitgebrauch. Bisher stehen diese Mittel auch nicht auf der Dopingliste, da sie nicht verschreibungspflichtig und frei zugänglich sind. Jeder kann sie also nutzen und im Gegensatz zu Dopingmitteln ist die Hemmschwelle, sie „einfach so" zu nehmen, gering.
Unter Doping versteht man die Anwendung von verbotenen Medikamenten, die auf gesundheitsgefährden-

de Art und Weise zur illegalen Leistungssteigerung während eines sportlichen Wettkampfs beitragen. Schmerzmittel fallen nicht unter das Dopinggesetz, weil sie grundsätzlich als legal eingestuft werden und meistens sogar ohne Rezept frei in der Apotheke erhältlich sind. Trotzdem erfüllen sie auch Kriterien, die für eine Einstufung als Dopingmittel sprechen: Sie tragen zur Leistungssteigerung bei, da sie durch Unterdrückung der Schmerzen eine höhere Einsatzbereitschaft ermöglichen. Zudem sind sie gesundheitsgefährdend und können den Körper der Einnehmenden langfristig schädigen.
Meiner Meinung nach ist Doping ein wirkliches Problem im Sport. Durch das Einnehmen von leistungssteigernden Substanzen gewinnen Sportler einen unfairen Vorteil gegenüber der Konkurrenz, die diese Mittel nicht einnehmen. So werden die Ergebnisse von sportlichen Wettkämpfen verzerrt. Aus diesem Grund bin ich der Meinung, dass die Einnahme auf jeden Fall verboten sein sollte.
Zudem gibt es noch einen weiteren wichtigen Grund, nämlich die Vorbildfunktion, die der Profisport vor allem Kindern und Jugendlichen gegenüber hat. Profisportlerinnen und -sportler sollten für einen fairen Wettkampf stehen und keine gesetzwidrigen Dinge tun und diese verschleiern. Das könnte auch Folgen auf den Breitensport haben und dort Menschen dazu bringen, ihre Leistungen mit unerlaubten Mitteln zu steigern.
Meiner Meinung nach sollten auch Schmerzmittel im Sport als Dopingmittel eingestuft und entsprechend verboten werden.
Auch wenn sie legal zu kaufen sind, halte ich es für wichtiger, dass die Gesundheit der Sportlerinnen und Sportler geschützt wird.
Ich unterstütze daher die Forderung von Hans Geyer, auch Schmerzmittel als Dopingmittel einzustufen.

B 7 Arbeitstechnik: Einen erzählenden Text erarbeiten

Seite 50

Aufgabe 1

Die Kurzgeschichte „Tanzen gehen" von Nils Mohl wurde 2019 in einem Kurzgeschichtenband veröffentlicht. Sie handelt von einem alten Ehepaar und einem üblichen Samstag in ihrem Leben. Ein Tanz verändert für kurze Zeit die Routine. Danach folgt wieder der übliche Alltag.

Aufgabe 2

Ella: liest Zeitung; kommentiert Gelesenes; tanzt mit Gus; bereitet das Essen in der Küche vor
Gus: betrachtet Narben im Badezimmerspiegel; weiß nichts mit sich anzufangen; betrachtet im Wohnzimmer alte Bilder; fordert Ella zum Tanz auf; betrachtet wieder Narben

Seite 51

Aufgabe 3

Zeile	Textstelle	Sprachliches Mittel ...
Z. 4/5	Die Narbe fühlt sich glatt an, ein bisschen wie Plastik.	*Vergleich* bildliche Darstellung, hilft dem Leser, sich die Narbe/Situation besser vorzustellen und sich in die Situation einzudenken
Z. 8	Überhaupt ist sein Körper voll von Narben.	*Symbol* Hinweis auf sein Alter und sein Leben (sie „erzählen" von Ereignissen)
Z. 74	Gus beobachtet das Verschwinden des Hauchflecks.	*Neologismus* hier deutet sich sprachlich die Wendung der Alltagsroutine an – die Aufforderung zum Tanz ist erfolgt, nun muss der Tanz noch tatsächlich ausgeführt werden

Aufgabe 4

Zeile	Textstelle	Wirkung
Z. 44 Z. 46 Z. 49	Gus erhebt sich ... Gus betrachtet ... Gus starrt auf den Bilderrahmen ...	*Parallelismus* die Anfänge spiegeln den monotonen, gleichförmigen Ablauf eines Tages
Z. 55/56	Ella schaut auf, sagt: Ist das nicht schön? Gus antwortet nicht.	*Rhetorische Frage* erfordert keine Antwort; Ehepaar kennt sich gut nach so vielen Jahre, versteht sich ohne viele Worte
Z. 26 Z. 28	Er blickt, die Zeitungsseiten auf den Knien ... Sie lacht des Öfteren leise auf ...	*Parallelismus* s. oben, Unterschied hier ist nur, dass nicht die Namen, sondern die Pronomen genutzt werden

Aufgabe 5

Merkmal	Textbezug
Begrenzte Anzahl von handelnden Personen	Gus und Ella
Alltagssituation	Das Geschehen, die Situation, die Örtlichkeit, die Menschen sind alltäglich. Alles ist realistisch, auf den ersten Blick nicht außergewöhnlich. Hier: der Tagesablauf des Ehepaares
Das Problem wird nicht gelöst, daher bleibt das Ende der Geschichte offen.	Der Leser wird mit Gus und der Betrachtung im Spiegel allein gelassen. Er wird „gezwungen", darüber nachzudenken, was weiter passieren könnte.

Offener Anfang	Der Leser steht plötzlich mit Gus und seiner Narbenbetrachtung im Badezimmer. Er weiß nicht, weshalb die Narben da sind oder was vorher geschehen ist.

Aufgabe **6**
Als Ella Gus aus einer Todesanzeige vorliest, wird ihm klar, wie schnell das Leben vorbeigehen kann und dass er doch noch vieles tun möchte. Die Aufforderung zum Tanz gibt ihm die Möglichkeit, wieder „jung" zu sein und seine Liebe zu Ella zu zeigen.
Gus möchte wieder mehr Nähe zu Ella aufbauen. Beim Tanz kommt man sich automatisch näher. Durch die Erinnerungen an vergangene Zeiten entsteht wieder das Gefühl von Vertrautsein und Nähe.

Seite 52
Aufgabe **7**
siehe Lösungen zu 7. – 9., Seite 53/54

1. Individuelle Lösung

2. Ich soll die Interpretation über das schreiben, was der Autor mir und den Lesern mit der Kurzgeschichte sagen will. Dazu brauche ich eine Einleitung, muss die sprachlichen Mittel bearbeiten und den Wendepunkt erklären. Außerdem soll ich die Überschrift in Beziehung zum Text setzen und meine eigene Meinung zum Text äußern.

Seite 53

4. – alltägliches Einerlei oder Routine eines älteren Ehepaares
   – fehlende Gespräche zwischen den beiden Hauptpersonen
   – Versuch, die Situation zu verändern, aber dieser scheitert

5. (Aufgabe **1**, S. 50)
   Die Kurzgeschichte „Tanzen gehen" von Nils Mohl wurde 2019 in einem Kurzgeschichtenband veröffentlicht. Sie handelt von einem alten Ehepaar und einem üblichen Samstag in ihrem Leben. Ein Tanz verändert für kurze Zeit die Routine. Danach folgt wieder der übliche Alltag

6. Einteilung in Sinnabschnitte
   a) Gus steht im Badezimmer und betrachtet seine Narben. (Z. 1 – 14)
   b) Gus weiß nicht, was er machen soll. Ella liest im Wohnzimmer die Zeitung. Gus beobachtet sie. (Z. 15 – 43)
   c) Nach einer Weile wandert Gus durch das Wohnzimmer und betrachtet alte Fotos. (Z. 46 – 56)
   d) Gus fordert Ella zum Tanz auf und sie tanzen einen Walzer. (Z. 57 – 85)
   e) Sie streifen eine Stehlampe und kommen ins Wanken. Sie beenden den Tanz. (Z. 86 – 99)
   f) Ella geht in die Küche, um Essen vorzubereiten, Gus betrachtet wieder seine Narben im Spiegel. (Z. 100 – 109)

7. Inhaltsangabe
   Gus steht im Badezimmer und betrachtet seine Narben. Da er nicht weiß, was er tun soll, geht er ins Wohnzimmer, wo Ella sitzt und die Zeitung liest. Sie studiert vor allem die Geburts-, Heirats- und Todesanzeigen.
   Gus beobachtet sie eine Zeitlang und wandert dann zum Schrank, um die Fotos, die ihn in jüngeren Jahren zeigen, zu betrachten.
   Er überlegt eine Weile und fordert dann Ella zum Tanzen auf. Diese ist erst sehr überrascht, tanzt dann aber einen Walzer mit ihm. Dieser findet ein Ende, als sie mit der Stehlampe zusammenstoßen.
   Danach geht Ella in die Küche und Gus steht im Flur und betrachtet wieder seine Narben.

Seite 54

8. siehe Lösung zu Aufgabe **3**, Seite 51

9. (Aufgabe **4**, Seite 51)

Zeile	Textstelle	Wirkung
Z. 49	Gus starrt auf den Bilderrahmen ...	*Parallelismus* die Anfänge spiegeln den monotonen, gleichförmigen Ablauf eines Tages
Z. 55/ 56	Ella schaut auf, sagt: Ist das nicht schön? Gus antwortet nicht.	*Rhetorische Frage* erfordert keine Antwort; Ehepaar kennt sich gut nach so vielen Jahre, versteht sich ohne viele Worte
Z. 26 Z. 28	Er blickt, die Zeitungsseiten auf den Knien ... Sie lacht des Öfteren leise auf ...	*Parallelismus* s. oben, Unterschied hier ist nur, dass nicht die Namen, sondern die Pronomen genutzt werden
Z. 32	Gus räuspert sich. Er sagt aber nichts. Ella blättert die Seiten um.	*Parataktische Sätze* Die Verwendung spiegelt die Monotonie des Alltags wider.

10. (Aufgabe **5**, Seite 51)

Merkmal	Textbezug
Offener Anfang	Der Leser steht plötzlich mit Gus und seiner Narbenbetrachtung im Badezimmer. Er weiß nicht, weshalb die Narben da sind oder was vor dem Badezimmerbesuch geschehen ist.
Ein Ort der Handlung	Wohnung (Badezimmer und Wohnzimmer) des Ehepaares

Seite 55

11. (Aufgabe **6**, S. 51)
    Als Ella Gus aus einer Todesanzeige vorliest, wird ihm klar, wie schnell das Leben vorbeigehen kann und dass er doch noch vieles tun möchte. Die Auffforde-

rung zum Tanz gibt ihm die Möglichkeit, wieder „jung" zu sein und seine Liebe zu Ella zu zeigen.
Gus möchte wieder mehr Nähe zu Ella aufbauen. Beim Tanz kommt man sich automatisch näher. Durch die Erinnerungen an vergangene Zeiten entsteht wieder das Gefühl von Vertrautsein und Nähe.

Ergänzend hier:
Der Tanz ist ein Wendepunkt in der Geschichte.
Gus versucht, durch die Aufforderung zum Tanz und die Durchführung den Alltag zu durchbrechen. Der Tanz ist ein Einschnitt in der täglichen Routine und die Möglichkeit, Veränderungen zu bringen.
Ellas überraschte Reaktion darauf verdeutlicht das auch. Erst fragt sie, ob vor oder nach dem Essen, dann lässt sie sich darauf ein. Nach dem Tanz bleibt aber alles beim Alten.

12. – Ella liest regelmäßig die Geburts-, Heirats-, Todesanzeigen. (Gus fragt: Warum schaust du dir das immer an?)
- Gus liest immer den Sportteil der Zeitung. (Ella sagt bloß: Hier, der Sportteil.)
- Gus versorgt regelmäßig den Garten. (Er sagt: Ich wollte ja eigentlich noch in den Garten, aber ...)
- Ella kocht. (Erst als Ella dann längst in der Küche ist, ...)

13. Beide leben schon lange zusammen und kennen sich entsprechend gut. Dinge, die man normalerweise bespricht, brauchen nicht mehr ausführlich besprochen werden, weil sie im Laufe des Zusammenlebens oft thematisiert worden sind.
Sie verstehen (oder missverstehen) sich auch durch kurze Gespräche, da sie die Vorlieben und Eigenarten des anderen kennen.

Seite 56

14. *Gus*: Er fühlt sich vor dem Tanz gelangweilt und traurig, denn er weiß nicht so recht, was er tun soll. Außerdem hängt er Erinnerungen (auch an seine Jugend bzw. vergangene Zeiten) nach.
Während des Tanzes ist er aufgeregt und freut sich über die Nähe zu seiner Frau. Er empfindet die Nähe als wohltuend und möchte gern mehr davon. Auch hat er das Gefühl, wieder jung und Ella nahe zu sein.
Nach dem Tanz ist er außer Atem. Das zeigt ihm, dass er älter geworden ist, und es macht ihn traurig. Er ist aber auch bedrückt, weil die Nähe zu Ella vorbei ist. Nähe und Vertrautheit fehlen ihm wieder.
Ella: Vor dem Tanz liest sie die Zeitung und kommentiert viele Anzeigen. Sie fühlt sich in der Routine sicher und geborgen. Außerdem erlebt sie dadurch, was außerhalb ihrer vertrauten Umgebung passiert. Das findet sie aufregend.
Während des Tanzes fühlt sie die Vertrautheit und Nähe zu Gus. Auch sie ist aufgeregt und freut sich darüber. Die Abwechslung vom Alltag gefällt ihr.
Nach dem Tanz fehlt ihr die Nähe ebenso wie Gus. Das sieht man daran, dass sie ihm die Hände auf die Schultern legt. Wie Gus ist auch sie außer Atem, auch bei ihr ist dies ein Hinweis auf das Alter. Auf der anderen Seite freut sie sich aber auch, denn das Tanzen hat gut geklappt und ohne den Zusammenstoß mit der Lampe hätten sie vielleicht noch weiter getanzt.

15. Die Kurzgeschichte beginnt und endet mit der Betrachtung der Narben an Gus Körper. Zu Beginn tut er dies im Badezimmer, am Ende im Flur vor dem Garderobenspiegel.
Daran wird deutlich, dass er in seinem Alltag gefangen ist und viele Handlungen zur Gewohnheit geworden sind. Jeder Tag hat seine Routine und in dieser ist Gus gefangen.

16. Möglicher Schreibplan:

Schreibplan
<u>Einleitung</u>:
a) Vorstellung des Textes (siehe Aufgaben **1** und **2**)

<u>Hauptteil</u>:
b) Zusammenfassung des Inhalts (siehe Aufgabe **2**)
c) Analyse/Darstellung der sprachlichen Mittel (siehe Aufgaben **3** bis **4**)
d) Wendepunkt (siehe Aufgabe **6**)

<u>Schluss</u>:
e) Persönliche Meinung zu der Geschichte
f) Stellungnahme zur Textabsicht unter ggf. Zuhilfenahme eigener Erfahrungen

Seite 59

17.–19. (Aufgabe **7**, S. 52)
In der Kurzgeschichte „Tanzen gehen" von Nils Mohl, die 2019 in einem Kurzgeschichtenband veröffentlicht wurde, geht es um das Problem des eintönigen Alltags eines lange verheirateten Ehepaares an einem üblichen Samstag in ihrem Leben. Ein Tanz verändert für kurze Zeit die Routine. Danach folgt wieder der übliche Alltag.
Gus steht in Badezimmer und betrachtet seine Narben. Da er nicht weiß, was er tun soll, geht er ins Wohnzimmer, wo Ella sitzt und die Zeitung liest. Sie studiert vor allem die Geburts-, Heirats- und Todesanzeigen.
Gus beobachtet sie eine Zeitlang und wandert dann zum Schrank, um die Fotos, die ihn in jüngeren Jahren zeigen, zu betrachten.
Er überlegt eine Weile und fordert dann Ella zum Tanzen auf. Diese ist erst sehr überrascht, tanzt dann aber einen Walzer mit ihm. Dieser findet ein Ende, als sie mit der Stehlampe zusammenstoßen.
Danach geht Ella in die Küche und Gus steht im Flur und betrachtet wieder seine Narben.
Um die Kurzgeschichte zu verstehen und die Absicht des Autors erklären zu können, ist es sinnvoll, die sprachlichen Mittel zu analysieren. Diese unterstützen die Aussagen des Textes.
In der Kurzgeschichte geht es um die Monotonie oder Routine im Alltag der Eheleute Gus und Ella und ihre Beziehung zueinander.
Diese Aspekte unterstreicht der Autor auf vielfältige Weise. Im Text finden sich auffallend viele Parallelismen. Darunter versteht man gleiche Satzanfänge. „Gus starrt

auf den Bilderrahmen ..." (Z. 49) oder „Gus schaltet das Licht aus ..." (Z. 14).
Darin spiegelt sich der monotone, gleichförmige Ablauf eines Tages. Eine Handlung reiht sich an die andere, der Tag verläuft nach einem Schema und jeder Tag ist wie der andere in festen Strukturen aufgebaut.
Weitere Parallelismen werden durch die Pronomen „er" oder „sie" gestaltet. (z. B. Z. 1, 3, 5). Durch die Verwendung der Pronomen statt der Namen tritt die Monotonie noch deutlicher zutage. Namen sind persönlicher, die Pronomen sind viel allgemeiner, wirken unpersönlich und unterstreichen das strukturierende Element des Tagesablaufs.
Dazu passen auch die vielen parataktischen Sätze. „Gus räuspert sich. Er sagt aber nichts. Ella blättert die Seiten um." (Z. 32)
Die Sätze sind aneinandergereiht wie Perlen auf einer Kette und konzentrieren sich auf das Wesentliche der Situation. Der Leser kann schnell aufnehmen, was inhaltlich gemeint ist. Aber sie verdeutlichen auch die Eintönigkeit des Alltags. Es gibt keine Abwechslung, sondern nur Gleichförmigkeit.
In diesem Beispiel zeigen sich auch die fehlende Gesprächsbereitschaft und die eingeschränkte Fähigkeit des Miteinandersprechens des Paares. Beide beschränken sich hier auf die Kommunikation ohne Worte. Aber auch alle anderen Gespräche zwischen ihnen finden nur in Form von kurzen Sätzen oder rhetorischen Fragen statt. Insbesondere Ella verwendet viele rhetorische Fragen. Sie erwartet auf keine eine Antwort. Sie kennt die Eigenarten von Gus nach den vielen Ehejahren und stellt die Fragen eher aus Gewohnheit als aus Interesse an einer Antwort.
„Ella schaut auf, sagt: Ist das nicht schön? Gus antwortet nicht." (Z. 55)
Weitere sprachliche Mittel in der Kurzgeschichte sind das Symbol, der Vergleich und der Neologismus.
Nils Mohl nutzt die Narbe und den Spiegel als Symbole. Die Narben stehen stellvertretend für das Alter und die Lebensereignisse von Gus. „Er hat eine ganz ähnliche Narbe am Kinn, seit über fünfzig Jahren schon, und eine viel größere am Unterschenkel. Überhaupt ist sein Körper voll von Narben." (Z. 6–8)
Der Leser erfährt, dass Gus schon älter sein muss und dass er im Laufe seines Lebens Dinge erlebt hat, die auf seinem Körper Spuren, nämlich Narben, hinterlassen haben. Aber das gilt auch sicherlich für seine Persönlichkeit an sich. Darin liegt vielleicht ein Grund für seine eingeschränkte Gesprächsbereitschaft mit Ella.
Die Kurzgeschichte beginnt und endet mit der Betrachtung der Narben an Gus Körper. Zu Beginn tut er dies im Badezimmer, am Ende im Flur vor dem Garderobenspiegel. Daran wird deutlich, dass er in seinem Alltag gefangen ist und viele Handlungen zur Gewohnheit geworden sind. Jeder Tag hat seine Routine und in dieser ist Gus gefangen. Der Spiegel reflektiert Gus, zeigt ihm sein wahres Alter und ermöglicht ihm die Auseinandersetzung mit sich selbst in der Gegenwart und der Vergangenheit. Da der Spiegel Gus seitenverkehrt reflektiert, bekommt er einen anderen Blickwinkel auf seinen Körper und seine Person. Und auch der Leser kann eine andere Sichtweise einnehmen bzw. nachvollziehen, was Gus gerade auch in Bezug auf die Narben beschäftigt. Da der Spiegel Gus jeden Tag das gleiche Spiegelbild zeigt, spiegelt er auch die Monotonie des Alltags.
Eine Unterbrechung der Monotonie erfolgt sprachlich mit dem Neologismus „Hauchfleck" (Z. 74). Hier deutet sich die Wendung der Alltagsroutine an – die Aufforderung zum Tanz ist erfolgt, nun muss der Tanz nur noch tatsächlich ausgeführt werden.
Gus erfindet das Wort „Hauchfleck" und verlässt damit seine Alltagssprache. Der Begriff entsteht aus der Aufforderung zum Tanz, die Gus überraschend geäußert hat. Wahrscheinlich ist er über sich selbst erstaunt und dies findet in der Wortneuschöpfung ihren Ausdruck.
Nachdem sich die Überraschung über die unerwartete Aufforderung zum Tanz bei beiden etwas gelegt hat, tanzen sie miteinander.
Der Tanz ist der Wendepunkt in der Kurzgeschichte.
Gus versucht durch die Aufforderung zum Tanz und die Durchführung den Alltag zu durchbrechen. Der Tanz ist ein Einschnitt in der täglichen Routine und die Möglichkeit, Veränderungen zu bringen.
Ellas überraschte Reaktion darauf verdeutlicht das ebenfalls. Erst fragt sie, ob vor oder nach dem Essen, dann lässt sie sich aber darauf ein. Auch sie scheint sich nach Veränderungen zu sehnen. Nach dem Tanz bleibt aber alles beim Alten. Dieses bedauern beide.
„Sie streichelt Gus über die Wange. Dann legt sie ihm beide Hände, eine rechts, die andere links, auf die Schultern." (Z. 97–98)
Hier wird deutlich, dass Ella die Nähe zu Gus fehlt. Sie traut sich aber nicht, dieses zu sagen oder durch eine Handlung, z. B. einen Kuss oder eine Umarmung, zu zeigen.
Bei Gus ist es ähnlich. (Z. 91: „Ob sie mit ihm ins Schlafzimmer käme?" oder Z. 100–101: „Erst als Ella dann längst in der Küche ist, fallen Gus ein paar Dinge ein, die er gerne gesagt hätte.")
Der Autor hat seiner Kurzgeschichte den Titel „Tanzen gehen" gegeben. Zunächst vermutet der Leser, das die Geschichte von einem Paar erzählt, das zum Tanzen geht und dort vielleicht etwas Außergewöhnliches erlebt. Auch könnte man denken, es wird von jungen Leuten berichtet, die zum Tanzen in eine Disco gehen. Erst zum Schluss wird deutlich, dass das „Tanzen gehen", welches für junge Leute zum Alltag gehört, für Gus und Ella ein Höhepunkt im Ehealltag ist und die Möglichkeit bietet, Veränderungen hineinzubringen. Leider scheitern sie und verfallen nach dem abrupten Ende des Tanzes wieder in die alten Verhaltensmuster. Ella geht in die Küche und bereitet das Essen zu und Gus betrachtet seine Narben im Spiegel.
Ich finde die Geschichte sehr interessant. Besonders die Darstellung des monotonen Alltags eines alten Ehepaares und dessen eingeschränkte Gesprächsweise miteinander wird durch die sprachliche Gestaltung widergespiegelt.
Nicht zu vergessen ist auch die Tatsache, dass sich beide noch immer mögen oder gar lieben. Dies kommt im gemeinsamen Tanz zum Ausdruck, der kurzzeitig eine Änderung im Alltagseinerlei bewirkt. Die daraus folgende Chance nutzen die beiden aber nicht. Statt ein offenes Gespräch über ihre Gefühle und Gedanken zu führen, flüchten sich beide in ihre üblichen Verhaltensmuster und Handlungen. Ella geht kochen und Gus betrachtet seine

Narben.
Ich denke, dass es vielen Ehepaaren nach langen Jahren der Ehe so geht. Sie reden wenig miteinander, weil sie sich über die Jahre kennen gelernt haben, oft reichen Gestik und Mimik aus, um den anderen zu verstehen. Auch stecken sie in den Routinen des Alltags fest und trauen sich vielleicht nicht, etwas Neues auszuprobieren. Dabei kann man auch im Alter noch neue Dinge tun und aktiv am Leben teilnehmen.

B 8 Einen lyrischen Text in sechs Schritten erarbeiten

Seite 59
Aufgabe 1
In dem Lied Text „Horizont" von Johannes Oerding und Gentleman aus dem Jahre 2020 geht es um das Thema Freundschaft. Das Lied stellt die Beziehung zwischen zwei Freunden dar sowie ihre Verbindung, den Zusammenhalt und die Unterstützung in guten wie in schlechten Zeiten. Es werden die Sorge um einen Freund (oder eine Freundin) und der Sinn einer Freundschaft beschrieben.

Aufgabe 2
Das lyrische Ich macht sich Sorgen um einen Freund und bietet seine Hilfe und Unterstützung an, weil dieser offensichtlich die Hoffnung oder den Lebensmut verloren hat. Zunächst stellt es fest, dass der Kontakt in den letzten Tagen nicht gegeben war – trotz Handy kann es ihn nicht erreichen. Es macht sich Sorgen, möchte den Freund treffen – lädt ihn sogar zum Essen ein. Das lyrische Ich möchte für den Freund da sein, auch wenn dieser ihn in seiner Verzweiflung nicht sehen will und das Alleinsein vorzieht. Es beschwört die Wichtigkeit von Freundschaft bzw. guten Freunden in der zunehmenden Einsamkeit und der Hoffnungslosigkeit.

Aufgabe 3
- Lied besteht aus 11 Strophen mit 45 Versen
- vorweg gibt es ein einzelnes Wort: Oh
- fast alle Strophen haben jeweils 4 Verse, bis auf Strophe 1 und 6
- Strophe 1 hat 2 Verse
- Strophe 6 hat 6 Verse
- es gibt kein Reimschema
- dreimal wird der Refrain wiederholt: Verse 16 – 19, 30 – 34, 42 – 45 und ein halber Refrain in Vers 2 und 3
- Verwendung von Umgangssprache
- viele Bedingungssätze
- viele Wiederholungen

Seite 60
Aufgabe 4
Mögliche weitere Stilmittel

Textstelle	Zitat	Stilmittel	Erklärung
Vers 12	Auch wenn die Geister in dir mich nicht sehen wollen	Symbol	Negative Gedanken, die verhindern, dass der Freund kommt
Vers 13	Ich bin da, wieder da	Wiederholung	Lyrisches Ich bleibt an der Seite und kommt wieder, egal was passiert
Vers 36	singenden Möwen	Symbol	Freiheit und Kraft, es gibt wieder Hoffnung auf Veränderungen
Vers 36	dem Rauschen des Meeres	Symbol	Es ist ein gleichförmiger Rhythmus, der beruhigt und Gedanken wieder fließen lässt – neue Ideen/Hoffnung

Aufgabe 5
a) Am Meer verschmelzen die Erde und der Himmel in der Ferne, das ist der sogenannte Horizont. Er ist weit weg und er gibt einem Menschen das Gefühl der Unendlichkeit und endlosen Weite, aber der Horizont und das Meer vermitteln auch die Einsamkeit, wenn es dort menschenleer ist. Insbesondere, wenn man sich nicht gut fühlt, ist der Horizont unendlich weit weg und damit dann auch die Hoffnung auf etwas Schönes oder Gutes. Horizont kann aber auch bezogen sein auf die geistige Verfassung in einer solchen Situation. Man hat keine Hoffnung, weil der geistige Horizont so eingeschränkt ist. Es fehlt die Orientierung. Die Hilfe und Unterstützung durch einen Freund/eine Freundin kann hier helfen und zu neuer Hoffnung und einem Lichtblick am Horizont führen.

Seite 61
b) Die Songschreiber haben die persönliche Form der Pronomen gewählt, damit das Lied/Text übertragbar ist auf jeden einzelnen von uns. Jeder von uns kann entweder der helfende/unterstützende Freund sein oder derjenige, der in Not ist und Hilfe braucht. Durch die Verwendung von „ich", „du", „dein" etc. wird die Nähe der Personen zueinander deutlich – ebenso wie eine gewisse Vertrautheit. Es gibt keine Distanz zwischen Freunden, die Pronomen übertragen dieses unbewusst auf den Sprecher bzw. dem Zuhörenden. Außerdem drückt der Gebrauch Anteilnahme und auch Wertschätzung an der Person aus.

Aufgabe 6 siehe 14., Seite 66

1. Am Meer – Linie zwischen Himmel und Erde; der Horizont weit weg, Gefühl der Unendlichkeit; was dahinter ist, ist nicht zu sehen; kein Ziel oder Weg zum Horizont; das Meer und Horizont können Einsamkeit und Verlassenheit vermitteln, wenn es am Strand menschenleer ist und nur Möwen schreien

2. Ich soll den Liedtext „Horizont" von Johannes Oerding und Gentleman interpretieren. Als erstes stelle ich dazu das Lied kurz vor und fasse den Inhalt zusammen. Danach beschreibe ich, was die beiden Songwriter unter dem Begriff „Freundschaft" verstehen und

wie dies auf mich wirkt. Dazu soll ich auch die Sprache analysieren. Ich soll erklären, was die Pronomen „ich", „du", „dein" usw. für eine Wirkung haben beziehungsweise warum sie genutzt werden. Und zum Schluss nenne ich meine eigene Vorstellung zum Begriff „Freundschaft" und beziehe den Liedtext mit ein.

Seite 62

3. • Freundschaft zwischen zwei Menschen
   • Sorge um eine Person, die sich nicht meldet im Zeitalter des Handys
   • Lyrisches Ich will helfen und unterstützen
   • Angebot von Hilfe (z. B. bei einem Essen)
   • gemeinsam kann man Sorgen und Nöte teilen und bewältigen
   • ebenso kann man schöne Dinge teilen
   • auch Schweigen kann manchmal hilfreich sein ...

4. In dem Lied Text „Horizont" von Johannes Oerding und Gentleman aus dem Jahre 2020 geht es um das Thema Freundschaft. Das Lied stellt die Beziehung zwischen zwei Freunden dar und ihre Verbindung, den Zusammenhalt und die Unterstützung in guten wie in schlechten Zeiten.

5. a) In dem Lied wird die Sorge um einen Freund / eine Freundin beschrieben und der Sinn einer Freundschaft.

Seite 63

b) Im Text spricht das lyrische Ich, dieses sind Gentleman und Johannes Oerding. Das lyrische Ich kann allerdings jeder sein, der den Text liest oder hört – als Freund oder Freundin in der helfenden Rolle oder als Freund/Freundin mit Sorgen und Problemen.

c) Die Songschreiber haben die persönliche Form gewählt, damit das Lied/Text übertragbar ist auf jeden von uns. Jeder von uns kann entweder der helfende/unterstützende Freund sein, oder derjenige, der in Not ist und Hilfe braucht. Durch die Verwendung von „ich", „du", „dein" etc. wird die Nähe der Personen zueinander deutlich und das gemeinsame Tun und Handeln. Man muss nicht allein etwas bewältigen. Außerdem ist so auch sprachlich weniger Distanz zwischen den Personen – ein „Sie" stellt automatisch eine gewisse Distanz her.

d) Dieser Liedtext ist mit sehr vielen Bedingungssätzen geschrieben worden, und zwar hauptsächlich im Refrain; diese „Wenn-dann-Konstruktionen" drücken immer eine Bedingung/Voraussetzung von Freundschaft aus und deren Konsequenz.
Außerdem ist es umgangssprachlich und einfach gehalten. Dadurch ist es nah an der Lebenswelt der heutigen Menschen, im Gegensatz zu einem Gedicht aus einer anderen Epoche.

6. Mögliche Lösung:

Abschnitt	Textstelle	Inhalt
1.	Vers 1 – 2 (Refrainteil)	Hilfsangebot
2.	Vers 3 – 5	Person vermisst Freund; mangelnder Kontakt
3.	Vers 9 – 10	Einladung zum Treffen u. gemeinsamen Essen
4.	Vers 12 – 15 (Refrain)	Unterstützung und Hilfestellung
5.	Vers 20 – 24	Hoffnungslosigkeit und Teilen von Glück u. Schmerz
6.	Vers 26 – 29 (Refrain)	s. Vers 12 – 15
7.	Vers 34 – 35	Geteiltes Leid ist halbes Leid und Bezug zu Gott
8.	Vers 38 – 39	wie 7., Bezug zur negativen Stimmung
9.	Vers 42 – 45 (Refrainteil)	wie 1./4./6.

7. Der vorliegende Liedtext handelt von Freundschaft. Das lyrische Ich macht sich Sorgen um einen Freund und bietet diesem seine Hilfe und Unterstützung an, weil der Freund offensichtlich die Hoffnung verloren hat. Zunächst stellt es fest, dass es keinen Kontakt in den letzten Tagen zu ihm hatte – trotz Handy kann es ihn nicht erreichen. Es macht sich Sorgen, möchte den Freund treffen – lädt ihn sogar zum Essen ein.
Das lyrische Ich möchte für den Freund da sein, auch wenn dieser ihn in seiner Verzweiflung nicht sehen will und das Alleinsein vorzieht. Es beschwört die Wichtigkeit von Freundschaft bzw. guten Freunden in der zunehmenden Einsamkeit und der Hoffnungslosigkeit.

Seite 64

8. a) siehe Aufgabe **3**, Seite 59
   b) Strophe 1 (Vers 3 – 5): Sorge um einen Freund
   Strophe 2 (Vers 8 – 9): Wunsch eines Treffens
   Strophe 3 (Vers 19 – 24): Freunde können dazu beitragen, dass Hoffnungslosigkeit verschwindet

9. a) siehe Aufgabe **4**, Seite 60
   b) mögliche Lösungen:

Textstelle	Erklärung/Wirkung
Vers 9	Einladung zum Treffen, ganz beiläufig, knapp und ohne Emotion (unaufdringlich und doch fürsorglich)
Vers 22	umgangssprachliche Feststellung, dass Glück teilbar ist bzw. positive Erfahrungen/Erlebnisse, bezogen ist diese Aussage auf den Freund
Vers 8	Drei Aufforderungssätze hintereinander, bestehend aus zwei/drei Worten –viele Informationen in kurzer Zeit und in einer gewissen Schnelligkeit (Geschwindigkeit des Lebens)

10. siehe Aufgabe **5**, Seite 60

11.a) Johannes Oerding und Gentleman verbinden mit dem Begriff „Freundschaft“ das Füreinander-dasein in allen Lebenslagen. Zunächst wird die Sorge um einen Freund / eine Freundin dargestellt (wieder mal besorgt, weil du nicht rangehst / Vers 4). Seit einigen Tagen haben sie schon nichts mehr von dem Freund / der Freundin gehört (kann dich schon seit Tagen nicht erreichen / Vers 5). Es werden Schwierigkeiten vermutet, die diese Person hat (auch wenn die Geister in dir / Vers 13; hast nur die Dunkelheit dabei / Vers 21). Sie befindet sich auf „(...) einsamer Reise (...)“ – d.h., sie versucht, allein klarzukommen. Und das ist nicht nötig. (Ich lass dich nicht alleine leiden. Wenn du durch die Hölle fährst / Verse 24/25). Freunde teilen gute Zeiten (Ey, du weißt, Glück lässt sich teilen / Vers 22), aber auch schlechte (Und das gilt auch für unsern Schmerz / Vers 23). Wahre Freunde helfen einander – auch in einer Zeit mit weniger Kontakt. Sie sind da, wenn man sie braucht – uneingeschränkt. Einsamkeit muss nicht sein.

Seite 65

b) Das Meer offenbart die Weite und Unendlichkeit von Leben und übertragen auch von Freundschaft. Es steht für Einsamkeit, aber auch für Freiheit und Hoffnung. Durch das gleichmäßige Rauschen des Meeres (Vers 36) beruhigen sich verwirrte und blockierende Gedanken und wenn der Kopf dann frei ist, können sich neue Ideen und Wege entwickeln. Auf eine Freundschaft übertragen bedeutet dies, sie ist unendlich, man kann allein sein, ist aber nie einsam. Der Freund ist da, wenn man ihn/sie braucht. Er/Sie schweigt mit einem (Vers 40) und führt einen aber auch auf den richtigen Weg (Sag mir, wohin ich den Wind für dich drehen soll / Vers 15). Am Meer weht oft starker Wind und der Wind kann eine Richtung vorgeben – entweder von vorn als Gegenwind oder als Rückenwind in eine bestimmte Richtung. Freundschaft ist so ein Wind. Durch das Teilen von Gedanken usw. setzt man sich mit neuen Ideen auseinander – positiv wie negativ – und kann neue Hoffnung schöpfen, neue Wege/Richtungen einschlagen.
Über das Meer hinweg sieht man in der Ferne den Horizont. Der Horizont verschmilzt mit dem Himmel – bis dahin kann man sehen, bis dahin kann man seine eigene Hoffnung projizieren. Aber darüber hinaus kann man nichts sehen – man weiß nicht, was einen hinter dem Horizont erwartet. Aber auch da ist Freundschaft hilfreich, sie trägt einen zum Horizont und darüber hinweg. Sie begleitet einen und lässt wieder neue Hoffnung zu, neue Wege.

c) individuelle Schülerlösung

12. Zum Schluss möchte ich Stellung nehmen dazu, was ich unter Freundschaft verstehe und was davon in dem Lied „Horizont“ zu finden ist.
Freundschaft bedeutet für mich grenzenloses Vertrauen zueinander haben. Man kann mit einem Freund alles besprechen, sich öffnen, ohne Angst haben zu müssen, dass dieser meine Gedanken, Ideen und Hoffnungen oder Ängste verbreitet oder verrät. Dieser Freund ist für mich da, wenn ich ihn/sie brauche – auch wenn er einmal nicht direkt am Ort ist oder ich. Dadurch gerate ich nicht in die Gefahr, einsam zu werden. Trotzdem kann ich mich zurückziehen und der „Dunkelheit“ in mir Raum geben.
Ich muss mich darin aber nicht verlieren, der Freund ist da und steht mir bei, wenn ich ihn brauche. Selbstlos und ohne Forderungen – auch wenn es ihn/sie viel vielleicht nichts angeht.
Er/Sie hört mir zu, lacht und weint mit mir. Wir teilen Gutes (z. B. ein tolles Essen) und auch Schlechtes, denn gemeinsam lässt sich alles besser genießen oder ertragen. Das alles beschreiben die beiden in ihrem Lied.
Wenn mich Sorgen oder Nöte plagen und ich nicht mehr weiß, wohin oder was tun, ist er/sie für mich da, hilft mir meine Gedanken und Gefühle zu sortieren und neue Wege oder Ideen zu entwickeln. Er/Sie zeigt mir neue Wege auf – im Lied drehen Gentleman und Johannes Oerding den Wind in die richtige Richtung. Damit wird der weit entfernte Horizont wieder klarer und schärfer. Der Horizont ist ja nicht nur der Punkt, wo Himmel und Erde miteinander verschmelzen, sondern kann auch auf meine eigene geistige Verfassung bezogen werden. Mein Horizont ist dann vielleicht gerade sehr eng und nimmt mir die Chance, den richtigen Weg zu finden oder zu sehen; das wird im Refrain klar formuliert.
In der heutigen, schnelllebigen Zeit, mit Kontakten überwiegend über soziale Medien und Corona mit Kontaktbeschränkungen, was zu zunehmender Einsamkeit und Hoffnungslosigkeit bei Menschen führt und mangelnder Gesprächsfähigkeit, ist es m.E. besonders wichtig, einen guten Freund / eine gute Freundin zu haben. Mit ihm/ihr kann man alle Höhen und Tiefen oder Klippen, wenn man an das Meer denkt, überwinden.

Seite 66

13. siehe Schreibplan S. 65

14. (siehe auch Aufgabe **6**)
Beispiellösung:
In dem Lied Text „Horizont“ von Johannes Oerding und Gentleman aus dem Jahre 2020 geht es um das Thema Freundschaft. Das Lied stellt die Beziehung zwischen zwei Freunden dar und ihre Verbindung, den Zusammenhalt und die Unterstützung in guten wie in schlechten Zeiten.
Johannes Oerding und Gentleman verbinden mit dem Begriff „Freundschaft“ das Füreinander-da-sein in allen Lebenslagen. Zunächst wird die Sorge um einen Freund bzw. eine Freundin dargestellt („wieder mal besorgt, weil du nicht rangehst“; Vers 3). Die Sprache ist verkürzt und umgangssprachlich – eine kurze Feststellung, wie in der heutigen Zeit alles relativ kurz und schnell geht. Es wirkt sehr getaktet, wie das Tippen einer kurzen Nachricht auf dem Handy.
Seit einigen Tagen haben sie schon nichts mehr voneinander gehört („kann dich schon seit Tagen nicht erreichen“; Vers 5). Es werden Schwierigkeiten („auch wenn die Geister in dir“; Vers 13; „hast nur die Dunkelheit dabei“; Vers 21) vermutet, die diese Person hat. Die „Geister“ sind als Symbol zu verstehen. Das

sind negative Gedanken, die verhindern, dass der Freund Kontakt aufnimmt. Und die „Dunkelheit" ist eine Personifikation – statt von dem Freund lässt die Person sich von den negativen Gedanken begleiten. Man kann sich vorstellen, dass eine dunkle schattenhafte Gestalt nebenherläuft. Die Person befindet sich auf „(...) einsamer Reise (...)" – d. h., sie versucht, allein klarzukommen. Sehr ungewöhnlich, denn normalerweise reist man nicht allein. Es drückt aber die Einsamkeit aus, in der die Person sich befindet, und dies wird vom lyrischen Ich wahrgenommen. Und das ist nicht nötig, denn „Ich lass dich nicht alleine leiden. Wenn du durch die Hölle fährst" (Verse 24/25). Unerträgliches wird leichter zu ertragen sein, wenn man es teilt. Die Hölle steht als Symbol für einen Ort oder Zustand schlimmer Qualen.
Freunde teilen gute Zeiten („Ey, du weißt, Glück lässt sich teilen"; Vers 22), aber auch schlechte („Und das gilt auch für unsern Schmerz"; Vers 23). Wieder umgangssprachlich formuliert und sehr kurzgehalten. Wahre Freunde helfen einander – auch in einer Zeit mit weniger Kontakt. Einsamkeit muss nicht sein. Freunde sollten da sein, wenn man sie braucht – uneingeschränkt.
Das lyrische Ich wiederholt auch immer wieder „Ich bin für dich da". Damit bekommt dieser Aspekt einer wahren Freundschaft einen hohen Stellenwert – und das ist ja die Absicht.
Das Meer offenbart die Weite und Unendlichkeit von Leben und im übertragenen Sinne auch von Freundschaft. Es steht für Einsamkeit, aber auch für Freiheit und Hoffnung. Durch das gleichmäßige Rauschen des Meeres (Vers 37) beruhigen sich verwirrte und blockierende Gedanken und wenn der Kopf dann frei ist, können sich neue Ideen und Wege entwickeln. Auf eine Freundschaft bezogen bedeutet dies: Sie ist unendlich, man kann allein sein, ist aber nie einsam. Der Freund ist da, wenn man ihn/sie braucht. Er/Sie schweigt mit einem (Vers 40) und führt einen aber auch auf den richtigen Weg („Sag mir, wohin ich den Wind für dich drehen soll"; Vers 15). Johannes Oerding und Gentleman personifizieren den Wind, um das deutlich zu machen.
Am Meer weht oft starker Wind und der Wind kann eine Richtung vorgeben – entweder von vorn als Gegenwind oder als Rückenwind in eine bestimmte Richtung. Freundschaft kann wie ein Rückenwind sein. Durch das Teilen von Gedanken usw. setzt man sich mit neuen Ideen auseinander – positiv wie negativ – und kann neue Hoffnung schöpfen, neue Wege/Richtungen einschlagen.
Über das Meer hinweg sieht man in der Ferne den Horizont. Der Horizont verschmilzt mit dem Himmel – bis dahin kann man sehen, bis dahin kann man seine eigene Hoffnung projizieren. Aber darüber hinaus kann man nichts sehen – man weiß nicht, was einen hinter dem Horizont erwartet. Aber auch da ist Freundschaft hilfreich, sie trägt einen zum Horizont und darüber hinweg. Sie begleitet einen und lässt wieder neue Hoffnung zu, neue Wege.
Nun möchte ich noch etwas zur Verwendung der Pronomen sagen. Die Songschreiber haben die persönliche Form gewählt, damit das Lied übertragbar ist auf jeden einzelnen von uns. Jeder von uns kann entweder der helfende/unterstützende Freund sein, oder derjenige, der in Not ist und Hilfe braucht.
Durch die Verwendung von „ich", „du", „dein" etc. wird die Nähe der Personen zueinander deutlich und das gemeinsame Tun und Handeln. Man muss nicht allein etwas bewältigen. Außerdem ist so auch sprachlich die Distanz zwischen den Personen geringer – ein „Sie" stellt automatisch eine gewisse Distanz her.

Zum Schluss möchte ich Stellung nehmen dazu, was ich unter Freundschaft verstehe und was davon in dem Lied „Horizont" zu finden ist. Freundschaft bedeutet für mich: grenzenloses Vertrauen zueinander haben. Man kann mit einem Freund alles besprechen, sich öffnen, ohne Angst haben zu müssen, dass dieser die eigenen Gedanken, Ideen und Hoffnungen oder Ängste weiterverbreitet oder verrät. Dieser Freund ist für mich da, wenn ich ihn/sie brauche – auch wenn er einmal nicht direkt am Ort ist oder ich. Dadurch gerate ich nicht in die Gefahr, einsam zu werden. Trotzdem kann ich mich zurückziehen und der „Dunkelheit" in mir Raum geben.
Ich muss mich darin aber nicht verlieren, der Freund ist da und steht mir bei, wenn ich ihn brauche. Selbstlos und ohne Forderungen – auch wenn es ihn/sie viel vielleicht nichts angeht.
Er/Sie hört mir zu, lacht und weint mit mir. Wir teilen Gutes (z. B. ein tolles Essen) und auch Schlechtes, denn gemeinsam lässt sich alles besser genießen oder ertragen. Das alles beschreiben die beiden in ihrem Lied.
Wenn mich Sorgen oder Nöte plagen und ich nicht mehr weiterweiß, ist er/sie für mich da, hilft mir, meine Gedanken und Gefühle zu sortieren und neue Wege oder Ideen zu entwickeln. Er/Sie zeigt mir neue Wege auf.
Im Lied drehen Gentleman und Johannes Oerding den Wind in die richtige Richtung. Damit wird der weit entfernte Horizont wieder klarer und schärfer. Der Horizont ist ja nicht nur der Punkt, wo Himmel und Erde miteinander verschmelzen, sondern kann auch auf meine eigene geistige Verfassung bezogen werden. Mein Horizont ist dann vielleicht gerade sehr eng und nimmt mir die Chance, den richtigen Weg zu finden oder zu sehen, das wird im Refrain klar formuliert.
In der heutigen, schnelllebigen Zeit, mit Kontakten nur über soziale Medien und Corona mit Kontaktbeschränkungen, was zu zunehmender Einsamkeit und Hoffnungslosigkeit bei Menschen führt und mangelnder Gesprächsfähigkeit, ist es m. E. besonders wichtig, einen guten Freund oder eine gute Freundin zu haben. Mit ihm/ihr kann man alle Höhen und Tiefen oder Klippen, wenn man an das Meer denkt, überwinden.
Auch Johannes Oerding und Gentleman verbinden mit dem Begriff „Freundschaft" das Füreinander-dasein – in allen Lebenslagen. Wahre Freunde helfen einander – auch in einer Zeit mit weniger Kontakt. Einsamkeit muss nicht sein. Sie sind da, wenn man sie braucht – uneingeschränkt.

C Prüfungsaufgaben angeleitet bearbeiten

C 1 Prüfungsbeispiel: Höflichkeit in der Schule

Seite 68

Aufgabe 1

Richtig sind die Antworten

b) Der tägliche Umgang mit Menschen ist durch Kommunikation geprägt.

c) Adolp Freiherr Knigges bekanntestes Werk hieß „Über den Umgang mit Menschen“.

Aufgabe 2

Etikette bestimmt, wie wir uns technisch in der Gesellschaft verhalten, welche Ablaufe bzw. Rituale sich „gehören“. Höflichkeit behält zusätzlich das Gegenüber im Blick, beinhaltet Rücksichtnahme und stressfreies Miteinander.

Aufgabe 3

Freiherr Knigge gab mit seinem Buch seine Erfahrungen weiter. Ihm selbst war das Leben am Hofe bekannt und er wollte andere vor unangenehmen Situationen schützen, das Miteinander erleichtern und Menschen dabei helfen, aufeinander zuzugehen.

Seite 69

Aufgabe 4

Mit dem Textzitat in Zeile 34/35 ist gemeint, dass man auch durch das Beobachten bestimmter Situationen oder von Menschen Schritt für Schritt lernen kann, wie man sich höflich verhält. Wenn man andere Menschen im Blick behält, merkt man zudem, was man tun muss, um Streit zu vermeiden, oder man lernt, was Menschen freut und sie zum Lächeln bringt. So wird man nach und nach immer sicherer im Umgang mit Menschen.

Seite 70

Aufgabe 1

In dem Text „Gutes Benehmen will gelernt sein“ von Ingrid Leifgen geht es darum, dass Menschen unterschiedliche Vorstellungen von gutem Benehmen haben können. So ärgern sich manchmal Ältere über Jüngere, weil sie andere Umgangsformen haben. Nicht immer meint der andere es aber böse, wenn wir etwas als schlechtes Benehmen empfinden. Vielmehr lernen Kinder von ihren Eltern Benehmen, und manche Vorstellungen von gutem Benehmen unterscheiden sich von denen anderer Familien. So kann es zu Meinungsverschiedenheiten kommen, auch wenn sie niemand wollte.

Seite 71

Aufgabe 2

Höflichkeit ist das „Schmiermittel der Gesellschaft“. Erst wenn jeder etwas Rücksicht auf seine Mitmenschen nimmt, ist es möglich, dass Menschen konflikt- und auch gefahrenfrei miteinander umgehen. So stellen sich Menschen z. B. an der Wursttheke an, anstatt zu schubsen oder sich gar vorzudrängeln.
Außerdem sorgt Höflichkeit dafür, dass ein gutes Klima entsteht. Auch in der Schule wäre es viel anstrengender, wenn jeder machen würde, was er wollte, und alles sagen würde, was ihm durch den Kopf geht.

Aufgabe 3

In der Karikatur „Die Jugend – besser (erzogen) als ihr Ruf!“ sind drei Schülerinnen zu sehen, die alle ihr Smartphone in der Hand halten. Eine der Schülerinnen fragt, ob sie das Smartphone im Unterricht ausschalten sollen, worauf die beiden anderen antworten, dass dies nicht ginge, da sie dann nicht erreichbar wären und dies unhöflich den Anrufenden gegenüber wäre.
Die Karikatur ist ein Beispiel für die verschiedenen Wahrnehmungen in Bezug auf Höflichkeit: Während der Lehrer es vermutlich als sehr unhöflich empfände, wenn die Schülerinnen ihr Handy im Unterricht nicht ausschalten würden, machen sich die Mädchen durchaus Gedanken über Höflichkeit – allerdings dem Anrufenden gegenüber.

Seite 74
Lösungshilfen zum Wahlteil A

1.

Meinung der Verfasserin	Meine Meinung
Die Verfasserin ist der Auffassung, dass Lehrer stets ein Vorbild sein sollten. Sie sollten das vorleben, was sie von den Schülern verlangen. Ebenso sollten Lehrer auch nicht mehr von Schülern verlangen, als sie selbst leisten können. So ist es z. B. normal, dass man „mal“ etwas vergisst.	Ich bin eigentlich der gleichen Meinung. Lehrer sollten von Schülern nur das fordern, was sie selbst auch tun, auch wenn es bestimmt Ausnahmesituationen geben kann.

2.

Lehrkräfte sollten Vorbild sein	Das dürfen Lehrkräfte anders machen
– Pünktlich im Unterricht sein – Respektvoll mit Schülern reden (nicht schreien oder beleidigen) – Sich an Absprachen halten – Nicht mit dem Fahrrad übers Schulgelände fahren – …	– Handys im Unterricht aus der Tasche nehmen – In der Pause im Schulgebäude bleiben – Schulgelände verlassen während der Schulzeit – Alle Noten wissen – …

Seite 75

3. Möglicher Schreibplan zum Wahlteil A:

Schreibplan

Einleitung:

a) Schreibanlass:
   - Artikel „Hilfe, ich bin ein Vorbild“ (Manon Sander)
   - Richtet sich an Lehrer in der Ausbildung
   - Lehrer sollten sich bewusst machen, dass sie ein Vorbild für ihre Schüler sind

Hauptteil:

b) Meinung der Autorin:
Die Autorin ist der Auffassung, dass Lehrer stets ein Vorbild sein sollten. Sie sollten das vorleben, was sie von den Schülern verlangen. Ebenso sollten Lehrer auch nicht mehr von Schülern verlangen, als sie selber leisten können.
Meine eigene Meinung:
Ich finde, dass das meistens richtig ist, dass Lehrer aber in manchen Situationen auch andere Rechte haben als Schüler.

c) Situationen, in denen Lehrer Vorbild sein sollten:
1. Lehrer sollen pünktlich sein und sich entschuldigen, wenn sie zu spät kommen.
Grund: höflich sein
2. Lehrer sollen respektvoll mit Schülern reden.
Grund: Vorbild für nettes Verhalten
3. Lehrer sollten auf dem Schulgelände nicht Fahrrad fahren.
Grund: Sicherheit, können auch in Unfälle verwickelt werden

d) Situationen, in denen Lehrer anders handeln können:
1. Lehrer dürfen das Schulgelände verlassen und in der Pause im Schulgebäude bleiben.
Grund: Aufsichtspflicht
2. Lehrer dürfen das Smartphone im Unterricht nutzen.
Grund: Sie nutzen es dienstlich.
3. Lehrer dürfen alle Noten wissen.
Grund: Sie müssen den Schülern helfen können.

Schluss:

e) Appell an Mitschüler (Leserbrief verfassen, eigene Meinung mitteilen)

4. Möglicher Schülertext zum Wahlteil A:
Liebe Mitschülerinnen und Mitschüler,
ich habe im Internet einen Artikel entdeckt, in dem es darum geht, ob Lehrer mit ihrem Verhalten ein Vorbild für Schüler sein müssen. Der Text heißt „Hilfe, ich bin ein Vorbild“ und richtet sich an Lehrer in der Ausbildung. Die Verfasserin des Textes Manon Sander ist der Meinung, Lehrer sollten sich bewusst machen, dass sie ein Vorbild für ihre Schüler sind, und sich dementsprechend verhalten. Es wird zudem erwähnt, dass Lehrer in Situationen, in denen sie ihre Ideale selbst nicht leben können, diese auch nicht von ihren Schülern erwarten können. Ich selbst sehe das etwas anders.
Sicherlich sollten Lehrer in manchen Lebenslagen ein Vorbild sein. Schließlich haben sie einen Erziehungsauftrag und sollen dafür sorgen, dass wir richtig auf das Leben und unsere Ausbildung vorbereitet werden. Dazu gehört auch, Dinge vorzuleben. Auf der anderen Seite sind Lehrer ja auch nur Menschen, die nicht immer über alles, was sie tun, nachdenken können.
Ich habe mich gefragt, in welchen Situationen es mir besonders wichtig ist, dass Lehrer als Vorbild agieren. Zum einen ist es Gesprächsthema in unserer Klasse, dass wir bestraft werden, wenn wir zu spät in den Unterricht kommen, Lehrer sich hingegen oft ein paar Minuten verspäten – meistens, ohne uns zu erklären, warum sie so spät kommen. Das finde ich persönlich nicht besonders höflich. In dem Fall könnten Lehrer wirklich mehr darauf achten, pünktlich in der Klasse zu sein, oder sich zumindest bei uns entschuldigen, wenn sie zu spät dran sind. Wir warten ja schließlich auch auf sie.
Im Text heißt es, dass Lehrer respektvoll mit Schülern reden sollen. Hier sollten Lehrer unbedingt Vorbild sein. Das ist wichtig, denn wie sollen Schüler denn wissen, wie man sich „richtig“ verhält, wenn sie immer nur für schlechtes Verhalten ausgeschimpft werden, es ihnen aber nie erklärt wird? Wenn sich der Lehrer respektvoll verhält, hat man selbst ein Vorbild, an dem man sich orientieren kann.
Nicht in Ordnung finde ich persönlich, dass Lehrer auf unserem Schulgelände manchmal mit dem Fahrrad fahren. Wenn Unterrichtsschluss ist, dürfen wir ja aus gutem Grund nicht über den Schulhof düsen. Besonders für die kleinen Schüler ist das sehr gefährlich. Meiner Meinung nach dürfen Lehrer hier auf keinem Fall eine Extrawurst haben, denn auch ihnen könnte ja ein Schüler vors Fahrrad laufen.
Es gibt aber auch Momente, in denen Lehrer nicht in erster Linie Vorbild sein müssen. Man darf ja nicht vergessen, dass sie Erwachsene sind und niemand auf sie aufpassen muss. Deshalb dürfen sie natürlich das Schulgelände verlassen oder in den Pausen im Schulgebäude bleiben, während dies den Schülern verboten ist.
Unser Lehrer nimmt z. B. auch öfter mal sein Smartphone aus der Tasche, um eine schnelle Nachricht an Kollegen zu schreiben, auf die Stundenplan-App zu schauen oder Organisatorisches einzutragen. Das finde ich in Ordnung, denn er erledigt damit ja dienstliche Aufgaben, während Schüler eher spielen oder im Internet surfen würden, wenn sie ihr Smartphone zur Hand hätten.
Und natürlich dürfen Lehrer im Gegensatz zu Schülern auch alle Noten wissen. Das müssen sie ja, um im Blick zu behalten, wie sie uns helfen können und wie wir leistungsmäßig gerade stehen. Für uns Schüler hingegen gibt es keinen Grund, die Noten unserer Mitschüler zu kennen.
Ich finde die Frage, inwiefern Lehrer Vorbild sein sollten, spannend. Eure Meinung zum Thema würde mich sehr interessieren. Schreibt uns doch und die interessantesten Gedanken veröffentlichen wir in unserer nächsten Ausgabe. Ich freue mich schon darauf
Euer Max

Seite 76
Lösungshilfen zum Wahlteil B

1. In dem Text „Knigge im Klassenzimmer“ von Markus Peters aus dem Jahr 2020 geht es darum, ob Benimmunterricht in der Schule Sinn macht.

b) Wichtige Textaussagen:
- An einer Mittelschule in Oberasbach haben die Schüler Benimmunterricht (2 x 45 Minuten).
- Viele Schüler sind nicht ausbildungsreif, da sie sich (lt. Umfrage des Deutschen Industrie- und Handelskammertages) nicht gut benehmen können.
- Keine starren Regeln, sondern Warnung vor Fettnäpfchen – was könnte andere ärgern?

- Schulen müssen Erziehungsdefizite im Elternhaus ausgleichen.
- Auch der Klassenrat fördert Benehmen (Gesprächskultur).
- Fokus auf das Benehmen ist Ausnahme an deutschen Schulen.

2. a) Gründe für einen Benimmkurs:
   - Niemand möchte die Ausbildung abbrechen müssen, weil er sich nicht benehmen kann.
   - Schüler können lernen, dass gutes Benehmen vor allem bedeutet, nicht anzuecken.
   - Lernen am Vorbild
   - Schüler, die ein schwieriges Elternhaus haben, sollten auch die Chance haben, Benehmen zu lernen.
   - Weniger Konflikte in der Schule

   b) Jahrgang 5 und 9 (5 auf die Schule bezogen, 9 auf die Ausbildung bezogen) – je 2 Vormittage

3. Möglicher Schreibplan zum Wahlteil B:

Schreibplan

a) Anrede: Liebe Schulleitung
   Grund des Schreibens:
   - Artikel „Knigge im Klassenzimmer"
   - Benimmkurs an einer Schule
   - Auch an unserer Schule sollte es einen Benimmkurs geben.

b) Bezug zum Text / Inhalt:
   - An einer Mittelschule in Oberasbach haben die Schüler Benimmuntericht (2 x 45 Minuten)
   - Viele Schüler sind nicht ausbildungsreif, da sie sich (lt. Umfrage des Deutschen Industrie- und Handelskammertages) nicht gut benehmen können.
   - Keine starren Regeln, sondern Warnung vor Fettnäpfchen – was könnte andere ärgern?
   - Schulen müssen Erziehungsdefizite im Elternhaus ausgleichen.

c) Das spricht für einen Benimmkurs an unserer Schule:
   - Bereicherung des Schullebens
   - Entlastung der Lehrer
   - Schüler lernen, was sie zu Hause nicht lernen
   - Schüler hören Lehrern nicht so gut zu
   - Hilfe beim Ausbildungsstart
   - Positiv für den Ruf der Schule

d) Durchführung:
   Jahrgang 5 und 9; Umfang: je 2 Vormittage

e) Bitte an die Schulleitung:
   - Über die Idee nachdenken
   - Kurs durchführen

4. Möglicher Schülertext zum Wahlteil B:

Liebe Schulleitung,

im Internet habe ich einen spannenden Text entdeckt. In dem Artikel „Knigge im Klassenzimmer" wird ein Benimmkurs thematisiert und ich fände es eine gute Idee, einen solchen Kurs auch an unserer Schule durchzuführen.

In dem Artikel geht es darum, dass an einer Schule in Oberasbach Benimmunterricht gegeben wurde. 2 x 45 Minuten lang erklärt der Leiter einer Tanzschule den Schülerinnen und Schülern, was gutes Benehmen bedeutet. Ziel ist nicht, sich starr an Regeln halten zu können, sondern darum, Fettnäpfchen zu vermeiden und so mit anderen besser auszukommen.

Allerdings ist es laut Artikel so, dass viele Schüler Defizite aus dem Elternhaus mitbringen, was Erziehung angeht. Ebenso stellt der Deutsche Industrie- und Handelskammertag nach einer Umfrage fest, dass immer mehr Auszubildende nicht die nötigsten Umgangsformen hätten. Der Benimmkurs soll nun Abhilfe schaffen.

Ich bin der Meinung, diese Idee sollten wir auch an unserer Schule umsetzen. Der Kurs würde das Schulleben bereichern, weil an unserer Schule dieser Problematik bis jetzt außerhalb des normalen Unterrichts kaum Rechnung getragen wird. Viele Schüler würden davon profitieren, denn wie bereits im Text angedeutet, haben nicht alle Schülerinnen und Schüler unserer Schule das Glück, alles, was sie an Umgangsformen im Alltag benötigen, zu Hause lernen zu können. Und auch die Lehrer würden entlastet. Auch für Sie wäre es doch großartig, wenn jemand den Schülern erklären würde, wie man sich zu benehmen hat und warum.

Ich glaube auch, dass in so einem Kurs mehr bei den Schülern ankommen würde. Denn bis jetzt sind es die Lehrer, die sagen, wenn man sich nicht gut benimmt. Da ihr eigentlicher Job aber das Unterrichten ist, nervt sie Fehlverhalten oft und demzufolge denken die Schüler, dass sie angemeckert werden; dabei verstehen sie nicht wirklich, was sie besser machen könnten.

In dem Artikel wurde auch thematisiert, dass es heutzutage ein echtes Problem zu sein scheint, dass Schüler am Anfang einer Ausbildung gar nicht recht wissen, wie sie sich zu benehmen haben. Da wir so viel auf den Beruf vorbereitend lernen sollen, wäre ein Kurs doch eine gute und notwendige Ergänzung. Und bestimmt wäre es auch positiv für den Ruf der Schule, wenn gut erzogene Schülerinnen und Schüler von dieser Schule abgehen.

Der Kurs sollte in den Jahrgängen 5 und 9 durchgeführt werden. Mein Vorschlag wäre zudem, dass wir uns ein bisschen mehr Zeit nehmen als die Schule in dem Artikel, nämlich jeweils zwei Vormittage. Dann könnten sich die Schüler der 5. Klasse intensiv damit auseinandersetzen, was von ihnen in der Schule erwartet wird. In der 9. Klasse würde dann der Schwerpunkt auf Umgangsformen mit Blick auf die anstehende Ausbildung gelegt. Ich glaube, dass die Schüler dieser Schule Ihnen wirklich dankbar wären, denn mit den Kursen würden Sie ihnen helfen, im Leben besser klarzukommen.

Es würde mich sehr freuen, wenn Sie sich über meinen Vorschlag Gedanken machen könnten und wenn ein Kurs dieser Art an unserer Schule zustandekäme.

Mit freundlichen Grüßen,
Max Gerhard, 10b
Mitglied der Schülervertretung

C 2 Prüfungsbeispiel: Krisen in der Jugendzeit

Seite 78

Aufgabe 1

Die Hauptperson der Kurzgeschichte sitzt tagelang in ihrem verschlossenen Zimmer im Bett und träumt sich in eine Fantasiewelt hinein. Sie will nichts mit dem Alltag draußen zu tun haben und lehnt jede noch so kleine Tätigkeit ab, um die die Mutter vor der Tür sie bittet.

Aufgabe 2

Das Bett ist für die Hauptperson ein Floß oder ein Schiff, auf dem sie im Meer dahintreibt, umgeben von Haien unter ihr und dem Himmel und den Sternen über ihr. Das Bett ist ein sicherer Ort in ihrer wilden Fantasiewelt. Dort fühlt sie sich sicher und geborgen.

Aufgabe 3

Früher war die Hauptperson der Kurzgeschichte ausgesprochen lebhaft und hat alles Mögliche unternommen. Keine Aufgabe war vor ihr sicher, außerdem ging sie zahlreichen Hobbys nach, z. B. dem Zeichnen, Voltigieren, Fechten oder Tanzen. Bei keiner Tätigkeit sah man ihr Mühe an.
Jetzt hat sie zu all dem keine Lust mehr. Sie fühlt sich unmotiviert und schlapp.

Aufgabe 4

Ich könnte mir vorstellen, dass sich die Interessen der Person einfach verändert haben. Das, was ihr als Kind Spaß machte, macht nun keinen Spaß mehr. Es könnte auch ein Problem vorliegen, das sie bedrückt, wie zum Beispiel Liebeskummer oder Stress mit den Eltern. Vielleicht mag sie ihre Mutter auch gar nicht – weil diese sie früher schlecht behandelt hat und das der Hauptperson nun bewusst wird.

Seite 79

Aufgabe 5

Das Bild zeigt ein Mädchen, das durch seine Körperhaltung deutlich macht, dass es im Moment verzweifelt ist und nicht weiter weiß. Sie scheint ein Problem zu haben, für das sie keine Lösung weiß. Vielleicht fühlt sie sich von ihrer Umwelt, insbesondere von ihren Eltern unverstanden.

Aufgabe 6

In der Jugendzeit denkt man oft, man wird nicht verstanden, viele Dinge wachsen einem über den Kopf.
Oft kommt es einem auch so vor, als würden einem die Eltern nicht zuhören. Ich glaube, das ist so, weil sie immer noch denken, dass man ein Kind sei, dabei ist man auf dem Weg, erwachsen zu werden und macht sich viele Gedanken, von denen die Eltern nichts ahnen.
Wenn das so ist, fühlt man sich sehr allein – auch wenn die Eltern sich Mühe geben, zuzuhören.

Seite 80

Aufgabe 7

Eine Krise ist eine Situation, die sich sehr schlimm anfühlt. Manchmal geschieht so etwas ganz plötzlich, manchmal merkt man, wie alles schlimmer wird. Egal, wie viel man nachdenkt: Eine Lösung des Problems ist nicht in Sicht. Viele Gefühle stürmen auf einen ein und man kann das kaum aushalten. Erst wenn man Hilfe bekommt oder sich traut, andere Wege zu gehen, findet man einen Ausweg.

Aufgabe 8

Das Wort „Krise" ist ursprünglich griechisch und bedeutet Entscheidung. Meiner Meinung nach haben die Wörter miteinander zu tun, weil eine Krise beinhaltet, dass man nicht mehr weiß, was man tun soll. Man ist nicht fähig, eine Entscheidung zu sehen oder zu treffen.
Ist eine wichtige Entscheidung erst einmal getroffen, offenbart sich oft schon das Licht am Ende des Tunnels.

Seite 82

Lösungshilfen zum Wahlteil A

1. • müde und genervt
   • zu nichts Lust
   • andere Interessen
   • neue Probleme
   • man fühlt sich unverstanden, ist oft traurig

Seite 83

2. Mögliche Unterstreichungen:
   Die „normalen", d. h. notwendigen Prozesse der Selbstwerdung und Selbstfindung im Jugendalter sind an sich schon als eine Lebenskrise zu verstehen. Es ist eine Krise, die die zentralen Bereiche des Menschen, die Persönlichkeit oder das Selbst, zu ihrem Thema hat. Eine Krise ist als ein Prozess zu verstehen, der sich langsam oder schnell zuspitzt. Alle Methoden und Strategien, ein Problem zu bewältigen, haben versagt oder versagen. Es kommt zu einer Ansammlung, einer Ballung verschiedener Gefühle, die als spannungsreich und unerträglich empfunden werden. Jeder Mensch erlebt solche Prozesse im Laufe der Entwicklung. Er wird dadurch gezwungen, Altes aufzugeben, da es nicht mehr weiterhilft, und neue Möglichkeiten in sich selbst und in seiner Umwelt zu entwickeln und einzusetzen.
   Ursprünglich bedeutet der aus dem Griechischen kommende Begriff „Krise" „Entscheidung".
   Eine Krisenzeit ist eine Zeit großer Labilität, aber auch großer Offenheit für Neues, eine Zeit großer Wandlungsfähigkeit, aber auch erhöhter Anfälligkeit, Verletzlichkeit und Kränkbarkeit. Sie beinhaltet sowohl entwicklungsfördernde Momente – ist insofern ein kreativer Prozess – als auch zerstörerische oder selbstzerstörerische Tendenzen.

   Mögliche Formulierung:
   Eine Krise ist eine Situation, die sich sehr schlimm anfühlt. Manchmal geschieht so etwas ganz plötzlich, manchmal merkt man, wie alles schlimmer wird. Egal, wie viel man nachdenkt: Eine Lösung des Problems ist nicht in Sicht. Viele Gefühle stürmen auf einen ein und man kann das kaum aushalten. Erst wenn man Hilfe bekommt oder sich traut, andere Wege zu gehen, findet man einen Ausweg.

3. • Netzwerkpartner der Eltern können zwischen Eltern und Kindern vermitteln.

- Eltern können ihrem Kind als Vorbild dienen, Kontakte aufzubauen und zu pflegen.
- Haben die Eltern viele soziale Kontakte, haben die Kinder viele Vorbilder.

4. Möglicher Schreibplan zum Wahlteil A:

Schreibplan zum Wahlteil A

Einleitung:
a) Begrüßung des Publikums (Eltern), warum halte ich den Vortrag, was möchte ich?
Liebe Eltern, ich freue mich, dass Sie heute Abend alle in unsere Aula gekommen sind. Ich als Schulsprecher stehe heute hier, weil ich Ihnen verdeutlichen möchte, wie wichtig Sie für Ihr Kind, für uns Kinder, sind.

Hauptteil:
b) Gefühle von Jugendlichen in Krisensituationen:
- fühlen sich unverstanden
- sind genervt
- haben es nicht leicht mit sich
- wollen nicht aufstehen
- auf nichts Lust
- Liebeskummer

c) Definition „Krise":
Von einer Krise spricht man, wenn:
- kommt plötzlich
- man ist überfordert
- man weiß nicht, was man tun soll
- ...

d) Eltern haben für Kinder eine Vorbildfunktion, weil:
1. Netzwerkpartner der Eltern können zwischen Eltern und Kindern vermitteln.
2. Eltern können ihrem Kind als Vorbild dienen, Kontakte aufzubauen und zu pflegen.
3. Durch zahlreiche soziale Kontakte der Eltern haben die Kinder viele Vorbilder.

Schluss:
e) Appell an die Eltern

Seite 84

5. Möglicher Schülertext zum Wahlteil A:
Liebe Eltern,
ich freue mich, dass Sie heute Abend alle in unsere Aula gekommen sind. Ich als Schulsprecher stehe heute hier, weil ich Ihnen verdeutlichen möchte, wie wichtig Sie für Ihr Kind, für uns Kinder, sind.
Die Zeit der Pubertät stellt uns Jugendliche vor ganz besondere Herausforderungen. Wir haben es nicht leicht – und Sie haben es nicht leicht mit uns. Körperlich verändern wir uns. Und auch seelisch ist es in dieser Zeit für uns schwer. Jeder in unserem Alter kennt es: Man ist so müde, dass man morgens kaum aufstehen möchte. Und danach wird es auch nicht viel besser. Oft schleppen wir uns lustlos zur Schule, haben keine Lust und sind froh, wenn wir wieder zuhause in unserem Zimmer sind. Freunde sind in der Zeit wichtig. Mit ihnen verbringen wir unsere Zeit am allerliebsten – und Sie, liebe Eltern, nerven uns oft. Wir haben Liebeskummer, Bauchschmerzen wegen der Schule. All das vergeht und gehört zum Leben dazu.
Von einer ausgewachsenen Krise aber spricht man, wenn man plötzlich vor einer Situation steht, die einen vollkommen überfordert. Sie kann ganz plötzlich kommen oder sich schleichend anbahnen – auf jeden Fall wissen Jugendliche in dieser Zeit kaum, wie es weitergehen soll. Man braucht neue Ideen, neue Wege, neue Lösungen – aber wie? Immerhin fühlt man sich so, als würde einen niemand verstehen und keiner einem richtig zuhören.
Wie gut, dass wir unsere Freunde haben – und wie wichtig sie für uns sind. Aber auch Ihnen, liebe Eltern, kommt eine nicht unerhebliche Vorbildfunktion zu. Gerne möchte ich Ihnen aufzeigen, wie Sie Ihr Kind, sollte es eine schwere Zeit erleben, unterstützen können.
Ich sprach von Freunden, die Ihr Kind in so einer Zeit dringend benötigt. Ja, dabei lernt Ihr Kind von Ihnen. Haben Sie einen Freundeskreis, lernt auch Ihr Kind, Freundschaften zu schließen und zu führen.
Ihre Freunde können wichtig sein – oft gibt es Situationen, in denen Eltern und Kinder nicht wirklich miteinander reden können. Wie gut, wenn stattdessen einer Ihrer Bekannten als Vermittler zur Verfügung stehen kann.
Wir brauchen Vorbilder, nach denen wir uns richten können. Seien Sie unser Vorbild – oder holen Sie Menschen in Ihr und damit auch unser Leben, die wir gerne als Vorbilder akzeptieren und deren Lösungen wir gerne übernehmen.
Ich würde mir wünschen, dass es Ihnen wichtig ist, für Ihr Kind einen sozialen Hintergrund zu schaffen, in dem es sich aufgehoben fühlt und in dem Ihr Kind immer einen Ansprechpartner hat.
Danke!

Lösungshilfen zum Wahlteil B

1. Die Person fühlt sich von der Welt nicht verstanden. Niemand versteht das, was sie sagt und sie selber hat das Gefühl, sie verstehe die Welt nicht. Sie will nur alleine sein, mit niemandem reden und am liebsten die Welt aussperren. Sie hat gerade so viele Probleme mit sich und der Welt, sie braucht nicht auch noch die Eltern und die Schule, die neue Probleme machen.

2. In dem Gedicht „pass auf" von Wolfgang Reus geht es darum, während der Jugendzeit bestimmte Dinge zu beherzigen. In den ersten Strophen wird z. B. darauf verwiesen, dass man darauf aufpassen solle, was für Freunde man habe, wie sie sich verhalten und welche Einstellungen sie verkörpern. Es geht auch darum, die Welt zu schützen und sie zu erhalten. Ebenso geht es darum, die Ziele der Menschen um sich herum zu erkennen und mit den eigenen Zielen abzugleichen. Grundsätzlich ist es wichtig, sich selber treu zu bleiben.

3.

Helfende Aussage	Begründung, warum das für mich wichtig ist
Pass auf, wer deine Freunde sind.	Ich habe Freunden Dinge erzählt und sie haben es weitererzählt.

Pass auf, zu wem sie stehen.	Manchmal sind den Freunden andere Menschen wichtiger als man selber. Wie bei Nina neulich.
Pass auf, wo deine Sehnsucht schlummert.	Man soll sich nicht von anderen reinreden lassen, sonst lebt man am Ende ein Leben, das man nicht mag.

Seite 85

4. Möglicher Schreibplan zum Wahlteil B:

Schreibplan zum Wahlteil B

Einleitung:

a) Gefühlslage (Informationen aus Text 1 und 2 entnommen), Ich-Form:
Früher war meine Welt so einfach, so rund. Jetzt verstehe ich die ganze Welt auf einmal nicht mehr – und sie mich nicht. Es scheint mir, als ob mir niemand richtig zuhört. Oft ist mir, als möchte ich weinen, weil ich mich so alleine fühle. In solchen Momenten bleibe ich am liebsten in meinem Zimmer, so wie jetzt. Ich hoffe, dass mich einfach niemand stört, während ich auf meinem Bett sitze und grübele oder träume. Dann sitze ich da und denke darüber nach, was ich den Tag lang gehört oder erlebt habe.

b) Inhalt des Gedichtes (kurz zusammengefasst):
In dem Gedicht „pass auf" von Wolfgang Reus geht es darum, während der Jugendzeit bestimmte Dinge zu beherzigen. In den ersten Strophen wird z. B. darauf verwiesen, dass man darauf aufpassen solle, was für Freunde man habe, wie sie sich verhalten und welche Einstellungen sie verkörpern. Es geht auch darum, die Welt zu schützen und sie zu erhalten. Ebenso geht es darum, die Ziele der Menschen um sich herum zu erkennen und mit den eigenen Zielen abzugleichen. Grundsätzlich ist es wichtig, sich selber treu zu bleiben.

c) Drei wichtige Kernaussagen des Gedichtes:
1. Pass auf, wer deine Freunde sind.
2. Pass auf, zu wem sie stehen.
3. Pass auf, wo deine Sehnsucht schlummert.
(Begründung nicht vergessen!)

Schluss:

d) Appell an mich:
Aber ich werde es schaffen!
Glaub an deine Träume und lebe sie!

5. Möglicher Schülertext zum Wahlteil B:

Alles scheint sich verändert zu haben. Früher war meine Welt so einfach, so rund. Jetzt verstehe ich die ganze Welt auf einmal nicht mehr – und sie mich nicht. Es scheint mir, als ob mir niemand richtig zuhört. Oft ist mir, als möchte ich weinen, weil ich mich so alleine fühle. In solchen Momenten bleibe ich am liebsten in meinem Zimmer, so wie jetzt. Ich hoffe, dass mich einfach niemand stört, während ich auf meinem Bett sitze und grübele oder träume. Dann sitze ich da und denke darüber nach, was ich den Tag lang gehört oder erlebt habe. Auch heute sitze ich hier und denke.
Immer wieder fällt mir das Gedicht „Pass auf" von Wolfgang Reus ein. Darin geht es um Freundschaft, um echte Freunde. Das Gedicht weist außerdem auf verschiedene andere Dinge im Leben hin, auf die man aufpassen sollte. In den ersten Strophen wird z. B. darauf verwiesen, dass man darauf aufpassen solle, was für Freunde man habe, wie sie sich verhalten und welche Einstellungen sie verkörpern. Es geht auch darum, die Welt zu schützen und sie zu erhalten. Ebenso geht es darum, die Ziele der Menschen um sich herum zu erkennen und mit den eigenen Zielen abzugleichen. Grundsätzlich ist es wichtig, sich selber treu zu bleiben.
Ich habe viel über das Gedicht nachgedacht. Drei Aspekte sind mir dabei vor allem ins Auge gesprungen. Da ist zum Beispiel der Punkt, dass man darauf aufpassen soll, wer die eigenen Freunde genau sind. Das finde ich wichtig, weil es mir in letzter Zeit oft passiert ist, dass ich einem Menschen vertraut habe und dann hat er gelogen oder einfach weitergesagt, was ich ihm im Vertrauen erzählt habe. Ich verstehe das nicht, warum man so etwas tut – aber es passiert immer wieder. Deshalb ist es wohl wichtig, dass ich selber aufpasse.
Das unterstützt auch der Satz „pass auf, zu wem sie stehen". Manchmal sind den Freunden nämlich andere Menschen wichtiger als man selbst. In der Situation mit Nina neulich hätte mir diese Erkenntnis geholfen. Ich hätte mir denken können, dass sie im Zweifelsfall eher zu Lucia hält und sich auf ihre Seite schlägt. Es war auch klar, dass sie Lucia alles erzählt, wenn sie es wissen will. Warum ich nicht schon vorher daran gedacht habe, weiß ich nicht. Aber ich werde versuchen, den Gedanken in Zukunft im Kopf zu behalten.
Schön und wichtig finde ich auch den Satz „pass auf, wo deine Sehnsucht schlummert". Ich verstehe das so, dass man sich immer gut überlegen soll, welche Ziele und Wünsche man selber hat und was für einen selber wichtig ist. Es ist wichtig, das eigene Leben so zu gestalten, wie man es selber möchte und wie es sich gut anfühlt. Meine Mutter z. B. hat immer so viele Ratschläge. Gerade jetzt, wenn es um die Berufsorientierung geht, macht sie mich wahnsinnig. Sie will ganz andere Dinge als ich. Ich möchte nicht studieren und ich will auch bei keiner Bank arbeiten. Niemals würde mich so etwas glücklich machen. Insofern ist es schon eine sehr gute Idee, nie zu vergessen, was man selber will.
Jetzt gerade fühle ich mich nicht gut, die Welt ist schwierig. Aber ich werde es schaffen. Ich bin mir sicher, denn in Zukunft werde ich immer im Blick behalten, was mich selber glücklich macht. Gleich morgen kaufe ich mir ein Notizbuch und schreibe meine Wünsche und Träume hinein. Dann ist für mich nur noch eins wichtig: Glaub an deine Träume und lebe sie!

C 3 Prüfungsbeispiel: Künstliche Intelligenz

Seite 87

Aufgabe **1**

In dem Text von Markus Plawszewski geht es um die Vor- und Nachteile von Sprachassistenten. Menschen reagieren positiv auf Sprachassistenten, da sie ihnen im Alltag helfen und durch die nette Stimme wie eine vertraute Person erscheinen. Gerade das birgt aber Gefahren, vor allem das Sammeln der persönlichen Daten ist ein sehr kontrovers diskutiertes Thema.

Aufgabe 2
- einen Gesprächspartner haben, der immer da ist
- Hilfe bei der Terminplanung
- Navigation
- Schneller Antwortgeber bei einfachen Fragen
- Steuerung des Smart-Home

Seite 88
Aufgabe 3
Sprachassistenten könnten von manchen Menschen als Freunde angesehen werden, da sie immer ansprechbar sind. Sie antworten mit einer netten Stimme und helfen sofort. Gerade, wenn man gestresst ist, freut man sich über diese Hilfe sehr.

Sprachassistenten sind keine richtigen Menschen. Befreundet sein kann man nur mit Personen, weil dazu gehört, dass die andere Person ihren eigenen Willen hat und mich wirklich gernhat. Sprachassistenten sind nur darauf programmiert, so zu klingen, als ob sie einen mögen.

Seite 91
Lösungshilfen zum Wahlteil A
1. Ein Smart Home ist ein Zuhause, in welchem verschiedene Geräte oder Abläufe durch Technologie gesteuert und vernetzt sind.

2.

Hilfe im Alltag	Erhöhung der Sicherheit
Waschmaschinen, Rolläden, Garagentore etc. lassen sich steuern Geräte durch Spracherkennung aktivierbar Temperatursteuerung Lichtsteuerung Automatische Zeitabläufe bei Geräten Energiesparen im Urlaub	Kameras überwachen Türen und das Gelände Geräte können über Timer oder Handy ausgeschaltet werden Geplatzte Wasserleitungen etc. werden per Handy angezeigt

Seite 92
3. Möglicher Schreibplan zum Wahlteil A:

Schreibplan zum Wahlteil A

<u>Einleitung</u>:
a) Anrede: Liebe Mama, lieber Papa
Thema: Smart Home
Ziel: Unser Haus soll ein smartes Zuhause werden.

<u>Hauptteil</u>:
b) Was ist ein Smart Home?
Geräte, Erledigungen und Einstellungen werden technologisch vernetzt und gesteuert.

Wie funktioniert es?
Über ein Tablet/Smartphone und darauf befindlichen Apps werden Geräte gesteuert.
Sprachsteuerung über „Alexa“ etc. möglich

c) Hilfreiche Situationen im Alltag:
1. Mama muss das Garagentor nicht selber öffnen.
2. Papa kann Einkaufslisten über „Alexa“ erstellen.
3. Morgens ist der Kaffee bereits frisch gekocht.

d) Wie erhöht die Smart Technologie die Sicherheit zuhause?
- Geräte können übers Smartphone abgeschaltet werden.
- Kameraüberwachung
- Smartphone zeigt defekte Wasserleitungen an.

<u>Schluss</u>:
e) Bitte um Umsetzung
Wie beginnen wir? „Alexa“ steuert unser Licht.

4. Mögliche Schülerlösung zum Wahlteil A:
Mama und Papa, wie ihr wisst, habe ich in letzter Zeit relativ viel über Smart-Technologie gelesen und ich würde mir wünschen, dass wir unser Zuhause langsam aber sicher zu einem Smart Home umgestalten. Ein Smart Home zu besitzen, bedeutet, immer mehr Geräte, Erledigungen und Einstellungen technologisch zu vernetzen und zu steuern. Benutzt werden dazu ein Tablet oder ein Handy, welches durch verschiedene Apps Zugriff auf die einzelnen Geräte und Einstellungen nehmen kann. Da wir zuhause WLAN haben, muss man es meistens nur richtig einstellen und braucht eventuell entsprechende Adapter und Steckdosen, um dies möglich zu machen. Natürlich gibt es auch komplexere Vorgänge, aber wir können ja erst einmal langsam beginnen.
Damit ihr euch überhaupt vorstellen könnt, wie so ein smartes Zuhause den Alltag erleichtern könnte, möchte ich euch ein paar Beispiele nennen: Zum Beispiel können Geräte wie Waschmaschinen, Rollläden oder das Garagentor über eine App, einen Schalter oder sogar eine Zeitsteuerung aktiviert werden. Dann müsste Mama zum Beispiel nicht mehr nach dem Garagenschlüssel suchen, sondern könnte das Tor von ihrem Handy aus öffnen. Das wäre zwar nur eine Kleinigkeit, aber bestimmt bequem nach einem langen Arbeitstag. Wenn wir einen Sprachassistenten nutzen würden, wie z. B. „Alexa“, könnte Papa den immer fragen, wenn er in seinem Kreuzworträtsel nicht weiter weiß. Man könnte „Alexa“ rechnen oder sogar eine Einkaufsliste erstellen lassen, die dann direkt zu Mama oder Papa aufs Handy geschickt wird. Das wäre total praktisch. Interessant ist auch, dass man Zeitabläufe in Geräten einprogrammieren kann, die dann automatisch ablaufen. So könnten wir morgens schon durch frisch

gekochten Kaffee geweckt werden. Wie toll wäre das denn bitte?
Auch der Sicherheitsaspekt ist ein Argument, welches eindeutig für ein smartes Zuhause spricht. Mama wäre im Urlaub viel entspannter, weil sie via Smartphone Geräte ausschalten kann – und natürlich auch sehen kann, ob sie aus sind. Wenn man will, kann man auch die Eingangstür oder verschiedene Bereiche durch Kameras überwachen. Und bei entsprechendem Ausbau ist es sogar möglich, dass euer Handy euch anzeigt, wenn Wasserleitungen geplatzt sind. Wäre das nicht entspannend?
Ich würde mich freuen, wenn wir diese Ideen in die Tat umsetzen könnten. Bitte sagt ja. Natürlich ist vieles von dem, was ich genannt habe, noch nicht möglich, aber vielleicht könnten wir damit beginnen, unser Licht von „Alexa" steuern zu lassen. Ich würde mich auch darum kümmern.

Lösungshilfen zum Wahlteil B

1. – Man hat ein neuartiges technisches Gerät.
   – Es ist bequem, Fragen beantwortet zu bekommen, ohne zu suchen.
   – Es ist praktisch, da man Hilfe bekommt bei alltäglichen Dingen.
   – Man kann Musik hören durch Sprachsteuerung.

Seite 93

2. – Man denkt, man hat eine Freundin zuhause, die aber nicht wirklich eine ist.
   – Es werden Daten gesammelt und man weiß nicht genau, in welchem Umfang.
   – Wenn im Fernsehen oder im Gespräch bestimmte Codewörter genannt werden, kann Alexa aktiviert werden, ohne dass man es will.

3. (das wichtigste Argument ist markiert)
   – Man sollte darauf achten, dass Alexa ausgestellt wird, wenn man sie gerade nicht benutzt.
   – Man sollte sich bewusst sein, dass man es mit einer Maschine zu tun hat.
   – **Man sollte genau darauf achten, welche Daten man freigibt.**

4. a) Beginne dein Referat mit einer passenden Anrede und einer Erklärung, warum du dich zum Thema „Alexa" äußerst.
   b) Benenne Vorteile, die der Umgang mit „Alexa" bietet. Mache dabei deutlich, dass du die Begeisterung deiner Mitschüler nachvollziehen kannst.
   c) Führe begründet drei Gefahren der Nutzung einer „Alexa" an.
   d) Gib deinen Mitschülern Tipps, wie sie sinnvoll mit Sprachassistenten umgehen.
   e) Beende dein Referat, indem du dich bei deinen Mitschülern bedankst und daran appellierst, dass sie in Zukunft vorsichtiger bei der Nutzung von Sprachassistenten sein sollen.

   Möglicher Schreibplan zum Wahlteil B:

   Schreibplan zum Wahlteil B

   Einleitung:
   a) Anrede: Liebe Mitschülerinnen und Mitschüler
   Grund des Vortrags: auf die Gefahren von „Alexa" hinweisen

   Hauptteil:
   b) Vorteile von „Alexa": Lieblingsmusik anmachen, rechnen, bei den Schulaufgaben helfen, schnell Fragen beantworten

   Begeisterung kann ich nachempfinden, weil es faszinierend ist, was ein Computer kann.

   c) Gefahren der Nutzung:
   1. Alexa" ist keine echte Person.
   2. Unbeabsichtigte Befehle durch die Sprachsteuerung
   3. Datensammlung

   d) Tipps zum Umgang: Einstellungen überprüfen und ändern, „Alexa" vom Netz nehmen

   Schluss:
   e) Bedanken: Ich danke euch dafür, dass ihr mir zugehört habt.
   Appell: in Zukunft vorsichtiger mit dem Gerät umgehen

5. Möglicher Schülertext zum Wahlteil B:
   Liebe Mitschüler und Mitschülerinnen,
   ich weiß aus Gesprächen, dass bei vielen von euch in letzter Zeit eine „Alexa" eingezogen ist. Viele von euch sprechen begeistert darüber, aber ich bin skeptisch. Sprachassistenten können uns im Alltag schon bei vielen Dingen helfen, doch es gibt auch eine Schattenseite. Dieser Vortrag soll euch dabei helfen, die Sache von beiden Seiten zu betrachten und vielleicht am Ende etwas vorsichtiger in der Nutzung zu sein.
   Klar, eine „Alexa" ist faszinierend. Ich finde es auch spannend zu erleben, dass Computer mittlerweile in der Lage sind, wie echte Personen mit uns zu sprechen. Und ja, es ist auch echt lustig, wenn man durchs Zimmer läuft und mal eben sein Lieblingslied anstellen kann, einfach indem man den Namen nennt, ohne groß durch Liedsammlungen suchen zu müssen.
   Richtig ist auch, dass „Alexa" im Alltag hilfreich sein kann. Sie rechnet mal eben für uns, notiert Dinge und beantwortet schnell Wissensfragen. Manchmal muss man während einer Hausaufgabe kaum recherchieren – „Alexa" hilft bei fehlenden Vokabeln, Definitionen von Wörtern und erzählt etwas über Personen. Und klar: Es ist angenehmer, wenn uns jemand Wikipedia vorliest, als wenn wir es selber lesen sollen. Kurzum: ich kann durchaus verstehen, dass ihr „Alexa" nutzen wollt.
   Dennoch gibt es auch Gefahren, auf die ich euch hinweisen möchte: Zunächst einmal muss jedem klar sein, dass „Alexa" keine echte Person ist. Das klingt selbstverständlich, ist es aber nicht, wenn man sie, was Vertrauen angeht, wie eine Freundin behandelt

und ihr ganz selbstverständlich alle Infos über einen selber überlässt. Eine Freundin ist eine Person, Alexa ist aber nur ein Medium, das Daten für andere sammelt, indem sie uns gegenüber nett klingt.
Oft habe ich auch schon davon gelesen, dass „Alexa" anspringt, wenn im Fernsehen bestimmte Codewörter genannt werden. Wenn ihr bei den Einstellungen nicht aufpasst, kann also irgendjemand im Fernsehen oder jemand, der bei euch zu Besuch ist, über eure „Alexa" Sachen bestellen, die direkt im Internet eingekauft werden. Auf eure Rechnung natürlich.
Immer wieder steht auch zur Diskussion, ob „Alexa" mithört, was ihr sagt. Es ist umstritten, in welchem Umfang sie das tut, aber auf jeden Fall zeichnet sie auf, was sie sagt, wenn sie aktiviert ist. Da muss man sehr vorsichtig sein, weil man eben nicht weiß, wo diese Daten gespeichert werden und was damit passiert.
Ihr seht, nur Spaß bringt „Alexa" nicht. Wenn ihr euch dazu entschließt, eine anzuschaffen, solltet ihr euch dieser Gefahren auf jeden Fall bewusst sein. Am besten wäre, ihr schaut euch sofort, wenn ihr so ein Gerät kauft, die Einstellungen genau an und ändert sie entsprechend eurer Sicherheitsvorstellungen. Zudem wäre wirklich gut, „Alexa" auch zu deaktivieren, wenn man sie gerade nicht benutzt. Dazu gibt es einen Schalter am Gerät, man kann aber auch auf Nummer sicher gehen und ihr im wahrsten Sinne des Wortes „den Stecker ziehen".
Ich danke euch dafür, dass ihr mir zugehört habt, und ich hoffe, ich konnte euch wertvolle Hinweise geben, so dass ihr in Zukunft vorsichtiger mit euren Geräten umgeht.

C 4 Prüfungsbeispiel: Austauschjahr

Basisteil

Seite 94
Aufgabe 1
Der Text „Discover you" beschreibt die Vorteile eines Auslandsjahres. Dargestellt werden Aspekte wie das Kennenlernen einer neuen Kultur, die eigene persönliche sowie charakterliche Entwicklung, Ausbildung und das Gewinnen eines zweiten Zuhauses an einem anderen Ort der Welt.

Aufgabe 2
Urlaub = mehrwöchiger Aufenthalt an einem anderen Urlaubsort; High-School-Austausch ist wesentlich länger – ein halbes oder ganzes Jahr. Man wohnt nicht im Hotel, sondern bei einer Familie im fremden Land. Geht dort zur Schule, lernt Land und Leute im täglichen Leben kennen und erlebt Dinge, die man als Urlauber nicht erleben würde.

Seite 95
Aufgabe 3
Persönlichkeit entwickelt sich, Selbstvertrauen stärken, Sprache lernen, Kultur kennenlernen, Freundschaften schließen

Aufgabe 4
Ein Austauschjahr berührt viele verschiedene Aspekte, etwa den finanziellen. Ein Austauschjahr kostet eine Menge Geld, das muss aufgebracht werden. Dann verlässt man sein Zuhause und weiß nicht so richtig, was einen tatsächlich erwartet, welche Herausforderungen auf einen zukommen (Sprachbarrieren und kulturelle Unterschiede (Z. 15)). Diese muss man meistern. Allerdings entwickelt man dadurch seine eigene Persönlichkeit weiter (Z. 8/9) und kehrt mit vielen Erfahrungen zurück, die auf dem weiteren Lebensweg von Vorteil sein werden. Durch den Schulbesuch lernt man Gleichaltrige in einem anderen Land kennen und schließt neue Freundschaften. Durch das Leben in einer Gastfamilie gewinnt man eine Familie dazu – in einem anderen Teil der Welt.

Seite 96
Aufgabe 5

Finnische Schule	Deutsche Schule
– 5 Perioden im Schuljahr	– 2 Halbjahre im Schuljahr
– 5–8 verschiedene Kurse pro Periode	– verschiedene Fächer das ganze Halbjahr
– Stundenpläne macht jeder selbst	– Stundenplan wird vorgegeben
– Unterrichtsstunde: 75 Min.	– Unterrichtsstunde: 45 Min.
– Klassenzusammensetzung wechselt jede Stunde	– Klassenzusammensetzung bleibt
– Klassengeist hat großen Stellenwert	– Klassengeist ist weniger ausgeprägt
– Teamwork ist wichtig	– Teamwork ist in D weniger wichtig

Aufgabe 6
Roosa nennt:
- wenig Kontakt zu Mitschülern in den ersten Wochen
- Trennung in Jungen- und Mädchengruppe auf dem Schulhof
- Erlernen der Sprache (wenn man wenig Sprachkenntnisse hat wie sie)
- Kennenlernen vieler neue Dinge, die sie furchtbar müde gemacht haben
- Eingewöhnung in eine neue Familie mit deren Lebensarten
- Kennenlernen der neuen Kultur

Wahlteil A

Lösungshilfen zum Wahlteil A
Seite 101
1. und 2.
Vorteile:
- man lernt die Sprache des Landes
- die Kultur des Gastlandes wird kennengelernt
- man entwickelt Toleranz und Verständnis für andere Länder und deren Sitten
- man wird selbstständig
- man muss sich selbst organisieren können bzw. man lernt es dort

- man muss flexibler sein und sich öffnen für neue Dinge

Nachteile:
- man verpasst Dinge im Leben der eigenen Familie und der Freunde zuhause
- Entfernung zwischen Gastland und Heimat kann ein Problem sein
- Heimweh kann auftreten
- Probleme mit der Gastfamilie, man passt vielleicht nicht zusammen
- finanziell kann die Gastfamilie anders aufgestellt sein, als man es von zuhause gewöhnt ist
- Weltbild der Gastfamilie kann zu dem gewohnten von zuhause differieren
- Probleme müssen selbstständig gelöst werden, ohne Hilfe der eigenen Eltern

3. Aufgaben der Gastfamilien:
   - Unterstützung des Austauschschülers (Unterkunft, essen, Freizeit, ...)
   - geben die Möglichkeit, den Alltag mit einer einheimischen Familie zu erleben
   - bringt Austauschschüler mit neuer Kultur in Kontakt
   - geben ein Zuhause

4. Möglicher Schreibplan zum Wahlteil A:

Schreibplan

Einleitung:

a. Anlass für deinen Brief: Klassenkameradin geht für ein Jahr ins Ausland; nach vielen Gesprächen und Recherchen möchtest du auch so ein Austauschjahr erleben

Hauptteil:

b. Grundidee: der kulturelle Austausch; länger im Ausland leben, zur Schule gehen und in einer einheimischen Familie wohnen
c. Vorteile: s. Aufg. 2
mögliche Nachteile: individuelle Schülerantworten aus Aufg. 2

d. Gastelternproblematik: Gasteltern sollen zweites Zuhause geben und Austauschschüler in kulturelle Gegebenheiten des Gastlandes einführen; Unterstützung in allen möglichen Situationen bieten; ggf. Reisen im Gastland unternehmen; Gasteltern werden sorgfältig ausgesucht; sollte es einmal nicht passen, kann man die Gasteltern wechseln; Probleme mit der Gastfamilie muss man ohne die eigenen Eltern meistern

Schluss:

e) Appell: – Eltern bitten, den Austausch zu unterstützen und es zu ermöglichen
– Großeltern unterstützen finanziell, weil sie davon überzeugt sind

Meine Vorsätze für ein erfolgreiches Auslandsjahr: offen sein für alles Neue; Einlassen auf die kulturellen Unterschiede; ggf. Verzicht auf Komfort; Einlassen auf die Sprache; ...

5. **Möglicher Schülertext zum Wahlteil A:**

Liebe Mama, lieber Papa,
wie ihr wisst, beschäftige ich mich seit einiger Zeit mit dem Thema „Austauschjahr“, da meine Klassenkameradin Susanne im Sommer für ein Jahr nach Großbritannien geht. Oft habe ich mit euch darüber gesprochen. Mittlerweile habe ich viel gelesen, im Internet recherchiert und mit verschiedenen Austauschorganisationen Kontakt gehabt. Ich bin nun zu dem Schluss gekommen, dass es für mich und meine Persönlichkeit sowie mein späteres Berufsleben von Vorteil ist, solch ein Auslandsjahr zu absolvieren. Ich weiß, ihr seid davon nicht begeistert. Deshalb möchte ich euch mithilfe dieses Briefes Vor- und Nachteile sowie meine Überlegungen darstellen, wie ich dieses Jahr zu einem erfolgreichen Jahr für mich machen kann.

Warum überhaupt ein Jahr ins Ausland gehen? Die Grundidee besteht darin, für einen längeren Zeitraum in einem anderen Land zu leben, dort zur Schule zu gehen und Land und Leute kennen zu lernen. Damit das gelingt, wird man bei einer Gastfamilie untergebracht. Damit erhält man die Chance auf eine zweite Familie und ein zweites Zuhause in einem anderen Teil der Welt. Und das finde ich toll.

Nun gehe ich auf Nachteile ein, die ihr in unseren Gesprächen angeführt habt: Zunächst sind da die Sprachbarriere und die Probleme, die damit verbunden sind oder sein können. Mir wird etwas erklärt und ich verstehe es nicht oder falsch und mache daraufhin etwas verkehrt. Da ist Ärger vorprogrammiert! Ja natürlich, je nach Land kann ich die Sprache entweder gar nicht sprechen oder nur ganz wenig! Aber das wissen doch die Gasteltern und sie sind darauf vorbereitet. Außerdem gibt es Unterstützung durch Betreuer vor Ort, die auf jeden Fall in der Lage sind, mit mir zu sprechen. Und im Zeitalter von Online-Übersetzungsdienste kann ich auch einige Probleme mit der Sprache verringern. Zudem sprechen ziemlich viele Menschen Englisch und da bin ich doch ganz fit. Dann sind da kulturelle Unterschiede wie z. B. Kleidungsgewohnheiten. Wir sind hier relativ locker im Umgang mit bestimmter Kleidung. Das ist im Ausland anders – Stichwort: Schuluniform. Ihr meintet, darauf könnte ich mich mit meiner Vorliebe für lockere und legere Kleidung nicht einlassen. Aber es gehört in einem Auslandsjahr dazu, sich dem zu stellen. Und das würde ich auch tun.

Des Weiteren meinte Mama, so ein Jahr koste eine Menge Geld. Das ist richtig! Und das Geld wäre verloren, wenn ich z. B. vor Heimweh früher wieder zurückkäme. Opa und Oma haben gesagt, sie unterstützen meinen Wunsch finanziell. Sie sind bereit, einen Teil der Kosten zu tragen. Zudem braucht ihr nicht für Kost und Unterkunft aufkommen, das tun die Gasteltern. Ich brauche Taschengeld und Geld z. B. für Hygieneartikel etc. – und da bin ich immer sehr sparsam.

Bitte stellt euch doch mal vor, was solch ein Jahr für mich alles an Vorteilen bringt! Ich lerne, selbstständig zu sein, denn es gibt sicherlich Situationen, in denen ich Dinge regeln muss – und das ohne euch! Wenn ich z. B. in der Schule an sportlichen Aktivitäten teilnehmen möchte oder im außerschulischen Bereich einem Hobby nachgehen möchte. Da muss ich mich dann

kümmern. Ihr bemängelt doch immer, dass ich so wenig Eigeninitiative und Selbstständigkeit zeige! Offenheit gegenüber neuen Dingen, Erfahrungen, Einstellungen brauche ich und flexibel reagieren können, das lerne ich auch. Das ist nötig, damit ich viel mitnehme aus dem Austauschjahr. Das Wort Toleranz gegenüber anderen Sitten und Gebräuchen fällt mir dabei ein. Gerade in der heutigen Zeit ist Toleranz unabdingbar. Wir leben mit so vielen verschiedenen Menschen aus verschiedenen Ländern zusammen – da hilft es schon, wenn man gegenüber anderen Denkweisen tolerant ist oder weiß, warum diese so sind.
All diese Dinge sind für mein späteres Leben nützlich. Was für eine Chance!
Nun noch zu den Gastfamilien: Ich weiß, dass euch das besonders beschäftigt! Und ja, in der Vergangenheit hat es durchaus Probleme mit Gastfamilien gegeben. Sei es, dass sie nur an Geld interessiert waren (es gibt Länder, da werden die Gastfamilien bezahlt) oder sie bieten nur Kost und Unterkunft an, ohne die Gastkinder wirklich mit in das tägliche Leben einzubeziehen. Und manchmal mag auch die Chemie zwischen der Gastfamilie und dem Austauschschüler nicht passen. Aber dafür gibt es ja die Betreuung vor Ort. Diese Betreuer helfen bei allen Problemen, die in oder mit der Gastfamilie auftreten, und wenn es gar nicht geht, dann suchen sie eine neue Gastfamilie. Abgesehen davon werden die Gastfamilien heutzutage sehr sorgfältig ausgesucht.
Mama, Papa, ich bitte euch von ganzem Herzen, meinen Wunsch, solch ein Austauschjahr zu erleben, zu unterstützen! Es hat so viele Vorteile für mich. Ich werde sicherlich neue Seiten und Fähigkeiten an mir entdecken und mich weiterentwickeln. Das kann doch nur in eurem Sinne sein!
Ich verspreche euch, dass ich die Zeit bis zur Abreise in das Austauschjahr sinnvoll nutze! Ich werde mich über das Land informieren, mir das Schulsystem anschauen und überlegen, wie der Schulalltag aussehen kann. Dazu gehört auch, dass ich mich auf neue Sachen einlassen muss. Das kann ich jetzt alles schon gedanklich üben oder in Gesprächen mit euch vorbereiten. Und ich werde ganz bestimmt nicht beim ersten kleinen Problem alles hinschmeißen. Das ist mein fester Vorsatz. Ich will, dass dieses Jahr auch ein erfolgreiches wird und ihr stolz auf mich sein könnt.

Wahlteil B

Lösungshilfen zum Wahlteil B
Seite 102

1. Genannte Nachteile sind z. B. Missbrauch, keine Gastfreundschaft, schlechte Betreuung, Sorgen um Sicherheit, Krankheiten werden zum Hindernis, bei vorzeitigem Abbruch ist Geld weg

2. Jeannette Asmus beschreibt zunächst den Rückflug: Dort realisiert sie die endgültige Abreise aus Amerika und das Verlassen ihrer Gastfamilie, zu der sie ein sehr enges Verhältnis entwickelt hat. Es ist für sie wie das Austauschjahr: „(...) hat Höhen und Tiefen. Das das hier war beides."
Daheim bekommt sie Probleme mit ihrer eigenen Familie. Während sie ständig von ihren Erfahrungen und Erlebnissen berichten möchte, zeigt ihre Familie nach kurzer Zeit nicht mehr viel Interesse daran. Jeannette ist sehr enttäuscht darüber, bemüht sich aber um Kenntnisnahme der Veränderungen zuhause.
Für Jeannette ist die Gastfamilie in den USA eine Familie geworden, sie hat sich im Laufe des Jahres dort ein neues Leben aufgebaut und sie beschreibt, dass sie nie vollständig wieder in Deutschland angekommen ist. Ihr Herz ist noch immer mit einem Teil dort.

3. Möglicher Schreibplan zum Wahlteil B:

Schreibplan

<u>Einleitung:</u>
a. Anlass: Beitrag für den Schülerblog der Schule; eigenes Interesse an einem „Schüleraustausch/Auslandsjahr"; Recherche im Internet und Gespräche mit Austauschschülern

<u>Hauptteil:</u>
b. Vorteile eines Auslandsjahres: Sprache des Landes lernen; Leben in einer neuen Familie; Kultur eines anderen Landes kennen lernen; neue Sportarten ausprobieren
c. Nachteile eines Auslandsjahres: Gastkinder werden nicht gut betreut vor Ort von den Anbietern; Gastfamilien nehmen nur Austauschschüler auf, um Geld zu verdienen, nicht um Gastfreundschaft anzubieten; Benimmregeln machen es möglich, Schüler bei Verstößen sofort nach Hause zu schicken; Krankheiten wie Asthma oder Allergien, Depressionen, Essstörungen oder Verhaltensauffälligkeiten erschweren Auslandsjahr; Missbrauchsfälle werden bekannt; Anbieter sind sehr kommerziell orientiert; manche Organisationen erwarten bestimmte Notendurchschnitte, ...
d. Darstellung der Heimkehrproblematik: Rückkehr in die eigene Familie problematisch; viele Erlebnisse, die die Familie zuhause nicht teilt und ggf. auch nicht verstehen kann; Veränderungen in der Heimat während des Auslandsaufenthaltes; Sehnsucht nach der Gastfamilie; ...

<u>Schluss:</u>
e. persönliche Stellungnahme: individuelle Schülerlösung
f. Appell: rechtzeitige Auseinandersetzung mit dem Thema Austauschjahr; Bedenken von Vor- und Nachteilen; Probleme beachten und etwaige Lösungen dazu durchdenken; eigene Befindlichkeit zu bestimmten Dingen überdenken

4. Möglicher Schülertext:
Liebe Mitschülerinnen und Mitschüler,
seit einiger Zeit beschäftige ich mich mit dem Thema „Austauschjahr", da ich weiß, dass sich viele von euch dafür interessieren. Ich habe im Internet darüber recherchiert und junge Leute interviewt, die solch ein Jahr absolviert haben. Nun möchte ich meine Gedanken und Ergebnisse mit euch teilen. Die Grundidee

solch eines Jahres besteht darin, für einen längeren Zeitraum in einem anderen Land zu leben, dort zur Schule zu gehen und Land und Leute kennen zu lernen, einzutauchen in eine neue Kultur und natürlich eine neue Sprache zu erlernen. Damit das gelingt, wird man bei einer Gastfamilie untergebracht. Diese soll zu einer zweiten Familie werden und ein zweites Zuhause bieten in einem anderen Teil der Welt.
Zunächst stelle ich euch einige Vorteile vor, danach einige Nachteile bzw. mögliche Probleme. Bei meinen Nachforschungen habe ich nämlich festgestellt, dass viele Schülerinnen und Schüler sich vor dem Austausch nicht genügend mit eventuell auftretenden Problemen beschäftigt haben.
Ein Argument für ein Auslandsjahr ist das Erlernen der Sprache des Landes. Nirgendwo kann man eine Sprache besser lernen als in dem Land, wo sie gesprochen wird. Ich habe in einem Artikel des Hamburger Abendblattes von einem Jungen gelesen, der in die Türkei gegangen ist – und er sprach kein Türkisch. Aber er freute sich schon darauf, nach seiner Rückkehr einen Döner auf Türkisch zu bestellen.
Ein weiteres Argument ist das Leben in einer neuen Familie mit anderer Kultur, Werten und Vorstellungen vom Leben. Das erfordert viel Mut und Offenheit gegenüber neuen Dingen. Man muss sich darauf einlassen können, auf Dinge, die man vorher noch nicht kannte. Aber daran wächst man und macht Erfahrungen, die einem zuhause nicht geboten werden. Das fördert die Selbstständigkeit und das Selbstbewusstsein.
Durch den Schulbesuch im anderen Land lernt man andere junge Menschen kennen, gewinnt Freunde fürs Leben und wird sensibilisiert für kulturelle Unterschiede und Gepflogenheiten – im Schulleben wie auch im Familienleben. Man tauscht Ideen aus, entwickelt neue Perspektiven.
Ich habe aber auch negative Dinge gelesen und gehört. So gibt es Familien, die die Gastkinder wohl aufnehmen, Kost und Unterkunft bieten, aber keine Gastfreundschaft zeigen. Es kann sein, dass es einfach nicht passt - die sogenannte Chemie nicht stimmt, dann sollte man den Mut haben und z.B. um eine neue Familie bitten. Vor lauter Aufregung und Spannung auf das Abenteuer Austauschjahr vergessen viele, sich darüber Gedanken zu machen. Was wäre, wenn ...
Ein weiteres Problem sind mangelnde Sprachkenntnisse. Man kann nicht davon ausgehen, dass alle Menschen neben ihrer Muttersprache auch Englisch sprechen. Die Sprachbarriere kann also zu Problemen führen. Die Gasteltern erklären etwas, das Gastkind versteht es kaum oder gar nicht, traut sich vielleicht nicht nachzufragen und schon entstehen Schwierigkeiten, weil falsch gehandelt wird. Das unterschätzen viele. Denn auch die Betreuer der Organisationen sind nicht unbedingt sofort zur Stelle. Ich habe mit einigen ehemaligen Austauschschülern gesprochen, die aufgrund mangelnder Sprachkenntnisse und nicht verfügbarer Betreuung große Probleme hatten.
Auch wird häufig nicht bedacht, dass von den Austauschschülern ein bestimmtes Verhalten im anderen Land erwartet wird. Oder hat sich darüber schon einer von euch Gedanken gemacht? Das Leben ist ein anderes, nicht wie zuhause! Man muss sich auf andere Verhaltensregeln einlassen, Rücksicht und Toleranz üben. Es muss einem klar sein, dass es z.B. einen anderen Tagesablauf in der Gastfamilie gibt oder Discothekenbesuche oder Partys am Samstagabend nicht stattfinden. Organisationen haben aufgrund von schlechten Erfahrungen Benimmregeln aufgestellt, die es möglich machen, Schülerinnen und Schüler bei Verstößen sofort nach Hause zu schicken!
Selbst Krankheiten wie Asthma oder Allergien, Depressionen, Essstörungen oder Verhaltensauffälligkeiten können ein Auslandsjahr erschweren. Das fand ich sehr erstaunlich, denn darüber hatte ich mir vorher keine Gedanken macht.
Ihr seht, das sind einige von vielen Aspekten, die man bedenken muss ... und es vielleicht gar nicht tut, weil das ganze Thema ansonsten so spannend und aufregend ist.
Zum Schluss möchte ich noch auf etwas anderes eingehen, nämlich auf die Rückkehr aus solch einem Jahr. Ich fand ein interessantes Buch über ein Austauschjahr. Die Austauschschülerin berichtet darin von ihrem Jahr und von der Rückkehr. Sie hat in ihrem Austauschjahr eine Gastfamilie getroffen, die sie in ihre Familie aufgenommen hat – mit allem, was dazu gehört. Auf dem Rückflug erlebte sie dann, wie sehr ihr „(...) diese Menschen ans Herz gewachsen waren", denn sie weinte wegen Abschiedskummer viel während des Rückflugs. Daheim musste sie feststellen, dass für ihre eigene Familie innerhalb kürzester Zeit nach ihrer Rückkehr der normale Alltag weiterging und von ihr erwartet wurde, dass sie sich darin einfand („... meine Familie (erwartete) zunehmend von mir, dass ich erkennen würde, dass mein Austauschjahr nun vorbei war."). Darüber hatte sie zu Beginn des Jahres nicht nachgedacht!
Meiner Ansicht nach ist so ein Austauschjahr eine tolle Sache. Solltet ihr so etwas wirklich machen wollen, setzt euch rechtzeitig mit dem Thema auseinander! Bedenkt Vor- und Nachteile – das kann euch helfen, Probleme zu vermeiden oder in Situationen zu kommen, die euch überfordern und eventuell sogar zu einem Abbruch des Jahres führen. Gerade an negative Erlebnisse denkt man in der Aufregung vor solch einem Austausch nicht. Überdenkt eure eigenen Befindlichkeiten zu bestimmten Dingen und seid bereit, euch auf Neues einzulassen. Wenn ihr aus eurer Wohlfühlzone herauskommt und zu Beginn viele Situationen durchspielt, gewinnt ihr ein tolles Jahr mit tollen Erfahrungen und neuen Menschen in eurem Leben.

D Angebotstexte zum selbstständigen Üben

D 1 Hörverstehen: Aufräum-Trend

Seite 104

Aufgabe 1

Der Text beschreibt, wie die gebürtige Japanerin Marie Kondo dazu gekommen ist, ein eigenes Ordnungssystem zu entwickeln. Schon seit frühester Kindheit ist Marie Kondo fasziniert davon, Ordnung zu halten und zu erproben, wie dies am besten gelingt. Folgerichtig entwickelt sie später ein eigenes Ordnungssystem, die KonMari-Methode. Durch ihr Buch „Magic Cleaning" und eine Netflix-Serie ist ihre Methode weltbekannt und hilft vielen Menschen dabei, Ordnung in die eigenen vier Wände zu bringen. Der Text setzt sich mit den Inhalten der Methode und mit ihrer Nachhaltigkeit auseinander.

Seite 105
Aufgabe **2**
Bereits in ihrer Kindheit war Marie Kondo fasziniert davon, Ordnung zu schaffen und zu erhalten. Später testete sie verschiedene Ordnungssysteme auf ihre Funktionalität und arbeitete als Aufräumberaterin. In ihrem Buch „Magic Cleaning" stellte sie schließlich ihr eigenes Ordnungssystem vor, das in ihren Augen am besten funktioniert, um nachhaltig Ordnung zu schaffen.

Aufgabe **3**

	Trifft zu	Trifft nicht zu
In ihrer Kindheit fand Marie Kondo Aufräumen fürchterlich.		X
Während ihres Studiums arbeitete Marie Kondo als Kellnerin.		X
Marie Kondo ist der Meinung, alles, was wir besitzen, sollte entweder nützlich sein oder uns glücklich machen.	X	
Viele Menschen sind durch die Konsumvielfalt heutzutage überfordert.	X	
Das Buch „Magic Cleaning" ist ein weltweiter Bestseller.	X	
Alle Menschen können mit der KonMari-Methode etwas anfangen.		X

Aufgabe **4**
Pro: Das System macht deshalb glücklich, weil eine ordentliche Wohnung die meisten Menschen glücklich macht und einige Menschen es vielleicht ohne die Struktur von Marie Kondo nicht geschafft hätten.

Kontra: Jeder lernt von klein auf, wie man Ordnung hält, und entwickelt sein eigenes System. Ich kann mir vorstellen, dass das System von einer fremden Person eher verwirrt und diese Verwirrtheit letztlich die eigene Ordnung und das eigene Glück stört.

Aufgabe **5**
Mir persönlich würde die KonMari-Methode nicht weiterhelfen. Bis jetzt habe ich nur mein Zimmer, in dem ich aufräumen muss. Einmal im Jahr sortieren meine Mutter und ich sowieso aus, was nicht mehr zu mir passt. Deshalb sind in meinem Zimmer nicht so viele Gegenstände, die nach einem bestimmten System geordnet werden müssten. Ich kann mir vorstellen, dass diese Methode erst dann funktioniert, wenn man wirklich viel besitzt und nicht gewohnt ist, auch mal Dinge wegzuwerfen.

D 2 Prüfungsbeispiel: Heimat verlieren – Heimat finden

Seite 107
Aufgabe **1**
In dem Text von Sylvie Nantcha geht es um Heimat und darum, was sich unterschiedliche Menschen darunter vorstellen. Außerdem schildert die Autorin ihre persönlichen Erfahrungen, die sie und ihre Familie gemacht haben, nachdem sie die alte Heimat aufgegeben und eine neue Heimat gesucht und gefunden haben.

Aufgabe **2**
Johann Gottfried von Herder:
„Heimat ist da, wo man sich nicht erklären muss."
Robert Lee Frost:
„Heimat ist der Ort, wo sie einen hereinlassen müssen, wenn man wiederkommt."
Andrej Sinjawski:
„Heimat ist kein geographischer Begriff. Man trägt sie in sich selbst."
Karl Jaspers:
„Heimat ist da, wo ich verstehe und wo ich verstanden werde."
Sophie Scholl:
Sie verbindet Heimat mit Umwelt und Natur.
Sylvie Nantcha (Autorin des Textes):
„Heimat ist ein Ort, an dem Nachbarschaft, Ehrenamt und Gemeinschaft praktiziert werden und den man selbst mitgestalten kann."

Seite 108
Aufgabe **3**
Die Künstlerin Chiharu Shiota spinnt mit Wollfäden Dinge ein, die nicht vergessen werden sollen. Im Kunstobjekt „Over the continents" wurden gebrauchte Schuhe eingesponnen, in die Menschen kleine Zettel hineingelegt hatten. Besucher der Ausstellung konnten dann lesen, was Menschen mit diesen Schuhen erlebt und dabei gefühlt haben.

Aufgabe **4**
Für sie ist Heimat nicht ein Land oder eine Stadt, sondern der Ort, wo das Herz ist.

Seite 109
Möglicher Schülertext zum Wahlteil A:
Zurzeit besuchen viele Kinder aus geflüchteten Familien unsere Schule. Viele haben ihre Heimat verloren und können auch nicht wieder zurückkehren. Die Redaktion unserer Schülerzeitung hat sich daher mit der Frage beschäftigt, was es überhaupt bedeutet, auf der Flucht zu sein. In diesem Zusammenhang stellten wir uns auch die Frage, was Heimat eigentlich ist, und ich habe mich bereit

erklärt, darüber in unserer nächsten Ausgabe einen Artikel zu schreiben.
Bei meinen Recherchen zu diesem Thema bin ich im Internet auf das Lied „Heimat" von Johannes Oerding gestoßen, das sehr gut zum Thema passt. In dem Refrain des Liedes wird Heimat als etwas sehr Schönes dargestellt, etwas, das man immer mitnimmt und in sich trägt. Johannes Oerding selbst erklärt dazu, dass er sein Lied zuerst nach seiner Heimatstadt „Hamburg" benennen wollte, dann jedoch gemerkt hat, dass er sich in seiner alten Heimat am Niederrhein auch noch heimisch fühlt. Für ihn bedeutet nicht nur eine Stadt oder ein Land „Heimat", sondern vielmehr die Menschen, vor allem diejenigen, die an Geburtstage von Freunden denken, ohne dies bei Facebook gelesen zu haben.
Aber was ist Heimat für andere? Bei weiteren Recherchen habe ich festgestellt, dass eine einheitliche Definition des Begriffes nicht existiert. Für den deutschen Philosophen Karl Jaspers ist Heimat da, wo man versteht und verstanden wird. Für andere ist Heimat ein Ort, den man selbst mitgestalten kann, z. B. indem man sich dort politisch engagiert. Besonders gefallen hat mir die Erklärung eines deutschen Dichters, der sagt, dass Heimat da ist, wo man sich nicht erklären muss.
Die japanische Künstlerin Chiharu Shiota bringt ihre Gefühle zum Thema Heimat mithilfe von Kunstobjekten zum Ausdruck. Diese sind entstanden, weil sie sich in bestimmten Zeiten zwischen zwei Heimatländern hin- und hergerissen fühlte. Für sie ist Heimat da, wo das Herz ist. Für ihre Performance „Over the Continents" hat sie zum Beispiel Menschen gebeten, alte Schuhe zu bringen und kleine Zettel hineinzulegen, auf denen sie beschreiben, was sie mit den Schuhen erlebt haben. Alle Schuhe wurden dann mit Wollfäden verknüpft und befestigt. Auf diese Art und Weise sollte symbolisch das Festhalten von Erinnerungen dargestellt werden.
Schon seit längerer Zeit überlege ich, was Heimat eigentlich für mich bedeutet. Ganz spontan würde ich sagen, Heimat ist da, wo meine Familie und meine Freunde sind, also da, wo ich nicht alleine bin. Ich empfinde also ähnlich wie Johannes Oerding oder auch Karl Jaspers. Für mich ist Heimat nicht an einen Ort gebunden, sondern kann überall sein. Hauptsache, es gibt Menschen dort, die ich mag und die mich mögen und die mich verstehen, ohne dass ich mich verstellen muss.

Seite 111
Möglicher Schülertext zum Wahlteil B:

Ort, Datum

Lieber Ilias,
du wunderst dich sicher über diesen Brief von mir, aber das, was heute in der Schule vorgefallen ist, beschäftigt mich schon den ganzen Tag, sodass ich mich dazu entschlossen habe, dir zu schreiben.
Ich habe in der Schule beobachtet, dass du von älteren und vor allem auch von viel größeren Schülern zunächst umzingelt und dann gegen die Wand gedrückt wurdest. Vier gegen einen! Aber das reichte noch nicht. Du wurdest auch noch beschimpft mit „Drecksausländer!" und „Geh dorthin, wo du herkommst." Und zu guter Letzt drohten sie dir Schläge an. Ich wünschte, ich könnte sagen, dass ich dir zu Hilfe gekommen wäre. Aber leider kann ich das nicht. Ich war genauso feige wie alle anderen, die in der Eingangshalle standen und sich heimlich verdrückt haben, anstatt dir zu helfen. Ich habe dich im Stich gelassen und deswegen fühle ich mich schuldig und schlecht. Wie geht es dir jetzt damit? Hast du jemanden, mit dem du über den Vorfall sprechen kannst? Ich weiß eigentlich nicht viel über dich, nur dass du aus Syrien kommst und dass dein Zuhause einige Tage nach eurer Flucht zerstört worden ist. Ich sitze gerade am Schreibtisch und grübele über die Politikhausaufgabe nach. Was ist Heimat für mich? Was genau soll ich dazu schreiben? Lea hat heute in der Schule gesagt, dass für sie Heimat da sei, wo ihre Familie herkommt. Für Tim ist die Heimat dort, wo man die meiste Zeit seines Lebens verbringt. Und Hazal verknüpft Heimat mit dem Ort, an dem das Herz ist und sie sich zu Hause fühlen kann. Mir geht es gerade genauso wie dir heute in der Schule, als du sagtest, du wüsstest nicht, was Heimat für dich sei. Spontan würde ich zwar sagen, meine Heimat existiert und ist nicht wie deine zerbombt worden. Aber ganz genau weiß ich auch nicht, was für mich Heimat bedeutet.
Vielleicht Sicherheit? Damit meine ich, dass ich mich in meiner Familie sicher fühle. Wenn mir etwas passieren würde, wären meine Eltern da und würden mich unterstützen. Aber auch meine Freunde geben mir Sicherheit. Ich bin mir sicher, dass sie mich verstehen, mit mir lachen und mir helfen würden, wenn mich andere in der Schule bedrohen. Ja, jetzt weiß ich, wie ich meinen Aufsatz schreiben werde, so langsam wird mir vieles klar. Ein wichtiger Punkt fällt mir gerade noch ein. Ich werde auch schreiben, was Heimat auf jeden Fall nicht bedeutet: Nämlich, dass jemand in einer neuen Schule in einer neuen Stadt und oder in einem neuen Land beschimpft, beleidigt und bedroht wird. So, wie du es heute in der Schule erleben musstest. Es ist mir wichtig, dass du hier bei uns eine neue Heimat findest. Dabei möchte ich dich gerne unterstützten, falls du es überhaupt zulässt, nachdem ich dich im Stich gelassen habe. Vielleicht können wir gemeinsam etwas unternehmen? Ich habe gerade bei YouTube einen Film über eine japanische Künstlerin gesehen, die es schafft, mit ihren Kunstobjekten ihre Gefühle zu ihrer alten und neuen Heimat auszudrücken. Sie hat von vielen unterschiedlichen Menschen alte Schuhe gesammelt, in denen sich kleine handgeschriebene Zettel mit einzelnen Erlebnissen und Erinnerungen an diese Schuhe befinden. Super spannend!
Vielleicht interessiert dich das Thema auch und vielleicht hast du Lust, mehr darüber zu erfahren. Wir könnten auch zusammen im Internet recherchieren? Möchtest du zu mir kommen? Ich könnte dir dann sogar bei deinem Aufsatz helfen.
Liebe Grüße, Marla

D 3 Prüfungsbeispiel: Work-Life-Balance

Seite 112
Aufgabe **1**
Stress ist eine körperliche Reaktion auf zu viel Belastung. Work-Life-Balance ist der Versuch, Anspannung und Entspannung im Gleichgewicht zu halten, um gesund zu bleiben.

Seite 113
Aufgabe 2
a) Ob wir Stress als positiv oder negativ – und damit eher belastend – erleben, hängt entscheidend von der emotionalen und gedanklichen Bewertung von Stressreaktionen ab. (Z. 13–15)
b) Positiv: Fußballtraining
Negativ: Lernen für eine Klassenarbeit

Seite 114
Aufgabe 3
Zutreffende Aussagen:
- Jeder zehnte Jugendliche fühlt sich einsam.
- Ob der Jugendliche schwierige Phasen als Stress oder als Herausforderung wahrnimmt, hängt von ihm persönlich ab.
- Wenn sich jemand gestresst fühlt, zeigt er meistens mehrere Symptome.
- Schlaflosigkeit und Appetitlosigkeit können ein Zeichen von Stress sein.
- Der berühmte „Blackout" ist auch eine Stressreaktion.

Aufgabe 4

☺	☹
Herausforderung	Kopfschmerzen
Spaß	Blackout
Erfolg	Misserfolg
Entspanntheit	Wut

Seite 115
Aufgabe 5
Mit der Textstelle Z. 15 ist gemeint, dass Menschen selten mit dem zufrieden sind, was sie schon erreicht haben. Jeder meint, er müsse noch erfolgreicher, besser, schöner usw. sein. Darüber vergisst man das bereits Erreichte.

Möglicher Schülertext zum Wahlteil A
Liebe Mitschülerinnen und Mitschüler!
Wir alle sind gerade voll im Stress. Das ist ja auch völlig normal, schließlich stehen unsere Abschlussarbeiten an. Wir müssen in relativ kurzer Zeit viel leisten und manch einer von uns würde lieber andere Dinge tun, die mehr Spaß machen.
Ich weiß, dass viele von euch aufgeregt sind und nachts schlechter schlafen als sonst. Viele von uns haben auch Kopfschmerzen, viele sind blass und man merkt, dass es ihnen nicht gut geht. Gerade jetzt ist es wichtig, dass ihr darauf achtet, gesund zu bleiben.
Stellt euch mal vor, euer Kopf macht irgendwann total dicht und ihr könnt gar nicht mehr richtig denken. Das wäre nicht gut – vor allem nicht in der Abschlussarbeit. Außerdem lernen wir gerade erst, wie man richtig mit Stress umgeht. Wie wir es jetzt tun, so werden wir es vermutlich unser ganzes Leben lang machen. Also sollte man besser gleich eine Lösung finden. Schließlich ist es schöner, ohne Kopfschmerzen durch eine belastende Phase zu kommen.
Ich habe im Internet eine Grafik gefunden, die verschiedene Möglichkeiten aufzeigt, Stress abzubauen. Die für mich drei wichtigsten möchte ich euch an dieser Stelle vorstellen:
Zuerst einmal möchte ich die Ernährung nennen. Ich weiß, dass die Versuchung groß ist, Schokolade oder Döner zu essen, gerade wenn man gestresst ist. Wenn ihr euch gesund ernährt, hat euer Körper aber mehr Kraft zur Verfügung und macht nicht so schnell schlapp.
Dann solltet ihr unbedingt auch weiterhin Sport treiben. Manchmal bin ich zu müde und habe gar keine Lust mehr zum Fußballtraining. Ich merke aber, dass es mir guttut. Zum einen habe ich Spaß und komme auf andere Gedanken, zum anderen entspannt es meinen Körper und ich kann viel ruhiger schlafen.
Auch solltet ihr nicht vergessen, euch mit euren Freunden zu treffen. Wir sitzen alle gerade in einem Boot – und ihr wisst: Geteiltes Leid ist halbes Leid. Eure Freunde hören euch zu und sind für euch da. Sprecht mit ihnen, dann werden eure Sorgen weniger.
Ich wünsche allen von uns viel Erfolg bei den Abschlussarbeiten. Immerhin wollen wir ja im Anschluss richtig feiern. Also gebt euer Bestes – und das ist auch wirklich genug.

Seite 117
Möglicher Schülertext zum Wahlteil B
„Guten Tag, lieber kleiner Prinz. Ich habe gesehen, wie du die Züge und die Menschen in den Zügen beobachtet hast. Ich kann die Gedanken verstehen, die du dir machst. Gerne würde ich dir auch etwas erzählen.
Auf der Erde gibt es etwas, das heißt Stress. Es bedeutet, dass man so viele Dinge tun muss, die einem keinen Spaß machen, bis es einem schlecht geht. Das hört sich verrückt an, aber die meisten Menschen verhalten sich so. Das ist auch das, was du siehst, wenn du diese vielen Züge beobachtest.
Du erkennst Gestresste daran, dass sie ganz schnell ganz viele Dinge tun. Und manche davon machen nicht einmal Sinn. Oft sind diese Menschen blasser als andere. Das kommt davon, dass sie zu wenig schlafen und es ihnen nicht gut geht. Zudem greifen sie sich oft an den Kopf, denn eines der ersten Dinge, die passieren, ist, dass der Kopf bei Stress wehtut. Ich glaube, das ist so, weil man so viel nachdenken muss.
Du hast ja schon gesehen, dass sich die Kinder ein wenig anders verhalten. Sie sind noch nicht so gestresst, aber sie können es werden, wenn man nicht aufpasst. Die Eltern sollten ihren Kindern ein gutes Vorbild sein und ihnen zeigen, wie man mit Stress umgeht. Eltern sind sowieso ganz wichtig. Sie sollten auf ihre Kinder achten und ihnen zuhören. Und sie sollten natürlich auch Konsequenzen ziehen, wenn sie merken, dass ihr Kind gestresst ist. Vielleicht machen sie dann als Familie mehr schöne Dinge oder das Kind darf den Musikunterricht oder das Tennistraining auch einmal ausfallen lassen. Am besten wäre es, wenn die Eltern den Wochenplan gemeinsam mit den Kindern erstellen würden. Dann könnten die Kinder mitsprechen und zugleich lernen, wie man das vernünftig macht. Dann wären sie auch später als Erwachsene in der Lage, überlegt zu planen, und würden nicht so schnell in Stresssituationen geraten.
Du siehst, nicht alle Menschen müssen so schnell durch die Gegend rasen, wenn man nur achtsam ist."
„Dann kann man ja nur hoffen", antwortet mir der kleine Prinz, „dass viele Eltern aus den Zügen aussteigen, wenn sie Kinder bekommen."

E Original-Prüfungsaufgaben: Realschulabschluss Niedersachsen 2021

(Alle folgenden Lösungen sind nicht amtliche Lösungen.)

E 1 Hörverstehen

Seite 118
Aufgabe 1
Es geht in dem Radiobeitrag um Möglichkeiten und Grenzen virtueller Reisen und um den damit verbundenen Einsatz von VR-Brillen. Man schaut sich über ein Reiseziel einen Film mit 360°-Optik an, während man eine VR-Brille trägt. Ein Professor schildert in dem Beitrag, wie unterschiedlich die Eindrücke beim Reisen in einer computergenerierten Welt zu denen in der echten Welt sein können. Außerdem berichtet die Reporterin, welche konkreten Erfahrungen sie selbst mit dem Reisen in einer virtuellen Realität macht, an den Beispielen von Albanien und einer historischen Heilstätte in Beelitz/Brandenburg.

Aufgabe 2
Immersion bedeutet das vollständige Eintauchen in eine virtuelle Welt – hier in einen Film / eine Reise nach Albanien.

Aufgabe 3
Nicht genannt werden diese Begründungen:
- Man muss die VR-Brille mindestens zwei Tage ununterbrochen tragen, um einen Effekt zu erzielen.
- Eine virtuelle Reise kann man nur mithilfe einer professionellen Reiseleitung unternehmen.

Seite 119
Aufgabe 4
Profession Steinecke stellte bei seinem 24-Stunden-Experiment eine Bewusstseinsveränderung fest.
Er hatte das Gefühl, sich wirklich in der virtuellen Welt zu befinden.
Er begründete dies damit, dass er beim Erleben eines virtuellen Sonnenuntergangs am Strand trotz gleichbleibender Temperatur im Labor beim Verschwinden der Sonne ein Kältegefühl empfand – er bekam Gänsehaut.

Aufgabe 5
Vorteile von virtuellen Reisen sind:
- geringere Kosten
- geringerer CO2-Ausstoß / Klimaschutz
- innerhalb kurzer Zeit können viele Reisen erlebt werden
- die Möglichkeit, für die Auswahl von wirklichen Reisen einige Ziele vorab virtuell zu erleben
- historische Stätten können vor Schäden durch zu viele Touristen geschützt werden
- Orte, die für Touristen nicht zugänglich sind, können besucht werden
- Menschen, die z. B. aus körperlichen Gründen nicht mehr reisen können, haben die Möglichkeit, andere Orte/Gegenden zu erleben

E 2 Basisteil und Wahlteile: Virtuelle Realität

Seite 122
Aufgabe 1
Der Sachtext „Ist die virtuelle Realität die neue Wirklichkeit?" basiert auf verschiedenen Quellen aus dem Internet, die der Verfasser am 29. September 2020 aufgerufen hat. Der Name des Verfassers wird nicht genannt.
Der Text beschreibt die geschichtliche Entwicklung sowie die Bedeutung der VR-Technik in Bezug auf verschiedene Bereiche des Lebens.

Aufgabe 2
Unter „Virtueller Realität" (VR) versteht man eine durch den Computer generierte Wirklichkeit. Durch dreidimensionale Bilder, oft auch mit Tönen, wird für den Betrachter eine echt wirkende Welt simuliert, die aber nicht existiert. Der Betrachter kann sich meist interaktiv darin bewegen. Diese „künstliche" Wirklichkeit kann durch spezielle Technologien in Räumen oder auf Großbildleinwänden erzeugt werden. Auch sogenannte VR-Brillen lassen virtuelle Realitäten entstehen.

Seite 124
Aufgabe 3

Anwendungsbereich	Beispiel 1	Jahr	Beispiel 2	Jahr
Literatur	Theatertheorie von Antonin Artaud („Theater der Aktion")	1932	Stanley G. Weinbaum: „Pygmalions Brille"	1935
Interaktive Simulatoren v. Szenen aus der Wirklichkeit	Morton Heilig: Patent für „Sensorama" zur Vermittlung mehrerer Sinneseindrücke (3-D-Film über Motorradfahrt, gleichzeitig Ruckeln des Sitzes, künstl. Wind, Straßengeruch)	1962	interaktiver Film über die Stadt Aspen im amerik. Colorado (animiertes 3-D-Modell mit zusätzlichen Informationen in Bild, Ton und Text)	1979
Militär	erste VR-Brillen	1960	Entwicklung von Flugsimulatoren (z. B. SIMNET)	bis 1990er-Jahre

Unterhaltungsindustrie	In den USA erste Arcade-Spielautomaten in Spielhallen Videospiele auf Homecomputern	1970er-Jahre 1980er-Jahre	Fernsehserie „Star Trek – The Next Generation“ (Holodeck) Film „Matrix“	1987 1999

Aufgabe 4
Mögliche Beispiele für negative Auswirkungen:
- Nach längerer Nutzung von VR kann es problematisch werden, sich wieder in der Wirklichkeit zurechtzufinden.
- Es kann körperliche Reaktionen wie Schwindel oder Übelkeit geben.

Seite 125
Aufgabe 5
Platon beschreibt in seinem Gleichnis, dass die Höhlenbewohner durch das Licht des Feuers auf den Höhlenwänden nur die Abbilder von Menschen und anderen Dingen sehen, aber nicht die echten Menschen und Dinge. Für die Höhlenbewohner ist das Schattenspiel die Realität. „Virtuelle Realität“ schafft ähnliche Bilder wie die Schatten des Feuers bei Platon und damit eine Art Abbild der Wirklichkeit.

Seite 126
Aufgabe 6
Unterschiede zwischen der „virtuellen Realität“ bei Platon und der VR heute sind ...
- ... in Bezug auf die Höhlenbewohner:
  - Sie wissen nicht, dass es noch etwas anderes gibt außerhalb ihrer „Lebenswelt“, deshalb haben sie Angst, als sie von der anderen „Welt“ erfahren.
  - Sie kennen nichts anderes, sie haben eine eingeschränkte Wahrnehmung aufgrund fehlender Erfahrungen.
  - Sie halten die Schattenwelt für die Realität.
  - Sie wissen zu Beginn gar nicht, dass sie sich in einer Scheinwelt (VR) befinden.

- ... in Bezug auf VR heute:
  - Menschen begeben sich bewusst in eine virtuelle Welt.
  - Ein Mensch kann normalerweise zwischen der VR und der „echten“ Lebenswelt unterscheiden.
  - Um eine VR zu erzeugen, werden entsprechende Technologien und Geräte benötigt.

Aufgabe 7
Platon möchte mit seinem „Höhlengleichnis“ die Menschen anregen, über ihre Situation oder Realität nachzudenken. Sie werden aufgefordert, ihre eigene Wahrnehmung von Dingen oder Ansichten zu überdenken und in Frage zu stellen. Er möchte die Menschen dahin führen, sich für neue Erkenntnisse zu öffnen und den Mut zu entwickeln, sich Veränderungen zu stellen oder diese in Angriff zu nehmen. Dazu gehört auch, die Wahrheit zu erkennen und sich ihr zu stellen, auch wenn dies u. U. unbequem oder schmerzhaft ist bzw. sein kann.

Wahlteil A – informierend-appellierender Text (Blogeintrag)

Seite 129
Möglicher Schülertext
„Science-Fiction – die Brille für den Blick in die Zukunft“
Liebe Schülerinnen und Schüler,
bei der Suche nach einem weiteren interessanten SiFi-Buch für unseren Science-Fiction-Club stieß ich auf die Kurzgeschichte „Pygmalions Brille“ von Stanley G. Weinbaum. Ich möchte sie euch gerne genauer vorstellen, da ich sie vor dem Hintergrund der Diskussion um virtuelle Brillen und Science-Fiction-Literatur sehr spannend und interessant finde.
Wie schon erwähnt stammt die Kurzgeschichte „Pygmalions Brille“ von Stanley G. Weinbaum. Sie ist bereits 1935 erschienen und beschreibt die Reise des jungen Mannes Dan Burke in eine virtuelle Realität mithilfe einer Brille. Dan Burke verlässt alkoholisiert eine Party in New York, um im Central Park frische Luft zu schnappen. Dabei wird er von einem Mann begleitet, der sich als Professor Ludwig vorstellt.
Dieser Professor nimmt Dan mit in seine Wohnung, wo er ihn mithilfe einer bisher nie gesehenen Brille und einer besonderen Flüssigkeit auf eine ungefähr fünf Stunden dauernde Reise in eine andere Welt schickt. In dieser Scheinwelt trifft Dan auf ein Mädchen namens Galatea, verbringt die Zeit mit ihr und erlebt viele schöne Dinge. Schließlich verliebt er sich sogar in das Mädchen und möchte sie nicht mehr verlassen.
Nach ungefähr fünf Stunden lässt aber die Wirkung der Flüssigkeit nach und Dan findet sich in der echten Realität, im Zimmer von Professor Ludwig in New York, wieder. Er ist allein, fühlt sich krank und erschöpft. Während er die Wohnung des Professors enttäuscht verlässt, beklagt er bei sich, dass er auf einen Schein hereingefallen ist und sich in ein nicht existierendes Mädchen verliebt hat.
Vielleicht fragt ihr euch nun, warum Dan Burke überhaupt dem ihm unbekannten Professor gefolgt ist. Meiner Ansicht nach gibt es dafür mehrere Gründe.
Zunächst ist es sicherlich Neugierde. Die Beschreibung des Professors lockt Dan, der sich nicht vorstellen kann, dass solch eine Brille funktioniert und sich eine Situation wie die vom Professor beschriebene überhaupt ereignen kann.
Dann ist es sicherlich auch die Flucht vor der Realität. Dan ist allein im Park und alkoholisiert, es ist dunkel und unheimlich. Vielleicht fühlt er sich einsam und ist daher trotz eines kurzen Augenblicks des Bedauerns froh um die Gesellschaft. Zudem bewirkt der Alkoholeinfluss, dass Dan weniger Hemmungen hat, dem unbekannten Mann zu folgen und sich auf das Abenteuer einzulassen. Der Reiz des Neuen und Unbekannten ist sicherlich ein weiterer Grund.
Der Text stammt aus dem Jahr 1935. Damals gab es noch keine Computer. Interessant ist, wie sich Weinbaum das Eintauchen in eine virtuelle Welt vorstellte und was im Jahre 2021 davon Wirklichkeit geworden ist, welche Din-

ge noch nicht bzw. anders umgesetzt werden. Schauen wir uns zunächst die Gemeinsamkeiten an.
Sowohl heute als auch im Text taucht man in eine von einem Menschen erschaffene Welt ein. Der Professor schafft eine Welt, die Dan lauter angenehme und positive Dinge erleben lässt: Entspannung, Nahrung, menschliche Gesellschaft und das Gefühl von Liebe.
Dazu braucht Dan die spezielle Brille mit der Flüssigkeit. Schmecken, Fühlen, Riechen, also unsere Sinneseindrücke, sind möglich. Heutzutage ist das alles ebenso mithilfe einer VR-Brille erlebbar.
Und nun werfen wir einen Blick auf die Unterschiede. Weinbaum lässt das Mädchen lebensecht erscheinen, in der heutigen virtuellen Welt sind die Menschen/Figuren nur an die Realität angelehnt. D. h., sie handeln nur lebensnah und nicht „echt" wie in der Kurzgeschichte. Außerdem lässt Weinbaum den Professor alle Ereignisse und Dinge, die in der virtuellen Welt stattfinden sollen, in eine Flüssigkeit einbinden – ähnlich einer Fotografie. Nur dadurch kann die Brille funktionieren. Heute sind das Datensätze, die hinter den Bildern, die eine VR-Brille produziert, stehen. Der Mensch programmiert also die Ereignisse.
Ein weiterer Unterschied zwischen der Kurzgeschichte und der heutigen Zeit besteht darin, dass keine zusätzlichen Geräte benötigt werden. Im Text sind es nur die Flüssigkeit und die Brille, heute brauchen wir einen Datenhandschuh oder eine Maus oder einen Helm.
Womöglich stellt ihr euch nun die Frage: Was wäre, wenn es Pygmalions Brille tatsächlich gäbe? Würdet ihr sie nutzen oder nicht? Diese Frage habe ich mir auch gestellt und habe mir dazu die folgenden Gedanken gemacht.
Für eine Nutzung spricht, dass man besondere Erfahrungen machen kann, ohne die in der Realität ggf. negativen Konsequenzen fürchten zu müssen. Auch kann man Abenteuer erleben, z. B. einen Flug in den Weltraum oder einen Tauchgang in der Tiefsee, ohne dass man sich in Gefahr begibt. Für manche Menschen bietet die Nutzung der Brille auch die Möglichkeit, den Problemen ihres Lebens, also ihrer Realität, für eine Zeitlang zu entfliehen und so Ruhe und Frieden zu finden.
Dagegen spricht meiner Meinung nach die Gefahr, dass eine labile Person bei zu häufiger Nutzung den Bezug zur Wirklichkeit verliert und sich nur in der virtuellen Welt sieht. Auch kann eine Verdrängung von Problemen damit einhergehen. Schließlich ist in der VR alles schön und positiv. Die Probleme in der Wirklichkeit nimmt man dann nicht mehr wahr oder will sie nicht mehr wahrnehmen. Es kann sogar zu körperlichen Problemen wie Schwindel oder Übelkeit führen.
Ich persönlich würde solch eine Brille nicht nutzen, denn mir ist es wichtig, in der Realität zu leben und alles wirklich und lebensecht zu erfahren. Dazu gehört es, Konsequenzen für eine Handlung zu tragen oder Probleme zu lösen, wenn sie auftreten. Außerdem möchte ich Reisen oder Abenteuer mit allen Sinnen „erleben" und nicht nur als programmierten Datensatz in Bildform. Letztendlich müsstet ihr das aber für euch entscheiden.
„Science-Fiction – die Brille für den Blick in die Zukunft" so habe ich diesen Text genannt. Und dazu passt die Kurzgeschichte „Pygmalions Brille" hervorragend. Science-Fiction-Texte beschreiben im weitesten Sinne Welten in der Zukunft – entsprungen der Fantasie ihrer Autoren. Sie sind also eine Art Brille, um Situationen in der (fernen) Zukunft darzustellen.
In dem Text beschreibt Weinbaum die „Realität", die mithilfe einer Brille und einer speziellen Flüssigkeit entsteht. Damit schaut er ebenfalls ein Stück in die Zukunft und beschreibt ein Gerät, das im Jahr 2021 Wirklichkeit ist – die VR-Brille.
Ihr seht, Literatur kann sehr spannend sein! Wir beschäftigen uns in unserem Science-Fiction-Club mit genau solchen Texten und Ideen.
Vielleicht habe ich euch neugierig gemacht und ihr kommt zu uns in den Club, um weitere Zukunftsvisionen kennenzulernen und zu erfahren, wie Autoren sich die Welten der Zukunft vorgestellt haben und was davon heute schon existiert!

Wahlteil B – informierend-appellierender Text (E-Mail)

Seite 132
Möglicher Schülertext
Liebe Schulleitung,
als Mitglied des Clubs „Digitale Medien" bin ich an der Weiterentwicklung unserer Schule in Bezug auf die Digitalisierung interessiert. Bei meiner Recherche stieß ich auf die VR-Brillen und ihren schulischen Einsatz. Die Anschaffung der Brillen, zusammen mit der notwendigen Technik, wünsche ich mir für unsere Schule, weil wir damit unseren Unterricht weiterentwickeln können. Deshalb möchte ich Ihnen dazu gern einige Informationen geben.
Zunächst stelle ich Ihnen den Internetartikel „Virtuelle Realität – ‚Überwältigungstechnik' oder wertvoller Einsatz moderner Medien?" vor, der auf der Internetseite GEW online am 11.05.2018 veröffentlicht wurde und das Thema „VR-Technik im Unterricht" genau beschreibt.
Der Artikel benennt Möglichkeiten des Einsatzes bzw. der Nutzung von VR-Brillen im Unterricht, zeigt aber auch Grenzen bzw. Bedenken auf.
Ich möchte Ihnen zwei meiner Meinung nach wichtige Aspekte daraus vorstellen:
Zum einen können Unterrichtsinhalte mit dieser Technik besser veranschaulicht werden. Im Geschichtsunterricht kann z. B. der Alltag im Römischen Reich besucht oder im Biologieunterricht das menschliche Herz erkundet werden. Damit bekommen die Schülerinnen und Schüler ganz andere Eindrücke und Erkenntnisse und lassen sich zum Lernen besser motivieren als nur durch zweidimensionale Bilder und Buchtexte. Und zugleich lernen sie den bewussteren Umgang mit den digitalen Medien, da immer nur kurze Sequenzen im Unterricht eingebaut werden.
Des Weiteren unterstützt die VR-Technologie die Berufsorientierung, denn auch zu Ausbildungsberufen gibt es entsprechende virtuelle Angebote. Die Schülerinnen und Schüler können praxisnah einen Eindruck von verschiedenen Ausbildungen erhalten – wer dagegen nur auf ein Praktikum setzt, lernt jeweils nur einen Beruf kennen.
Nun zu den Grenzen:
Da sind zunächst die hohen Kosten für die Anschaffung und den Ausbau der digitalen Technik. Unsere Schule müsste einiges investieren, um die technischen Voraussetzungen zu schaffen.

Dann kommt hinzu, dass die Lehrkräfte nicht genügend fortgebildet sind für diese Technik und dass es Schülerinnen und Schüler gibt, deren Handys nicht VR-fähig sind. Diese wären von der Nutzung ausgeschlossen, denn VR-fähige Smartphones sind die Voraussetzung für den Einsatz von VR-Brillen (hier sind es sogenannte Cardboards, das sind VR-Brillen aus Pappe, die in das Smartphone gesteckt werden).
Um meinen Wunsch nach solch einer VR-Brille im Unterricht an unserer Schule weiter zu stützen, habe ich auch noch eine Statistik zum Thema gefunden.
Das Balkendiagramm „Was die Deutschen in der virtuellen Realität tun" wurde 2021 veröffentlicht, es stellt die Nutzung der virtuellen Realität in verschiedenen Lebensbereichen der Deutschen im Jahr 2021 dar.
Folgende Aussagen sind daran abzulesen:
Im Jahre 2017 haben von 1269 Befragten 13 % bereits eine VR-Brille ausprobiert, im Jahre 2021 waren es schon 17 %. Der Anstieg der Nutzung betrug also 4 Prozentpunkte.
Die häufigste Verwendung fand die VR-Brille bei den Videospielen, die geringste Nutzung in Wohnungs- und Häuserplanung. Betrachtet man die Statistik, stellt man fest, dass der vorrangige Einsatz von VR-Brillen im Freizeitbereich stattfindet (z. B. um Reiseziele zu erkunden, Filme anzuschauen, Sport zu machen usw.).
Die Statistik belegt, dass im Bildungsbereich die VR-Technik unterrepräsentiert ist und dabei könnte sie doch hier viel häufiger und auch sinnbringend zum Einsatz kommen! Zumal VR-Technik in anderen Bereichen des Lebens schon sehr viel mehr genutzt wird.
Liebes Schulleitungsteam, ich denke, es ist an der Zeit, unsere Schule – trotz aller Bedenken – mit VR-Technik auszustatten! Unser Unterricht muss moderner werden und die Schülerinnen und Schüler auf die digitale Welt vorbereiten. Gerade im Bereich der Berufsorientierung, die an unserer Schule eine wichtige Stellung innehat, lässt sich VR-Technik als Vorbereitung auf das Berufsleben hervorragend nutzen, denn durch die lebensnahe Vorstellung von Ausbildungsberufen und ihrem Arbeitsalltag können sich unsere Schülerinnen und Schüler besser vorstellen, wie das Arbeitsleben nach der Schulzeit aussehen kann und für welchen Beruf sie sich entscheiden sollen.

Ich bitte Sie darum, mein Anliegen zu überdenken, und hoffe, dass Sie dem zustimmen. Vielleicht können wir auch zu einem persönlichen Gespräch zusammenkommen.

Mit freundlichen Grüßen

Operatorenliste

Operator	Was ist zu tun?
nennen, beschreiben, wiedergeben, zusammenfassen, darstellen	Hier musst du einen Zusammenhang/ein Ergebnis/eine Problemstellung/den Inhalt eines Textes sachlich und geordnet in eigenen Worten sinnvoll formulieren. Dabei sind nur die wichtigsten Fakten zu nennen. Deine Meinung/dein Kommentar ist nicht gefragt.
erklären, erläutern	Hier müssen die Textaussagen/die Inhalte durch zusätzliche Informationen/Beispiele veranschaulicht und/oder durch andere Kenntnisse belegt werden.
vergleichen	Hier müssen vorgegebene Materialien unter besonderen Bedingungen verglichen werden, d. h., es müssen Gemeinsamkeiten, Unterschiede und Abweichungen ermittelt werden.
deuten	Hier musst du sprachliche Mittel/formale Mittel in literarischen Texten beschreiben, ihre Bedeutung verstehen und wiedergeben.
einordnen	Hier muss eine Aussage/ein Problem/ein Sachverhalt in einem vorgegebenen oder selbst gewählten Zusammenhang dargestellt werden.
untersuchen	Hier werden ein Text/ein Sachverhalt/verschiedene Materialien unter einer bestimmten Fragestellung bearbeitet (z. B.: Welche Absicht verfolgt eine Hauptperson mit ihrem Verhalten?).
überprüfen, prüfen	Hier soll mit dem vorhandenen Wissen zu einem Text festgestellt werden, ob Aussagen/Inhalte logisch und sinnvoll sind.
nachweisen	Hier sollst du bestimmte Merkmale oder Inhalte eines Textes (Sachtext oder literarischer Text) aufzeigen/beschreiben können.
gegenüberstellen	Hier sollst du vorgegebene Materialien nach bestimmten Gesichtspunkten untersuchen und Gemeinsamkeiten, Unterschiede sowie Ähnlichkeiten ermitteln.
bewerten, beurteilen	Hier sollst du mithilfe verschiedener Zusatzmaterialien (Diagramme, Karikaturen usw.) ein begründetes Urteil fällen/deine eigene Meinung untermauern.
erörtern	Hier sollst du zu einem bestehenden Problem aus verschiedenen Sichtweisen Stellung nehmen, d. h., positive und negative Argumente müssen gegeneinander abgewogen werden. Am Ende muss eine eigene Stellungnahme erfolgen.
interpretieren	Hier soll die Bedeutung/die Aussage eines literarischen Textes durch das Stellen von verschiedenen Fragen (W-Fragen) herausgearbeitet werden. Häufig ist dies die Grundlage für eine sinnvolle Weiterarbeit an diesem Text.
begründen	Hier sollst du eine eigene Einschätzung/Meinung sachlich und fachlich belegen.
kritisch Stellung nehmen	Hier sollst du nach einer eingehenden Auseinandersetzung mit einem Sachverhalt eine eigene Einschätzung des Problems verfassen. Dabei kann auch eine Argumentation entwickelt werden, die zu einem logischen Schluss führt.
auseinandersetzen mit	Hier sollst du dich mit verschiedenen Gesichtspunkten eines Sachverhalts/eines Textes/einer Problemstellung befassen und schriftlich zu einem eigenen Ergebnis gelangen.
verfassen	Hier soll ein eigener Text unter Berücksichtigung der geforderten Textmerkmale (Interpretation, Erörterung …) verfasst werden.

B 6 Arbeitstechnik: Einen informierenden Text in sechs Schritten erarbeiten

Auf den folgenden Seiten lernst du die wichtigsten Arbeitsschritte zur Erarbeitung einer Prüfungsvorlage mit informierendem Text kennen. Dieses Kapitel stellt eine Art Grundkurs dar. Es enthält Aufgabenstellungen, wie sie auch in der Prüfung vorkommen können.

Zielsetzung: Du sollst dich mit einem Sachtext und einer Tabelle zum Thema „Doping im Sport“ auseinandersetzen und am Ende einen informierenden Text verfassen.
Lies den vorliegenden Text. Du kannst wesentliche Aussagen markieren.

Material 1 Pillenkick – Schmerzmittelmissbrauch im Fußball

Zusammenbrüche auf dem Spielfeld, Blut spuckende Spieler, Nierentransplantationen, lebenslange gesundheitliche Folgen: Der Fußball hat ein erhebliches Problem mit Schmerzmitteln, aber nur wenige sprechen öffentlich darüber. Uns gegenüber haben sich rund 150 Fußballer, Trainer, Ärzte und Wissenschaftler über das Ausmaß des Schmerzmittelmissbrauchs im Profifußball geäußert. Wir zeigen, wie auch der Amateurfußball betroffen ist. In einer Umfrage mit mehr als 1.100 Spielern berichten Amateure, wie sie ihren Körper regelmäßig mit Schmerzpillen betäuben. Die #PILLENKICK-Recherche offenbart ein System, in dem Gesundheit nicht viel zählt.

Der Fußball-Weltverband Fifa begann 2002, zu Schmerzmitteln im Fußball zu forschen. Die Fifa-Experten konnten bald belegen, dass Schmerzmittel bei Weltmeisterschaften zum Alltag gehören. 2018 nahm in Russland jeder vierte Spieler schmerzstillende Medikamente vor jedem Spiel, dabei griff ein Spieler sogar zu drei verschiedenen Schmerzmitteln.
Auch die Erkenntnisse zu den U17-Weltmeisterschaften in den Jahren 2005 und 2007 schockierten: Knapp die Hälfte der Spieler nahm im Laufe des Turniers Schmerzmittel. Bei der deutschen Nationalmannschaft konsumierte während der WM 2006 vor dem Achtelfinale gegen Schweden immerhin fast ein Drittel der Spieler Schmerzmittel. Das zeigt eine CORRECTIV und der ARD-Dopingredaktion vorliegende Abschrift eines Dokumentes, das für jeden Spieler die eingenommenen Medikamente ausweist. Seitdem werden immer mehr Spiele und Wettbewerbe ausgetragen, stellen die Spieler vor zusätzliche Herausforderungen. Das Problem verschärft sich.
Es gibt Menschen aus dem Fußballbusiness, die die Verwendung von Schmerzmitteln reguliert sehen wollen. Jiri Dvorak, über zwei Jahrzehnte Medizin-Chef des Weltfußballverbandes Fifa, ist einer von ihnen. Er fordert heute uns gegenüber: „Schmerzmittel sollten verboten werden, wenn sie nicht medizinisch indiziert[1] sind“.
Anders als Dopingmittel sind Medikamente gegen Schmerzen und Entzündungen im Leistungssport in der Regel legal[2]. Was mancher Insider[3] für falsch hält. „Man kann mit Schmerzmitteln einfach eine bessere Leistung bringen“, sagt etwa der Kölner Dopingforscher Hans Geyer. Der Wissenschaftler fordert, Schmerzmittel als Dopingmittel einzustufen. „Schmerzmittel“, sagt Geyer, „sind stark gesundheitsschädigend.“ Laut der Definition der Welt-Anti-Doping-Agentur (WADA) muss eine Substanz in die Verbotsliste aufgenommen werden, wenn sie zwei von insgesamt drei Doping-Kriterien erfüllt – bei Schmerzmitteln

wäre dies durch die Leistungssteigerung und Gesundheitsschädigung gegeben. So sieht es Dopingforscher Geyer.

Unsere Recherche begann mit dem Ziel, Medikamentenmissbrauch im Fußball zu finden. Dafür schlossen sich CORRECTIV und die ARD-Dopingredaktion zusammen. Schon bald war klar: Neben Doping ist der Missbrauch von Schmerzmitteln ebenso ein Problem. Wahrscheinlich ist es sogar das größere. In einer Umfrage haben uns 1.142 Amateurfußballer von ihren Erfahrungen mit Schmerzmitteln und Doping berichtet. Über 100 Profifußballer haben wir zudem interviewt, die meisten aus der Bundesliga. Sie haben in den Neunziger- und Nullerjahren oder auch erst vor Kurzem ihre Karrieren beendet. Drei von ihnen stehen aktuell noch auf dem Platz. All diese Profis berichteten uns von ihren Erfahrungen. Einer von ihnen ist Jonas Hummels, der jüngere Bruder des Nationalspielers Mats Hummels.

Im Dezember 2015, neun Tage vor Weihnachten, kämpft Jonas Hummels mit starken Schmerzen. Seit Monaten plagt ihn sein Knie. Bevor er trainiert, nimmt er das Schmerzmittel Arcoxia. Als er lossprintet und dann plötzlich abstoppt, schreit er auf. Die Kniescheibe drückt auf den Nerv. Aufspringen und Landen nach einem Kopfball sind zu diesem Zeitpunkt schon gar nicht mehr möglich.

„Du konntest mir neun Mal sagen, du nimmst zu viel Schmerzmittel. Ich habe neun Mal weggehört", sagt Hummels heute. Die Folgen des Missbrauchs habe er damals ausgeblendet, erzählt er uns, als er sich weiter erinnert. [...]

Die Folgen, das können Muskelverletzungen sein, Schäden an Nieren und Leber und an Gelenken. Arthrose[4] im jungen Alter, aber auch ein höheres Risiko für Herzprobleme. Die Spieler setzen auf die kurzfristige Wirkung von Schmerzmitteln. Von möglichen langfristigen Folgen wissen sie manchmal gar nichts. [...]

Anders als Hummels möchten die meisten ehemaligen Profis nicht, dass ihre Leidensgeschichte bekannt wird. Sie wollen nicht einmal anonymisiert[5] zitiert werden. Eine Art „Harte-Jungs-Mentalität" zieht sich durch den Sport. Über Schwächen zu reden, das trauen sich auch nach der Karriere nur wenige. Ihre Geschichten zeigen, wie durch den Schmerzmittelmissbrauch seit Jahrzehnten Fußballer krank werden. Versteifte Füße, frühe Arthrose, lebensbedrohliches Vorhofflimmern, mit diesen körperlichen Schicksalen müssen sie nun leben. [...]

1 **indiziert:** medizinisch ratsam

2 **legal:** gesetzlich erlaubt

3 **der Insider:** der Kenner, der Eingeweihte

4 **die Arthrose:** die Erkrankung eines Gelenks wegen Abnutzung

5 **anonymisiert:** ohne Angabe des Namen oder persönlicher Daten

Quelle: CORREKTIV – Recherchen für die Gesellschaft gemeinnützige GmbH, Essen, Beitrag auf diesem Blog vom 10.1.2022; https://correctiv.org/top-stories/2020/06/08/pillenkick/ (aufgerufen am 28.01.2022)

Material 2 Tabelle – Soll Doping erlaubt sein?

Pro-Argumente für eine Freigabe	**Kontra-Argumente gegen eine Freigabe**
• Alkohol und Zigaretten sind auch erlaubt, deshalb können auch Dopingmittel erlaubt sein. • Jeder Mensch soll frei darüber entscheiden können. • Wenn die Einnahme von ärztlicher Seite begleitet wird, kann man ungewollten gesundheitlichen Schäden vorbeugen. • Keine Sportlerin und kein Sportler muss mehr lügen, das beendet die Verlogenheit im Leistungssport. • In anderen Bereichen werden ebenfalls leistungssteigernde Mittel eingenommen, z. B. Medikamente, um wach zu bleiben. • Das Verbot und die verbundenen Kontrollen haben den Missbrauch von Dopingmitteln nicht beendet.	• Dopingmittel sind ungesund. Die Nebenwirkungen sind schlecht berechenbar und gefährlich. • Es verzerrt den Wettbewerb, wenn einige Sportlerinnen und Sportler dopen und andere nicht. • Sportlerinnen und Sportler gelten oft als Vorbilder, das sollten sie auch beim Doping sein. • Wenn das Doping im Leistungssport erlaubt ist, wird sich das womöglich auch im Breiten- und Freizeitsport durchsetzen. • Bei Freigabe von Dopingmitteln gibt es keinen Anreiz mehr für andere Athleten, nicht zu dopen.

AUFGABENSTELLUNG

1 Fasse den Inhalt des Textes in nicht mehr als fünf Sätzen zusammen.

____

____

____

____

2 Welchen Personen sind folgende Textaussagen zuzuordnen?
Trage die entsprechenden Namen in die Tabelle ein.

Person	Aussage
	... sagt von sich: „Du konntest mir neun Mal sagen, du nimmst zu viel Schmerzmittel. Ich habe neun Mal weggehört."
	... fordert, Schmerzmittel als Dopingmittel einzustufen.
	... möchte die Verwendung von Schmerzmitteln reguliert sehen.

3 Erläutere drei Langzeitfolgen, die durch den Missbrauch von Schmerzmitteln im Sport entstehen könnten.

____

____

4 Erläutere, warum Schmerzmittel kein Doping sind, aber trotzdem als solches eingestuft werden könnten.

____

____

____

____

5 Verfasse einen informierenden Text zum Thema „Schmerzmittel im Sport“ für ein Referat.

Gehe dabei so vor:

a) Finde eine passende Überschrift für deinen Text.
b) Beschreibe mithilfe der Informationen des Textes eine kurze Einleitung zum Thema.
c) Stelle dar, warum Schmerzmittelgebrauch im Fußball ein Problem darstellt.
d) Erläutere, was Doping ist und warum Schmerzmittelgebrauch im Moment nicht als solches eingestuft wird.
e) Verfasse begründet deine eigene Meinung zum Thema: Bist du für oder gegen die Freigabe des Dopings im Sport?
f) Beende deinen Text mit einer Antwort darauf, ob du selber Schmerzmittel als Dopingmittel bezeichnen würdest oder nicht.

Erster Schritt: Sich orientieren

TIPP zum ersten Schritt

Stürze dich nicht gleich in die Arbeit, sondern verschaffe dir eine erste Übersicht:

- Was verraten dir die Überschriften?
- Um welches Thema geht es in Text und Tabelle?
- Was verlangen die Aufgabenstellungen von dir? Besonders Aufgabe **5** ist für dich wichtig, um zu verstehen, worauf du eigentlich hinarbeiten musst.

1 Notiere stichpunktartig, was dir zum Thema Schmerzmittel einfällt. Hast du selber schon Erfahrungen damit?

____

____

____

2 Lies die Aufgabenstellung zu Aufgabe **5** genau. Unterstreiche wichtige Arbeitsaufträge in der Aufgabenstellung. Gib dann in eigenen Worten wieder, was du tun sollst.

____

____

____

____

____

Zweiter Schritt: Texte und Materialien erschließen und Inhalte erfassen

TIPP zum zweiten Schritt

- Lies den Text mehrmals, benutze dabei einen Stift zum Markieren.
- Unterstreiche alle Wörter oder Textstellen, die dir unbekannt sind, und kläre sie mithilfe eines Wörterbuches oder aus dem Sinnzusammenhang.
- Schreibe deine Erklärungen an den Textrand oder auf ein gesondertes Blatt.
- Kennzeichne wichtige, auffällige oder unklare Textstellen mit Zeichen wie ? oder !.
- Markiere in der Tabelle Argumente, die dir besonders wichtig erscheinen.

3 Schau dir im Text auf Seite 39 die Unterstreichungen und Markierungen an. Bearbeite in ähnlicher Weise die folgenden Absätze.

4 Lies die Tabelle mit den Pro- und Kontraargumenten.
a) Markiere jedes Argument, dem du dich anschließt, mit einem Kreuz.
b) Markiere dann die beiden Argumente, die du am schlüssigsten findest, mit einem Ausrufezeichen.

Dritter Schritt: Inhalt des Textes zusammenfassen

TIPP zum dritten Schritt

Mithilfe dieser Vorarbeiten kannst du die Aufgabe **1** auf Seite 42 leicht lösen.

- In welche Sinnabschnitte kann man den Text einteilen?
- Wie lassen sich die einzelnen Aufgabenstellungen in jeweils einem Satz zusammenfassen?
- Welche Informationen aus den einzelnen Abschnitten kannst du miteinander verknüpfen?

5 Unterteile den Text in sinnvolle Abschnitte, damit er für die Weiterarbeit übersichtlicher wird. Formuliere für die einzelnen Abschnitte sinnvolle Überschriften.

a) Zeile 1–24: Die Verwendung von Schmerzmitteln gehört im Fußball zum Alltag.

b) …

6 Schreibe eine kurze Inhaltsangabe zum Text von Material 1 (siehe Aufgabe **1**).

TIPP zu 6

- Im ersten Satz deiner Inhaltsangabe stellst du den Text kurz vor: Titel, Autor/-in, Textsorte, Thema.
- Dann fasst du die Überschriften der Sinnabschnitte zu ganzen Sätzen zusammen. Achte genau auf die Aufgabenstellung.

Vierter Schritt: Materialien genau untersuchen und auswerten

TIPP zum vierten Schritt

Was im Text und in der Tabelle dargestellt wird, hast du durch die Bearbeitung der Aufgaben 4, 5 und 6 (Seite 43) bereits festgestellt. Nun musst du überprüfen, welche Informationen du für die Aufgaben 2, 3 und 4 c und für den informierenden Text (Aufgabe 5 S. 42) nutzen kannst.
Lies dazu noch einmal genau die einzelnen Aufgabenstellungen durch.

7 Erkläre aus dem Textzusammenhang und mithilfe deines eigenen Wissens, was Doping ist.

8 Lies dir die Tabelle genau durch. Entscheide dich für eine Seite – Pro oder Kontra. Begründe deine Entscheidung kurz.

Fünfter Schritt: Einen Schreibplan anlegen

TIPP zum fünften Schritt

Aufgabe **5** besteht darin, einen informierenden Text zusammenhängend zu schreiben. Stelle dazu Zusammenhänge zwischen den Informationen des Textes her und nutze die Erkenntnisse, die du beim Lösen der anderen Aufgaben gewonnen hast. Nutze die Aufgabenstellung und deren Unterpunkte für deine Gliederung. Bei der Erstellung des Schreibplans gehst du so vor:

1. Finde eine passende **Überschrift** und orientiere dich dabei an der Vorgabe des Themas. Achte auch darauf, dass die Überschrift neugierig macht und zum Lesen anregt.
2. In der **Einleitung** führst du in das Thema ein und weckst das Interesse deiner Leserinnen und Leser. Zuerst stellst du kurz den Text vor, machst Angaben zu Titel, Autor/-in oder Quelle, Textart und Erscheinungsjahr. Danach fasst du knapp zusammen, worum es allgemein in dem Text geht. Damit hast du die Aufgaben **5** a) und b) bearbeitet.
3. Im **Hauptteil** wendest du dich den Aufgaben **5** c) bis e) zu. Hier beschreibst du anhand der Materialien (Text und Tabelle) deine Erkenntnisse zum Thema.
4. Im **Schluss** formulierst du eine persönliche Stellungnahme zum Thema. Damit hast du die Aufgabe **5** f) bearbeitet.

9 In einem Schreibplan legst du die Abfolge deiner Gedanken in Stichpunkten fest. So fällt es dir leichter, deine Gedanken vollständig und zusammenhängend aufs Papier zu bringen. Vervollständige den folgenden Schreibplan als Grundlage für deinen Text.

Schreibplan

5 *a) Überschrift:* ______

Einleitung:

5 *b) Einleitung zum Thema mithilfe der Informationen des Textes:* ______

______

Hauptteil:

5 *c) Warum ist Schmerzmittelgebrauch im Fußball ein Problem?* ______

______

5 *d) Was ist Doping? Warum ist Schmerzmittelgebrauch kein Doping?* ______

______

5 *e) Sollte Doping im Sport erlaubt sein?* ______

- ______
- ______
- ______

Schlussteil:

5 *f) Schmerzmittel = Doping?* ______

______

Sechster Schritt: Eigenen Text schreiben und überarbeiten

TIPP zum sechsten Schritt

1. Schreibe deinen Text. Lass an der Seite deines Blattes und unten einen breiten **Rand**, damit du Platz für die Überarbeitung und Ergänzungen hast.
2. Finde eine **Überschrift**, die deine Leserinnen und Leser neugierig macht.
3. Bringe deine Ergebnisse aus der Vorarbeit in einen schlüssigen und zusammenhängenden Gedankengang. Orientiere dich an den **Aufgaben**. Setze nach jeder Aufgabe einen **Absatz**.
4. Schreibe sachlich, aber auch anschaulich und lebendig.
5. Halte dich an die dargestellten Fakten und Zahlen. Verwende Fachbegriffe, erkläre aber auch Begriffe und Namen, die in der Alltagssprache nicht häufig vorkommen.
6. Formuliere in eigenen Worten. Kennzeichne Zitate oder Belege durch Anführungszeichen und Angabe der Quelle.
7. Schreibe grundsätzlich im Präsens.

10 Verfasse deinen informierenden Text. Orientiere dich dazu an deinem Schreibplan.
Beginne mit der Einleitung:

Schmerzmittel im Sport – ein Tabu?

Der Text „Pillenkick – Schmerzmittelmissbrauch im Fußball" vom 10.1.2022 stammt von dem Internet-Blog CORRECTIV und berichtet von einer Bestandsaufnahme des Schmerzmittelverbrauchs im Fußball. Vorbereitend auf eine Dokumentation der ARD wurde eine Umfrage sowie eine umfangreiche Recherche zum Thema „Schmerzmittelnutzung im Fußball" durchgeführt. Es hat sich herausgestellt, dass viele Sportler zu Schmerzmitteln greifen, um ihre Leistungsfähigkeit zu verbessern oder einen Spieleinsatz überhaupt möglich zu machen. Langzeitschäden werden dabei viel zu selten beachtet.

11 Fange nun einen neuen Absatz an, bevor du mit dem Hauptteil weitermachst:

Schmerzmittel im Fußball sind ein weitreichendes Problem. In jeder Hausapotheke findet man Schmerzmittel, die viele gegen Kopfschmerzen etc. nutzen. Dadurch kann der Eindruck entstehen, diese Mittel seien harmlos. Auch auf der Dopingliste stehen diese Mittel nicht, da sie nicht verschreibungspflichtig und frei zugänglich sind. Jeder kann sie also nutzen und die Hemmschwelle, sie „einfach so" zu nehmen, ist nicht hoch …

Unter Doping versteht man …

Schmerzmittel fallen nicht unter das Dopinggesetz, weil …

Meiner Meinung nach ist Doping ein wirkliches Problem im Sport. Durch das Einnehmen von leistungssteigernden Substanzen gewinnen Sportler einen unfairen Vorteil gegenüber der Konkurrenz. Aus diesem Grund bin ich der Meinung, dass die Einnahme auf jeden Fall verboten sein sollte.
Zudem gibt es noch weitere wichtige Gründe, nämlich …

12 Im Schlussteil beziehst du Stellung zum Thema und richtest einen Appell an deine Mitschülerinnen und Mitschüler.

Meiner Meinung nach sollten Schmerzmittel im Sport …
Dafür sprechen aus meiner Sicht vor allem folgende Argumente …
Auch wenn … halte ich für wichtiger ….
Ich unterstütze daher die Forderung …
Aber auch wir in unserer Klasse sollten uns überlegen, wie wir zu dem Thema „Doping im Sport" stehen und …

13 Überarbeite deinen Text. Verwende dazu die Checkliste.

CHECKLISTE zur Überarbeitung von informierenden Texten

1. **Den Text inhaltlich überprüfen (Inhaltsleistung)**
   - ☑ Hast du in deinem Text alle Unterpunkte der Schreibaufgabe berücksichtigt?
   - ☑ Hast du den Text sinnvoll gegliedert? Ist er durch Absätze überschaubar gestaltet?
   - ☑ Sind die Informationen für die Leserinnen und Leser nachvollziehbar und interessant dargestellt?
   - ☑ Wurden die Informationen (Fakten, Zahlen) richtig aus den Materialien übernommen?
   - ☑ Hast du unterschiedliche Beobachtungen miteinander verknüpft und Zusammenhänge hergestellt?
   - ☑ Hast du deine Stellungnahme nachvollziehbar gestaltet und deine Meinung begründet?

2. **Den Text sprachlich überprüfen (Darstellungsleistung)**
   - ☑ Gibt es unnötige Wiederholungen?
   - ☑ Fallen dir unklare Formulierungen oder Begriffe auf, die du noch erklären musst?
   - ☑ Sind deine Sätze vollständig?
   - ☑ Kannst du komplizierte Sätze vereinfachen?
   - ☑ Hast du Zusammenhänge durch sinnvolle Satzverknüpfungen verdeutlicht?
   - ☑ Hast du Rechtschreibung, Zeichensetzung und Grammatik überprüft?

Alle wichtigen Rechtschreibregeln findest du auch im Internet auf **www.finaleonline.de**. Einfach „Realschulabschluss“ und dein Bundesland eingeben und das kostenlose „EXTRA-Training Rechtschreiben“ herunterladen.

B 7 Arbeitstechnik: Einen erzählenden Text in sechs Schritten erarbeiten

Auf den nächsten Seiten werden die wichtigsten Arbeitsschritte für das Erarbeiten eines erzählenden Textes vorgestellt. Dieses Kapitel stellt eine Art Grundkurs dar. Es enthält dabei Aufgabenstellungen, wie sie auch in der Prüfung vorkommen können.

Du sollst dich mit einer Kurzgeschichte auseinandersetzen und eine Interpretation dazu verfassen. Lies den vorliegenden Text. Du kannst während des Lesens schon Aussagen und sprachliche Mittel markieren und Fragen am Rand notieren.

Tanzen gehen *Nils Mohl*

Er steht im Badezimmer vor dem Spiegel, öffnet die oberen vier Knöpfe seines Hemdes, zieht den Kragen des T-Shirts nach unten und betrachtet die streichholzlange, strichartige Stelle zwischen Schlüsselbein und Brustwarze. Er berührt

??

die Narbe und streicht mit den Fingern darüber hinweg. Die Narbe fühlt sich glatt an, ein bisschen wie Plastik. Wenn er dagegen drückt, verfärbt sie sich. In ein paar Monaten wird er sie vermutlich kaum noch wahrnehmen. Er hat eine ganz ähnliche Narbe am Kinn, seit über fünfzig Jahren schon, und eine viel größere am Unterschenkel. Überhaupt ist sein Körper voll von Narben. Die meisten sind für ihn inzwischen unsichtbar. Er beugt sich vor, betrachtet seine Augen im Spiegel. Die Pupillen weiten sich ein Stück, dann ziehen sie sich wieder zusammen. Er streicht den Kragen seines T-Shirts glatt, knöpft das Hemd zu, betätigt die Klospülung. Er hat die Toilette nicht benutzt. Die Klospülung betätigt er, weil er nicht möchte, dass seine Frau Verdacht schöpft.

!!

Gus schaltet das Licht aus und verlässt das Bad.

Er weiß an diesem Samstag wenig mit sich anzufangen. Er könnte im Garten arbeiten, aber es nieselt draußen. Er könnte die Steuererklärung machen, er hat sich extra ein entsprechendes PC-Programm besorgt, und der Rechner läuft auch, doch er ist mit den Gedanken gerade woanders und biegt deshalb auch vom Flur nicht ins Arbeitszimmer ab, sondern landet im Wohnzimmer. Ob er wieder vor dem Spiegel gestanden habe? Das ist die Frage, die Gus von Ella, seiner Frau, eigentlich erwartet, aber Ella sagt bloß: Hier, der Sportteil. Ella sitzt am Wohnzimmertisch, vor ihr ausgebreitet liegt die Zeitung: Geburtsanzeigen, Hochzeitsanzeigen, Todesanzeigen. Eine Liza mit Zett, murmelt Ella vor sich hin, seltsam sieht das geschrieben aus, ganz ungewohnt. Gus nimmt den Sportteil zur Hand, setzt sich Ella gegenüber in den Sessel, liest aber nicht. Er blickt, die Zeitungsseiten auf den Knien, zu Ella und beobachtet, wie diese mit wachen Augen die Spalten mit den Geburts- und Hochzeitsanzeigen abfährt. Sie lacht des Öfteren leise auf oder quittiert hier und da einen ihrer Meinung nach allzu extravaganten Namen mit einem halb verblüfften, halb ironischen: Wie kann man das seinem Kind nur antun!, um dann nach kurzer Pause meist auch noch ein Also wirklich! oder Ist das zu glauben? hinzuzufügen. Gus räuspert sich. Er sagt aber nichts. Ella blättert die Seite um. Das Zeitungspapier raschelt. Gus fragt: Warum schaust du dir das immer an? Ella ist bei der Seite mit den Todesanzeigen angekommen.

Was meinst du? Die Todesanzeigen? Überhaupt, sagt Gus, diese Anzeigen eben. Kann ich nicht erklären, ich gucke, wie alt diese Leute geworden sind, ob man vielleicht jemanden davon gekannt hat ... Ella macht eine Pause, dann sagt sie: Warum nicht? Sie schaut Gus an, zuckt mit den Schultern. Gus schaut zurück. Schon gut, nicht so wichtig, sagt er und blickt zum Fenster. Er sagt: Ich wollte ja eigentlich noch in den Garten, aber … Gus beendet den Satz nicht. Ella sagt: Morgen. Sie sagt: Vielleicht ist das Wetter morgen besser. Dann blickt sie wieder auf die Zeitungsseiten, auf die vielen, unterschiedlich großen, schwarzumrandeten Kästchen.

Gus erhebt sich vom Sessel. Er geht in Richtung Fenster, macht aber nach ein paar Schritten vor dem Regal halt. Ella hat kürzlich die gerahmten Fotos, die dort stehen, neu arrangiert. Gus betrachtet ein Porträt von sich, das er seit Jahren nicht mehr betrachtet hat. Es zeigt ihn als Mann von knapp dreißig Jahren. Hier, diese Anzeige zum Beispiel, sagt Ella, da ist eine Frau ums Leben gekommen bei einem Unfall, mit 57. Gus starrt auf den Bilderrahmen, das Glas spiegelt die Silhouette seines Kopfes. Gus lehnt sich mit dem Oberkörper ein Stück zurück, neigt den Kopf, versucht seinen Schattenriss mit dem Umriss des Porträts in Übereinstimmung zu bringen. Ella liest: Es war ein Leben, ausgefüllt mit viel Arbeit, Freude und Erfüllung in 27 wunderbaren Ehejahren. Sie war ein wunderbarer Mensch. Sie war mein Leben. Gus nimmt den Bilderrahmen vom Regal, dreht sich zu seiner Frau um. Ella schaut auf, sagt: Ist das nicht schön? Gus antwortet nicht.

Dann, nachdem er den Rahmen zurück ins Regal gestellt hat, sagt er: Lass uns tanzen gehen. Er steht mit dem Rücken zum Regal, hat den Kopf geneigt, betrachtet die Armlehne des Sessels, das Teppichmuster, wirft dann einen Blick zu Ella. Sie sitzt wie zuvor auf dem Sofa, schaut ihn an. Gus meint etwas wie Traurigkeit oder vielleicht auch Mitleid in ihren Augen zu lesen. Er wendet seinen Blick ab.

Tanzen gehen? Ella macht eine kurze Pause. Vor oder nach dem Essen?, fragt sie dann. Gus tritt einen Schritt zur Seite, stockt in der Bewegung, verlagert das Gewicht zurück auf das Standbein. Mach dich nur lustig, sagt er und ist über die Schärfe seines Tons selbst ein wenig überrascht. Ruhiger setzt er deshalb noch hinzu: War nur ein Gedanke. Ella seufzt. Gus zieht die Mundwinkel gequält nach oben, geht zum Wohnzimmerfenster. Er sagt: Ich wüsste, ehrlich gesagt, gar nicht, keine Ahnung … Disco, Seniorentanz? Gus lacht kurz auf: Wo geht man denn heute hin? Wo könnte man denn hingehen? Leute wie wir. Ella faltet die Zeitung zusammen. Gus hört das Rascheln der Seiten, tritt dichter ans Fenster, schiebt seine Lippen vor, haucht einen kräftigen Stoß Atem gegen die Scheibe. Sie beschlägt. Er fragt: Soll ich Kartoffeln schälen? Du könntest Musik auflegen, sagt Ella. Gus beobachtet das Verschwinden des Hauchflecks. Er fragt: Musik zum Kartoffelschälen? Aber er weiß natürlich, was Ella meint. Er hat sich zu ihr umgedreht. Sie sitzt nach wie vor auf dem Sofa, hat sich aber jetzt gegen die Rückenpolster zurückgelehnt und die Hände im Schoß liegen. Gus sagt: Komm her. Ella lächelt. Komm schon. Gus macht eine auffordernde Bewegung mit dem Kopf. Ella erhebt sich vom Sofa. Gus geht auf sie zu. Er winkelt seinen rechten Arm an, streckt seinen linken zur Seite hin aus. Ella steht vor ihm und amüsiert sich. Gus sieht die Grübchen in ihren Wangen tiefer werden, aber sie legt die eine Hand auf seine Schulter und greift mit der anderen nach seiner Linken. So stehen sie da, in Tanzhaltung, und dann führt Gus Ella rechtsherum und immer weiter im Eins-zwei-drei eines unhörbaren Walzertakts, und weder er noch Ella sagen irgendetwas.

Schließlich streifen sie mit den Ellbogen leicht die Stehlampe, die bedenklich kippelt, und Gus ruft ein Ups! und Ella ein Oh!, und beide haben Mühe, das Gleichgewicht zu halten. Gus spürt seinen Puls schlagen. Ella wischt sich eine Strähne aus dem Gesicht. Beide atmen sie flach. Gus bemerkt die kleinen Schweißperlen auf ihrer Oberlippe. Er drückt den Rücken durch, spannt die Bauchmuskeln, zieht Ellas Körper dichter an seinen. Ob sie mit ihm ins Schlafzimmer käme, jetzt? Gus nähert seinen Kopf Ellas Gesicht. Das Sofa. Er fährt mit der einen Hand Ellas Rücken abwärts bis zur Hüfte, drängt seine Frau dabei ein wenig plump, wie es ihm vorkommt, zurück in Richtung des Platzes, an dem die Zeitung liegt. Ella fängt die Bewegung auf, wie selbstverständlich, mit einem Schritt zur Seite. Sie bleiben stehen. Viel haben wir nicht verlernt, was meinst du?, sagt Ella. Sie streichelt Gus über die Wange. Dann legt sie ihm beide Hände, eine rechts, die andere links, auf die Schultern. Er riecht ihren Schweiß, ganz leicht nur – atmet tief ein.

Erst als Ella dann längst in der Küche ist, fallen Gus ein paar Dinge ein, die er gerne gesagt hätte. Nichts Großartiges, aber er formuliert es sogar im Kopf. Er steht im Flur vor dem Garderobenspiegel, stopft sein Hemd zurück in den Bund der Hose. Gus hört, wie Ella am Spülstein in der Küche hantiert. Sie lässt Wasser in einen Topf fließen. Gus berührt einmal kurz durch die Kleidung hindurch die Stelle zwischen Brust und Schlüsselbein. Anschließend lässt er die Hand sinken und betrachtet sich im Spiegel, sein Gesicht, schaut sich in die Augen. Er beugt sich vor, bis seine Nase fast das Glas des Spiegels berührt, blickt auf. Seine Pupillen weiten sich ein Stück, dann ziehen sie sich wieder zusammen.

Quelle: Nils Mohl: Tanzen gehen: Kurzgeschichten, Literatur Quickie, Probsthayn, 2019. © Nils Mohl, Hamburg

AUFGABENSTELLUNG

1 Stelle das Thema der Kurzgeschichte in nicht mehr als vier Sätzen vor.

2 Notiere Stichworte zum Inhalt der Kurzgeschichte.

3 Weise für die Geschichte drei wichtige sprachliche Mittel nach, benenne sie und erkläre ihre Wirkung.

Zeile	Textstelle	Sprachliches Mittel und Wirkung

4 Untersuche den Satzbau. Nenne drei auffällige Beispiele, benenne und erkläre ihre Wirkung.

Zeile	Textstelle	Wirkung

5 Benenne vier Merkmale einer Kurzgeschichte und belege diese am Text.

Merkmal	Textbezug

6 Gus fordert Ella zum Tanz auf. Stelle Überlegungen an, warum Gus dies tut. Begründe.

7 Schreibe nun deine Interpretation der Kurzgeschichte und gehe dabei folgendermaßen vor:
a) Verfasse eine Einleitung, in der du das Thema der Geschichte vorstellst und anschließend den Inhalt kurz zusammenfasst.
b) Deute mithilfe der sprachlichen Mittel das Thema der Kurzgeschichte. Berücksichtige dabei, was der Autor mit der Geschichte ausdrücken möchte.
c) Erläutere, warum der Tanz von Gus und Ella der Höhepunkt und gleichzeitig ein Wendepunkt der Geschichte ist.
d) Erkläre die Überschrift „Tanzen gehen“ und ihren Bezug zur Aussage des Textes.
e) Äußere zum Schluss deine persönliche Meinung zu der Geschichte. Nimm begründet Stellung zur Textaussage und berücksichtige dabei eigene Erfahrungen.

Erster Schritt: Sich orientieren

TIPP zum ersten Schritt

Stürze dich nicht gleich in die Arbeit, sondern verschaffe dir eine erste Übersicht:
- Worum geht es im Text? Was verrät dir die Überschrift über den Inhalt?
- Lies die Aufgabenstellungen sorgfältig. Besonders Aufgabe **7** ist für dich wichtig, damit du weißt, worauf du hinarbeiten musst.

1 Notiere stichpunktartig, was dir zum Titel der Kurzgeschichte „Tanzen gehen“ einfällt.

TIPP zur Aufgabe **1**

In der Einleitung wird der Text kurz vorgestellt: Titel, Autor, Entstehungsjahr, Textsorte, Thema.
Mithilfe der Ergebnisse aus den Aufgaben **1** und **2** kannst du die Kurzgeschichte kurz zusammenfassen.
Die Kurzgeschichte „Tanzen gehen“ von Nils Mohl wurde 2019 veröffentlicht. Sie handelt von einem alten Ehepaar und einem üblichen Samstag in ihrem Leben. ...

2 Lies die Schreibaufgabe **7** genau. Gib mit eigenen Worten wieder, was du tun sollst.

____

____

____

____

____

Zweiter Schritt: Den Text lesen und das Thema erfassen

TIPP zum zweiten Schritt

- Lies den Text mehrmals. Unterstreiche alle unbekannten Wörter und Textstellen.
- Verwende ein Wörterbuch oder erschließe die Bedeutung aus dem Textzusammenhang. Schreibe die Erklärungen an den Rand oder auf ein extra Blatt.
- Kennzeichne wichtige, auffällige oder unklare Textstellen mit Zeichen (! ?), verdeutliche Verweise mit →, z. B. Wiederholungen.

3 Schau dir im Text auf Seite 48 die Unterstreichungen und Markierungen an. Bearbeite in gleicher Weise den ganzen Text.

4 Schreibe in Stichworten auf, um welche Probleme es in der Geschichte geht.

– *alltägliches Einerlei oder Routine eines alten Ehepaares*

– *fehlende Gespräche zwischen beiden Hauptpersonen*

– *Versuch, die Situation zu verändern, aber dieser scheitert*

– *...*

5 Schreibe eine Einleitung (siehe Aufgabe **1**, Seite 50).

Dritter Schritt: Den Inhalt zusammenfassen

TIPP zum dritten Schritt

- Stelle W-Fragen an den Text und beantworte sie in Stichworten. Dadurch gewinnst du schnell einen Überblick über die Handlung und sammelst gleichzeitig Stichwörter für die Inhaltszusammenfassung.
- In welche Sinnabschnitte kann man den Text einteilen? Wie lassen sich einzelne Abschnitte jeweils in einem Satz zusammenfassen? Mithilfe dieser Informationen kannst du später die Inhaltsangabe schreiben.

6 Gliedere den Text in inhaltliche Abschnitte. Notiere dir auch die Zeilenangaben.

a) Gus steht im Badezimmer und betrachtet seine Narben. (Z. 1 – 14)
b) Ella sitzt im Wohnzimmer und liest die Zeitung (vor allem die Geburts-, Heirats-, Todesanzeigen). Gus beobachtet sie.
c) Nach einer Weile wandert Gus durch das Wohnzimmer und ...
d) ...
e) ...
f) ...

7 Verfasse nun die Inhaltsangabe (siehe Aufgabe **2** auf Seite 50).

Gus steht im Badezimmer und betrachtet seine Narben. Da er nicht weiß, was er tun soll, geht er ins Wohnzimmer, wo Ella sitzt und die Zeitung liest. Sie studiert vor allem die Geburts-, Heirats- und Todesanzeigen. Gus beobachtet sie eine Zeitlang und geht dann ...

Vierter Schritt: Den Text untersuchen und die sprachlichen Merkmale erfassen

TIPP zum vierten Schritt

- Die Absicht und die Wirkung eines Textes auf die Leser werden durch sprachliche Mittel (→ Glossar) erreicht, z. B. durch sprachliche Bilder, Verwendung von Wörtern aus einem Themenfeld oder bestimmten Adjektiven, auffällige Wortwahl und auffälligen Satzbau.
- Die sprachlichen Mittel stehen immer in Beziehung zur Textaussage.
- In diesem Schritt werden die Aufgaben **3** bis **5** (Seite 51) bearbeitet.

8 Lies und bearbeite die Aufgabe **3** (Seite 51).

TIPP zur Aufgabe **3**

Das Glossar am Ende des Buches hilft dir, sprachliche Mittel im Text zu finden.

Zeile	Textstelle	Sprachliches Mittel und Erklärung
4–5	*Die Narbe fühlt sich glatt an, ein bisschen wie Plastik.*	*Vergleich; Hinweis für den Leser: Narbe ist verheilt. Hinweis auf sein Alter*
8	*Überhaupt ist sein Körper voll von Narben.*	*Narbe(n) = Symbol(e); stehen für sein Leben sowie die Vergangenheit*
74	*Gus beobachtet das Verschwinden des Hauchflecks.*	*Neologismus; erster Versuch eines Umbruchs in der täglichen Routine*

9 Lies und bearbeite die Aufgabe **4** (Seite 51).

TIPP zur Aufgabe **4**

Es gibt Sätze, die durch den gleichen Aufbau den eintönigen Alltag des Ehepaars widerspiegeln.

Zeile	Textstelle	Erklärung
49	*Gus starrt auf den Bilderrahmen, …*	*Parallelismus; die Anfänge spiegeln den monotonen, gleichförmigen Ablauf eines Tages*
55–56	*Ella schaut auf, sagt: Ist das nicht schön? Gus antwortet nicht.*	*Rhetorische Frage; erfordert keine Antwort; Ehepaar kennt sich gut nach so vielen Jahren, versteht sich ohne viele Worte.*
40–41	*Er sagt … Ella sagt … Sie sagt …*	*…*

10 Lies und bearbeite die Aufgabe **5** (Seite 51).

TIPP zur Aufgabe **5**

Du kannst die Merkmale einer Kurzgeschichte im Glossar nachlesen.

Merkmal	Textbezug
Begrenzte Anzahl von handelnden Personen	*Gus und Ella*
Alltagssituation	*Das Geschehen, die Situation, die Örtlichkeit, die Menschen sind alltäglich. Alles ist realistisch und auf den ersten Blick nicht außergewöhnlich.*

Merkmal	Textbezug
Das Problem wird nicht gelöst, daher bleibt das Ende der Geschichte offen.	*Der Leser wird mit Gus und der Betrachtung im Spiegel allein gelassen. Er wird „gezwungen", darüber nachzudenken, was weiter passieren könnte.*

11 Lies und bearbeite die Aufgabe **6** (Seite 51).

Als Ella Gus aus einer Todesanzeige vorliest, wird ihm klar, wie schnell das Leben vorbeigehen kann und dass er …

TIPP zur Aufgabe **6**

Kurzgeschichten haben oft einen Wendepunkt, an dem es im Leben eines Menschen eine Veränderung oder einen Einschnitt gibt.

Fünfter Schritt: Den Text interpretieren

TIPP zum fünften Schritt

Um dir zu erschließen, was eine Kurzgeschichte aussagen soll, stellst du dir selbstständig Fragen zum Text. Sie können sich beziehen auf auffällige Textstellen, Wörter, Verhaltensweisen der Personen, besondere Gegenstände, die Überschrift oder überraschende Handlungsschritte. Mithilfe der Fragen sollst du das Verhalten der Hauptpersonen darstellen und Begründungen dafür abgeben. Du kannst in Stichworten antworten.

12 Wie wird der Alltag des Ehepaares dargestellt? Suche entsprechende Textstellen.

13 Wieso ist die Unterhaltung zwischen Ella und Gus so verkürzt?

14 Wie fühlen sich Ella und Gus wohl vor dem Tanz, während des Tanzes und danach?

---

15 Wie beginnt und wie endet der Text? Was fällt dir auf? Was könnte der Grund dafür sein?

Sechster Schritt: Eigenen Text vorbereiten, schreiben und überarbeiten

TIPP zum sechsten Schritt

Lies nochmal genau die Aufgabe **7**. Du sollst die Aussage und die Absicht des Textes darstellen und gestalterische Mittel nennen, die die Zielsetzung des Autors unterstützen. In einer Stellungnahme sollst du deinen Standpunkt klar und eindeutig darstellen, nachvollziehbar begründen und durch anschauliche Beispiele erläutern. Dabei soll deine persönliche Position klar erkennbar werden.

16 Nun fertige in Stichworten einen Schreibplan an.

TIPP zum Schreibplan

Orientiere dich an den Aufgaben **1** bis **6**.

Schreibplan

Einleitung:

a) Vorstellung des Textes } *siehe Aufgabe* **1**

Hauptteil:

b) Zusammenfassung des Inhalts } *siehe Aufgabe* **2**

c) Analyse/Darstellung der sprachlichen Mittel — *Aufgaben* **3** – **6** *bereiten auf*

d) Wendepunkt — *Aufgabe* **7** *vor*

Schluss:

e) – Persönliche Meinung zu der Geschichte

– Stellungnahme zur Textabsicht, eventuell anhand eigener Erfahrungen

17 Verfasse nun deinen Text (Bearbeitung der Aufgabe **7**). Schreibe in vollständigen Sätzen.

In der Kurzgeschichte „Tanzen gehen" von Nils Mohl, die 2019 veröffentlicht wurde, geht es um das Problem des eintönigen Alltags des lange verheirateten Ehepaares Gus und Ella.
Die Kurzgeschichte beginnt damit, dass Gus im Badezimmer steht und seine Narben im Spiegel betrachtet. Da er nicht weiß, was er tun soll, geht er ins Wohnzimmer, wo Ella sitzt und die Zeitung liest. Sie studiert vor allem die Geburts-, Heirats- und Todesanzeigen. …

18 So könnte dein Schlussteil (Aufgabe **7**) anfangen. Beginne mit einer persönlichen Stellungnahme.

TIPP zur Stellungnahme

Für deine persönliche Beurteilung kannst du folgende Formulierungen verwenden:
einerseits – andererseits, im Gegensatz zu, meiner Meinung nach, fest steht, dass …, ich denke, dass …, denn, aus diesem Grund, hinzu kommt, dass …, nicht zu vergessen ist, dass …, das bedeutet …, unbestritten ist, dass …

Ich finde die Geschichte sehr interessant. Besonders die Darstellung des monotonen Alltags eines Ehepaares wird durch die sprachliche Gestaltung widergespiegelt. …

19 Überarbeite zum Schluss deinen Text sorgfältig. Verwende dazu die Checkliste.

CHECKLISTE zur Überarbeitung des Textes

Text inhaltlich überprüfen
- ☑ Hast du in deinem Text alle Unterpunkte der Aufgabenstellung berücksichtigt?
- ☑ Wo könnten Absätze deinen Text besser gliedern?
- ☑ Wo willst du etwas ergänzen oder streichen?
- ☑ Hast du deine Aussagen am Text belegt?

Text sprachlich überarbeiten
- ☑ Hast du das Präsens verwendet und wörtliche Rede im Konjunktiv wiedergegeben?
- ☑ Hast du störende Wiederholungen vermieden?
- ☑ Sind deine Sätze vollständig?
- ☑ Hast du Satzgefüge verwendet? An welchen Stellen kannst du Sätze verbinden?
- ☑ Gibt es lange Sätze, die du auflösen solltest?

Text auf Rechtschreibung und Zeichensetzung überprüfen
- ☑ Entdeckst du Flüchtigkeitsfehler (unvollständige Wörter, falsche Groß- und Kleinschreibung)?
- ☑ Musst du Wörter nachschlagen?
- ☑ Stimmt die Zeichensetzung (Punkte, Fragezeichen, Kommas, Anführungsstriche)?

Alle wichtigen Rechtschreibregeln findest du auch im Internet auf **www.finaleonline.de**. Einfach „Realschulabschluss" und dein Bundesland eingeben und das kostenlose „EXTRA-Training Rechtschreibung" herunterladen.

B 8 Arbeitstechnik: Einen lyrischen Text in sechs Schritten erarbeiten

Im Folgenden werden die wichtigsten Arbeitsschritte für das Erarbeiten eines lyrischen Textes dargestellt. Ein lyrischer Text kann ein Gedicht, aber auch, wie in diesem Beispiel, ein Lied sein. Dieses Kapitel stellt eine Art Grundkurs da. Es enthält Aufgabenstellungen, wie sie auch in der Prüfung vorkommen können.

Du sollst dich mit einem Songtext als Beispiel für einen lyrischen Text auseinandersetzen, diesen interpretieren und anschließend eine Stellungnahme verfassen.
Lies den vorliegenden Liedtext. Du kannst dabei bereits Markierungen von wichtigen Textstellen oder sprachlichen Mitteln vornehmen.

Horizont (2020) *Johannes Oerding / Gentleman*

Oh

Wenn die Hoffnung fehlt und dein Horizont auch
Kannst du auf mich zählen, ja, dann hol ich dich raus

Wieder mal besorgt, weil du nicht rangehst
Kann dich schon seit Tagen nicht erreichen
Obwohl's mich eigentlich nichts angeht
Hilft es manchmal, wenn man nicht allein ist

Könn' uns, wenn du Zeit hast, ja mal sehen
Sag Bescheid, komm vorbei, meine Einladung steht, yeah
Kann auch was kochen, wenn du möchtest
Meine Dumplings sind köstlich

Ich bin da, für dich da
Auch wenn die Geister in dir mich nicht sehen wollen
Ich bin da, wieder da
Sag mir, wohin ich den Wind für dich drehen soll

Wenn die Hoffnung fehlt und dein Horizont auch
Kannst du auf mich zählen, ja, dann hol ich dich raus
Wenn du dir nicht traust und auf einmal glaubst, dass keiner dich vermisst, dann
Kannst du auf mich zählen, ja, dann hol ich dich raus

Deine Gedanken sind leise und deine Flügel schwer wie Blei
Du bist auf einsamer Reise, hast nur die Dunkelheit dabei
Ey, du weißt, Glück lasst sich teilen
Und das gilt auch für unsern Schmerz
Ich lass dich nicht alleine leiden
Wenn du durch die Hölle fährst

Ich bin da, ist doch klar
Auch wenn die Geister in dir mich nicht sehen wollen
Ich bin da, ist doch klar
Sag mir, wohin ich den Wind für dich drehen soll

Wenn die Hoffnung fehlt und dein Horizont auch
Kannst du auf mich zählen, ja, dann hol ich dich raus
Wenn du dir nicht traust und auf einmal glaubst, dass keiner dich vermisst, dann
Kannst du auf mich zählen, ja, dann hol ich dich raus

Kann dich verstehen, mir gehts genauso
(Steht der Herr dir bei, auch wenn es wieder mal schwer ist)
Wir schalten alles auf lautlos
(Trotz all den singenden Möwen und dem Rauschen des Meeres)

Kann dich verstehen, mir gehts genauso
(Auch wenn die Geister in dir mich nicht sehen wollen)
Wir schalten alles auf lautlos
Sag mir, wohin ich den Wind für dich drehen soll

Wenn die Hoffnung fehlt und dein Horizont auch
Kannst du auf mich zählen, ja, dann hol ich dich raus
Wenn du dir nicht traust und auf einmal glaubst, dass keiner dich vermisst, dann
Kannst du auf mich zählen, ja, dann hol ich dich raus

Quelle: Horizont. Liedtext von Leopold Schuhmann Ferdinand / Johannes Oerding / Tilmann Otto;

AUFGABENSTELLUNG

1 Verfasse zunächst eine Einleitung für deinen Interpretationsaufsatz.

____

____

____

2 Gib den Inhalt des Liedes mit eigenen Worten wieder.

____

____

____

____

3 Beschreibe nun in Stichworten den formalen Aufbau des Liedtextes.

– Einzelnes Wort vorweg, dann 11 Strophen mit … Versen

– Refrain sind die Verse …., wird ….. wiederholt

– kein Reimschema

– …

____

____

4 Johannes Oerding und Gentleman beschreiben in dem Lied die Freundschaft und was Freundschaft ausmacht. Suche im Text drei Textstellen oder sprachliche Mittel, die dieses Thema verdeutlichen.

Textstelle	Zitat	Stilmittel	Bedeutung
Vers 15	*„den Wind für dich drehen soll"*	*Personifikation*	*Der Freund bietet Hilfe an und nutzt den Wind, der die Richtung der gewünschten Hilfestellung angibt.*
Vers 12	*„ich bin da, für dich da"*	*Anapher*	*Verstärkung der Aussage, dass der Freund in der Not da ist*
Vers 35	*„Steht der Herr dir bei"*	*Personifikation*	*gemeint ist Gott, der den Menschen beisteht*
Vers …			

5 a) Untersuche, was der „Horizont" bedeutet und was er mit Freundschaft zu tun hat. Inwiefern gehören Hoffnung und Horizont in diesem Lied eng zusammen?

b) Das Lied nutzt sowohl „ich“ als auch „du/dein“ etc. Wie wirkt das auf dich? Warum unterstreicht die Nutzung dieser Pronomen das Thema der Freundschaft?

6 Analysiere den Liedtext und setze dich intensiv mit dem Thema „Freundschaft“ auseinander. Gehe dabei folgendermaßen vor:

a) Stelle in der Einleitung das Lied vor und fasse den Inhalt kurz zusammen. (Aufgabe **1** und **2**)
b) Beschreibe, wie Freundschaft von den beiden Songwritern dargestellt wird (Sprache). Was hat der Schauplatz „Meer“ damit zu tun? (Aufgabe **4** und **5** a)
c) Erkläre, warum in dem Lied die Pronomen ich/du/dein etc. benutzt werden. (Aufgabe **5** b)
d) Stelle zum Schluss deine persönliche Meinung zur Freundschaft dar und beziehe die Aussagen des Liedtextes zur Begründung mit ein.

Erster Schritt: Sich orientieren

TIPP zum ersten Schritt

Stürze dich nicht gleich in die Arbeit, sondern verschaffe dir eine erste Übersicht:
- Was verrät dir die Überschrift?
- Worum geht es in dem Text?
- Vor allem solltest du an dieser Stelle schon einmal alle Aufgaben genau lesen. Besonders Aufgabe **6** ist für dich wichtig, um zu verstehen, worauf du eigentlich hinarbeiten musst.

1 Was fällt dir zum Titel „Horizont“ ein? Notiere in Stichworten. Was meinst du, worum es in dem Lied geht?

2 Schau dir die Aufgabe **6** an (siehe oben) und notiere mit eigenen Worten, was du tun sollst.

Zweiter Schritt: Den Text lesen und das Thema erfassen

TIPP zum zweiten Schritt

- Unterstreiche alle Wörter oder Textstellen, die dir unbekannt sind, und kläre sie mithilfe eines Wörterbuches oder aus dem Sinnzusammenhang.
- Schreibe deine Erklärungen an den Textrand oder auf ein gesondertes Blatt.
- Kennzeichne wichtige, auffällige oder unklare Textstellen mit Zeichen (? !).
- Verweise solltest du mit → verdeutlichen, z. B. Wiederholungen einer Textstelle oder eines Wortes.

3 Worum geht es in dem Lied? Mache dir Notizen.

____

____

____

____

4 Schreibe den Entwurf für die Einleitung zu deiner Interpretation (Aufgabe **1**, Seite 59) auf ein gesondertes Blatt.

TIPP zur Aufgabe **1**

- In der Einleitung wird der Text zunächst kurz vorgestellt: Titel, Interpret, Textsorte, Thema (einleitender Satz).
- Mit den Stichpunkten aus Aufgabe **3** (siehe oben) kannst du zudem die Thematik des Liedes in ein bis zwei Sätzen zusammenfassen.

Dritter Schritt: Den Inhalt zusammenfassen

TIPP zum dritten Schritt

- Stelle W-Fragen an den Text und beantworte sie in Stichpunkten. Dadurch gewinnst du einen Überblick über die Handlung oder über dargestellte Gedanken und sammelst Stichpunkte für die Inhaltszusammenfassung.
- Entsprechen die Strophen einzelnen Sinnabschnitten oder lassen sich andere Zusammenfassungen finden, aus denen du eine Inhaltsangabe schreiben kannst?

5 a) Was wird in dem Lied beschrieben?

____

____

____

____

____

____

____

b) Wer spricht in dem Text?

c) Was bewirkt die Nutzung der Pronomen?

d) Was ist besonders an der Sprache in diesem Lied?

6 Schau dir den Aufbau genauer an. Nutze Sinnabschnitte, diese helfen dir.

TIPP zur Aufgabe **6**

Sinnabschnitte sind zusammengehörende Teile einer Handlung oder einer Gedankenführung. Ein Sinnabschnitt kann daher mehrere Verse oder Strophen umfassen.

a) erster Abschnitt: Vers 1 – 3 (Teil des Refrains, Hilfsangebot)

b) zweiter Abschnitt: Vers 4 – 7 (Situation, in der sich der Freund/Sänger befindet)

7 Schreibe auf gesonderte Blätter eine Inhaltsangabe zu dem Lied (siehe Aufgabe **2**, Seite 59).

Vierter Schritt: Den Text untersuchen und sprachliche Merkmale erfassen

TIPP zum vierten Schritt

- **Absicht** und die **Wirkung** eines Textes auf die Leserinnen und Leser werden durch die Verwendung von sprachlichen Mitteln (→ Glossar) erreicht, z. B..
  - sprachliche Bilder, Vergleiche, Metaphern,
  - die Verwendung von Farben, von bestimmten Adjektiven,
  - auffällige Wortwahl, Neuschöpfungen,
  - auffälliger Satzbau, Schreibweise und Textanordnung.
- Die sprachlichen Mittel stehen immer in Beziehung zur Textaussage.
- In diesem Schritt werden die Aufgaben **3**, **4** und **5** bearbeitet.

8 Schreibe auf gesonderte Blätter.
a) Lies und bearbeite die Aufgabe **3** auf Seite 59. Du findest Hinweise zu Merkmalen lyrischer Texte im Glossar am Ende des Buches.
b) Das Lied besteht aus verschiedenen Textabschnitten. Versuche, jedem Abschnitt in nur einem Satz eine Hauptaussage zuzuordnen.

9 a) Lies und bearbeite die Aufgabe **4** auf Seite 60.
b) Im Lied wird viel mit Alltagssprache und Sätzen, die Bedingungen ausdrücken, gearbeitet. Nenne Beispiele und ihre Wirkung.

Textstelle	Erklärung/Wirkung
Vers 16 – 19	*Wenn-dann-Bedingung; wenn etwas passiert (Freund hat Halt im Leben verloren) – dann hilft ihm der Sänger/Freund (Ursache - Wirkung) → gute Beziehung zwischen zwei Menschen …*
Vers …	

Fünfter Schritt: Den Liedtext interpretieren

TIPP zum fünften Schritt

Um die Aussageabsicht eines lyrischen Textes zu erschließen, musst du dir selbstständig Fragen überlegen, die du an den Text stellen könntest. Sie können sich beziehen auf auffällige Textstellen, Textanordnung, beschriebenes Verhalten, besondere Gegenstände oder Bilder, Farben, die Überschrift oder überraschende Handlungen.
Die folgenden Fragen sind Beispiele, die dir helfen sollen, Aufgabe **5** vorzubereiten. Gehe bei der Beantwortung auf die innere Form des Liedtextes ein und äußere dich zur Absicht der Verfasser.
Außerdem sollst du Stellung zu der Aussage des Liedtextes und der Wirkung auf dich nehmen. Du kannst in Stichworten antworten.

10 Lies und bearbeite die Aufgabe **5** auf Seite 60. Falls dir eine Teilaufgabe Probleme bereitet, findest du Anregungen und Hilfestellung im Lösungsheft. Schreibe auf ein gesondertes Blatt.

11 a) Was verbinden Gentleman und Johannes Oerding mit Freundschaft?

____

____

____

b) Was haben der Horizont und das Meer mit der Situation und der Freundschaft zu tun?

____

____

____

c) Was löst dieses Lied bei dir aus?

____

____

____

12 Verfasse einen Schlussteil für deine Interpretation auf einem gesonderten Blatt.

Was Johannes Oerding und Gentleman meiner Meinung nach mit diesem Lied aussagen möchten, kann ich so zusammenfassen … Zum Schluss möchte ich noch Stellung nehmen zu …

Sechster Schritt: Eigenen Text planen, schreiben und überarbeiten

TIPP zum sechsten Schritt

Sieh dir die Aufgabe **6** noch einmal genau an. Hier sollst du die Aussage und Absicht des Liedtextes darstellen und bestimmte gestalterische Mittel nennen, die die Zielsetzung der Autoren des Textes unterstützen. Im Schlussteil wird von dir erwartet, dass du deinen Standpunkt klar und eindeutig darstellst und durch nachvollziehbare Gründe und anschauliche Beispiele erläuterst. Dabei soll deine persönliche Position erkennbar werden.

13 Lege dir in Stichworten einen Schreibplan an. Orientiere dich dabei an den Aufgaben, die du bisher bearbeitet hast.

Schreibplan

Einleitung:

*a) Vorstellung des Textes und des Themas (Aufgabe **1**, bereits erledigt)*

____

Hauptteil:

*b) Inhaltliche Zusammenfassung (Aufgabe **2**)*

____

____

*c) Verwendete sprachliche Mittel / Darstellung der Sprache (Aufgabe **3** und **4**)*

____

*d) Verwendung der Pronomen / Begriff Freundschaft (Aufgabe **5**)*

____

____

Schluss:

e) Persönliche Meinung zum Begriff Freundschaft mit Begründung anhand des Liedtextes:

____

14 Verfasse nun deine Interpretation (Aufgabe **6**, Seite 61). Schreibe in vollständigen Sätzen. Du könntest z. B. folgende Formulierungen verwenden:

– *Jeder Mensch hat Probleme und kann damit mehr oder weniger gut umgehen.*
– *Freunde sollen nicht nur in guten, sondern auch in schlechten Zeiten für einen da sein.*
– *Der Horizont kann eine Perspektive unsichtbar machen, denn man weiß nicht, was dahinter eigentlich kommt.*
– *Der Liedtext ist umgangssprachlich abgefasst – das bewirkt, das sich jeder angesprochen fühlt.*

TIPP zum Schlussteil

Für deine persönliche Beurteilung kannst du folgende Formulierungen verwenden:
einerseits – andererseits; im Gegensatz zu …; meiner Meinung nach; fest steht, dass …; ich denke, dass …; denn; aus diesem Grund; hinzu kommt, dass …; nicht zu vergessen ist, dass …; das bedeutet …; unbestritten ist, dass …

15 Überarbeite deinen Text. Verwende dazu die Checkliste von Seite 57.

C Angeleitete Prüfungsaufgaben

C 1 Prüfungsbeispiel: Höflichkeit in der Schule

Bearbeite auch diese Prüfungsvorlage so, wie du es es im Kapitel B1 (Seite 26/27) sowie in den Grundkursen B6 – B8 (Seite 39 – 64) gelernt hast. Gehe dabei schrittweise vor. Auf den Seiten 72 – 74 findest du Lösungshilfen.

Hier liegt ein Hörtext in gedruckter Form vor. Lass ihn dir zweimal in einem normalen Sprachtempo vorlesen, um die Prüfungssituation zu simulieren. Decke ihn ab, wenn du die dazugehörigen Aufgaben bearbeitest.

Hörverstehenstest

Etikette ist nicht gleich Höflichkeit

Ein wichtiger Punkt: Etikette ist nicht gleich Höflichkeit. Sie bestimmt lediglich, wie wir uns technisch in der Gesellschaft richtig verhalten. Dabei spielt Höflichkeit zunächst keine Rolle. Allerdings ist es auffällig, dass Menschen, die das technische Verhalten zu hundert Prozent beherrschen, zuweilen an der Höflichkeit sparen. Dabei ist die Etikette keineswegs sinnlos. Im Gegenteil. Wir erlernen früher oder später, wie man sich in bestimmten Situationen verhalten soll, welche Konvention in verschiedenen Gesellschaftsbereichen herrscht, und passen uns an. Wir geben uns also einen Rahmen für das Miteinander vor. Deshalb ist es wichtig zu wissen, wie man in der Öffentlichkeit seinen Mitmenschen gegenüber auftritt. Es geht nicht darum, sein Ego zu verbiegen. Vielmehr bedeutet es Rücksichtnahme auf ein stressfreies Miteinander. In der Öffentlichkeit sollte es selbstverständlich sein, anderen seine Hilfsbereitschaft anzubieten. Eine freundliche Begrüßung beim Betreten eines Raumes gehört ebenso dazu wie ein „Danke“ oder „Bitte“, wenn man etwas bekommen hat oder möchte.
Der tägliche Umgang mit Menschen ist durch Kommunikation geprägt. Wer nicht spricht, kann mit anderen kaum sinnvoll umgehen. Und ein „zivilisiertes“ Miteinander bedeutet nicht immer das Einhalten einer steifen Etikette. Vielmehr kommt es darauf an, sich ein Repertoire verschiedener Verhaltensmuster anzueignen und bei Bedarf das passende auszuwählen.
Dass steifer Etikette immer etwas Unnatürliches anhaftet, wusste im Übrigen ja auch schon der alte Knigge. Um seinen Namen kommt man im Zusammenhang mit diesem Thema nicht vorbei: Adolph Freiherr Knigge veröffentlichte 1788 sein bekanntestes Werk: „Über den Umgang mit Menschen“.
Tatsächlich hat es trotz seines Alters wenig an Bedeutung verloren – wenngleich es mit der Zeit vollkommen uminterpretiert wurde. So kommt es, dass wir uns vor Benimmregeln zu verschiedensten Lebenslagen – herausgegeben von vermeintlich ausgewiesenen Experten – gar nicht mehr retten können. Dabei war das überhaupt nicht im Sinn des Freiherrn Knigge. […]
Vielmehr ging es ihm um ein konfliktfreies, zivilisiertes und sinnerfülltes Miteinander ohne unnötige Reibungspunkte. Je mehr man also von seinem Gegenüber weiß und Situationen richtig einzuschätzen lernt, desto problemloser läuft das Miteinander ab. Unsere Erziehung spielt dabei eine nicht unerhebliche Rolle. Und wer eine gute Beobachtungsgabe hat, kann Höflichkeit auch heute noch peu à peu erlernen. […]

Knigge ging es um ein ganzheitlicheres Bild verschiedenster Menschentypen, die miteinander Umgang hatten. Gerade wenn untere Schichten mit dem Adel in Berührung kamen, mussten sie wissen, was sie am Hofe erwartete. Im Grunde genommen war das Buch eher eine Weitergabe seines persönlichen Erfahrungsschatzes als ein Benimmwerk. Und dazu gehörte der Umgang mit einem gesunden Selbstbewusstsein und Wahrung der eigenen Würde ebenso wie auch Toleranz und Respekt gegenüber seinen Mitmenschen. Inhalte, die bis heute nichts an Aktualität eingebüßt haben. Egal welchen Hierarchien man gegenübertreten muss.

Quelle: Andreas Dauerer, FOCUS online, 14.10.2007. https://www.focus.de/wissen/mensch/campus/tid-7655/benimmregeln_aid_135714.html (verändert, aufgerufen am 28.01.2022)

AUFGABENSTELLUNG Hörverstehen

1 Kreuze an, welche der folgenden Aussagen richtig ist.

a) Durch gutes Benehmen wird das Miteinander der Menschen problematischer. ☐

b) Der tägliche Umgang mit Menschen ist durch Kommunikation geprägt. ☐

c) Adolph Freiherr Knigges bekanntestes Werk hieß „Über den Umgang mit Menschen". ☐

d) Im „Knigge" wird ausführlich beschrieben, wie man sich im Restaurant verhält. ☐

2 Erkläre den Unterschied zwischen „Etikette" und „Höflichkeit".

____

____

____

____

____

____

____

3 Erkläre, welche Intention dem Buch des Freiherrn von Knigge zugrunde liegt. Warum hat er es geschrieben?

____

____

____

____

____

____

____

4 „Und wer eine gute Beobachtungsgabe hat, kann Höflichkeit auch heute noch peu à peu erlernen." (Z. 34 – 35) Erkläre dieses Textzitat mit eigenen Worten.

Die folgenden Materialien befassen sich mit dem Thema „Höflichkeit in der Schule". Bearbeite zunächst die Aufgaben in Basisteil. Im Anschluss daran musst du dich entscheiden, ob du die Schreibaufgabe im Wahlteil A oder B bearbeitest.

Basisteil

TEXT 1 Gutes Benehmen will gelernt sein

Im Bus stehen Kinder für ältere Menschen nicht mehr auf, ihren Müll lassen sie überall fallen, sie sind vorlaut, dreist, grüßen nicht und spielen in unpassenden Situationen mit elektronischen Geräten – die Jugend hat kein Benehmen mehr, so das gängige Urteil der Erwachsenen.
Ganz neu ist diese Ansicht nicht, beinahe jede Generation hat über das Verhalten der Jüngeren geklagt, möglicherweise weil sie das Fremde am Umgangston der Nachfolgenden nicht verstanden hat. In einem Punkt aber hatten die Alten immer Recht. Gutes Benehmen muss sein.
Nach Auffassung des Soziologen und Kulturphilosophen Norbert Elias sind Höflichkeit, Rücksichtnahme und Dankbarkeit unerlässliche „Schmiermittel" der Zivilisation. Da Gesellschaften immer arbeitsteiliger würden, wären die Menschen immer mehr aufeinander angewiesen, meinte Elias. Dieser „Prozess der Zivilisation" zwinge sie zu immer rücksichtsvollerem Umgang miteinander [...] Damit das komplizierte System funktioniert, so Elias, mussten die Menschen lernen, spontane Bedürfnisse und Gefühlsäußerungen zu kontrollieren und sich auf Umgangsregeln zu einigen. Sich an der Wursttheke anstellen und warten, bis man drankommt, ist zum Beispiel so eine Regel. [...]
Was im Großen gilt, ist auch im Kleinen richtig. In der Familie, in der Kita, in Schule und Betrieb sorgt gutes Benehmen für ein angenehmes Klima und reibungslose Abläufe. Dabei geht es nicht um geziertes Zeremoniell wie früher an den Königshöfen. Auch Unterwerfungsgesten wie Knicks und Diener sind heute nicht mehr angezeigt, wohl aber Höflichkeit und Rücksichtnahme. Wer andere mit „Guten Morgen" oder „Guten Tag" begrüßt, drückt aus: „Ich nehme dich wahr und du bist mir wichtig." Wer mit dem Essen erst anfängt, wenn alle versorgt sind, zeigt: „Ich kümmere mich nicht nur um mich selbst, sondern mir ist auch wichtig, dass es den anderen gut geht." Wer bei Tisch auf Schmatzen, Pupsen, In-der-Nase-Bohren verzichtet, möchte anderen den Appetit nicht verderben. „Bitte" und „Danke" sagen, einer mit Taschen bepackten Person die Tür aufhalten, aufstehen, wenn man einen älteren Menschen begrüßt, anderen Autofahrern das Einfädeln gewähren ... all das bezeugt vor allem eins: Respekt vor dem anderen. Respekt, Achtsamkeit, Rücksichtnahme aber sind Friedensstifter, sorgen für Entspannung, machen fröhlich und das Leben leichter.

TEXT 1

Was gutes Benehmen ist, darüber herrscht im Groben hierzulande Einigkeit, im Einzelnen können die Meinungen aber weit auseinanderliegen. So gilt es in manchen Familien als undenkbar, dass man ungekämmt und im Schlafanzug zum Frühstück erscheint, während andere das locker sehen. Bei Familie A. läuft während der Mahlzeiten regelmäßig der Fernseher im Hintergrund, bei den B.s hingegen ist jede Ablenkung vom Essen verpönt. [...] Viele Paare bringen [...] aus ihren Herkunftsfamilien unterschiedliche Ideen davon mit, was sich gehört und was nicht. Sie sollten sich über ihre Erziehungsvorstellungen austauschen, meint Familientherapeutin Paula Honkanen-Schobert, und nach Möglichkeit einen gemeinsamen Benimmkanon entwickeln, der für die eigene Familie passt. [...]

Aber nicht nur zwischen Eltern und Familien können die Ansichten über gutes Benehmen verschieden sein, sondern auch zwischen den Generationen. Dabei ist nicht alles, was die Älteren als ungehobelt empfinden, auch wirklich so gemeint. Wenn zwölfjährige Jungen sich zum Beispiel mit einem deftigen „Hey, Alter" begrüßen, dann ist das durchaus freundschaftlich. Umgangsweisen werden durch andere Kulturen beeinflusst und durch andere Umstände. Ob es unhöflich ist, im Beisein anderer ständig mit dem Handy zu hantieren, war zum Beispiel vor Jahren keine Frage – weil es keine Handys gab. Wenn sich die Gegebenheiten ändern, etwa durch neue Kommunikationsformen via Internet und Smartphone, dann müssen die Benimmregeln im Einzelfall neu ausgehandelt werden. [...]

Wie aber lernen Kinder gutes Benehmen? Zunächst und vor allem durch das Vorbild der Erwachsenen. „Von dem, was wir sind, was wir tun, denken und fühlen, wird ein Kind am meisten beeinflusst", erklärt Paula Honkanen-Schobert. Eine Mutter, die sich selbst zum Beispiel schwer damit tut, Ordnung zu halten, wird ihr Kind auch durch noch so viele Ermahnungen kaum dazu bringen, sein Spielzeug nach Gebrauch wegzuräumen. Ob Kinder elterliche Werte übernehmen, hängt außerdem von ihrer Beziehung zu den Erwachsenen ab. Fühlen sie sich selbst achtungsvoll behandelt, sind sie eher bereit, Hinweise zum Benehmen zu akzeptieren. Massiver Druck bewirkt jedoch meist das Gegenteil. Beschimpfung, Herabsetzung, Strafe führen dazu, dass Kinder nach und nach ihre Kooperationsbereitschaft verlieren. Dabei sind sie von ihrem ersten Tag an dazu bereit, mit den Erwachsenen zusammenzuarbeiten und sich an ihnen zu orientieren, wie der dänische Pädagoge Jesper Juul hervorhebt. Was sie brauchen, ist liebevolle Anleitung, auch in Benimmfragen.

Quelle: Ingrid Leifgen, Online-Familienhandbuch, hrsg. v. Staatsinstitut für Frühpädagogik (IFP), München, 25.07.2013. https://www.familienhandbuch.de/babys-kinder/bildungsbereiche/selbststaendigkeit/GutesBenehmenwillgelerntsein.php (aufgerufen am 28.01.2022)

AUFGABENSTELLUNG Basisteil

1 Fasse kurz zusammen, worum es in diesem Text geht.

___

___

___

___

2 Erkläre anhand zweier Beispiele aus dem Text, welche gesellschaftliche Funktion „Höflichkeit" hat.

KARIKATUR „Die Jugend – besser (erzogen) als ihr Ruf"

© Michael Hüter, Bochum / Stiftung Jugend und Bildung

3 Erkläre in höchstens fünf Sätzen, was du auf der Karikatur siehst und was sie aussagt

Wahlteil A

Der vorliegende Text stammt von einer Homepage für Lehrkräfte in der Ausbildung. Als du ihn liest, vergleichst du ihn augenblicklich mit deinem persönlichen Bild von deinen Lehrern. Inwiefern sollten sie Vorbild für Schülerinnen und Schüler sein? Das Thema ist für dich so vielschichtig, dass du beschließt, einen Artikel für die nächste Ausgabe eurer Schülerzeitung zum Thema zu verfassen.

TEXT 2A Hilfe, ich bin ein Vorbild

Sie teilen die Hefte aus. Ein Schüler schaut seine Arbeit an. Unter seinem Text steht in roter Schrift ein Satz, den er nicht entziffern kann. Er meldet sich: „Ich kann den Satz nicht lesen! Was soll das heißen?“ Sie gehen zu ihm, schauen nach und sagen: „Da steht: Du sollst leserlicher schreiben!“ Was heißt das nun für Sie? Dazu einige Gedanken.

Ein bekanntes Beispiel: Es ist spät, und die Ampel zeigt Rot, aber kein Auto ist zu sehen. Wer würde da auf jeden Fall stehen bleiben? Oder wie ist es mit gesunder Ernährung und den Pommes auf dem Stadtfest? Das Radfahren ohne Helm? Dem seit Wochen nicht korrigierten Mathetest? Und den zu Haus vergessenen Kopien? Sicherlich ließe sich das noch beliebig fortsetzen. Man könnte vieles finden, das nicht gut oder sogar eine Ordnungswidrigkeit ist, was aber von vielen trotzdem gemacht wird.

Eigentlich sagt dagegen auch kaum jemand etwas – aber von Lehrern erwartet doch jeder irgendwie, dass sie immer alles wissen und alles richtig machen, zumindest solange Schüler sie sehen oder etwas merken könnten. Gleichzeitig soll man als Lehrer authentisch sein, also so sein, wie man sich im Unterricht gibt. [...]

Es ist nicht immer einfach, ein Vorbild zu sein, und selbst, wer sich bemüht, immer alles richtig zu machen, wird von Zeit zu Zeit etwas tun, das eben nicht zu dem passt, was man sich vornimmt. [...]

All das, was Sie von Ihren Schülern (an Ordnung) erwarten, sollten Sie auch selbst beachten. Also: Je aufgeräumter der eigene Schreibtisch ist, desto mehr Ordnung kann auch von den Schülern erwartet werden. Wer seine Schüler respektvoll behandelt, kann auch von seinen Schülern Respekt erwarten. Ein Lehrer, der Schülern nicht vorhält, wenn sie einmal – nicht regelmäßig – etwas vergessen, kann auch auf das Verständnis seiner Schüler hoffen, wenn er selbst einmal etwas nicht fertig hat.

Quelle: Manon Sander: https://www.forrefs.de/sekundarstufe/unterricht/unterricht-halten/lehrerverhalten/hilfe-ich-bin-ein-vorbild.html (aufgerufen am 28.01.2022)

AUFGABENSTELLUNG Wahlteil A

1 Bearbeite die folgenden Aufgaben in einem zusammenhängenden Text. Zähle abschließend die von dir geschriebenen Wörter.

a) Beginne deinen Artikel, indem du auf Text 2A Bezug nimmst.
b) Fasse inhaltlich kurz zusammen, welche Meinung die Verfasserin vertritt. Stelle dem deine eigene Meinung gegenüber.
c) Führe drei Situationen an, in denen Lehrkräfte deiner Meinung nach als Vorbild agieren sollen, und begründe warum.

d) Stelle demgegenüber drei Situationen, in denen Lehrkräfte deiner Meinung nach das Recht haben, anders zu handeln als Schülerinnen und Schüler.
e) Appelliere an deine Klasse, mit einem Leserbrief auf deinen Artikel zu antworten und ihre eigene Meinung zum Thema kundzutun.

Wahlteil B

Als Mitglied der Schülervertretung deiner Schule nimmst du oft wahr, dass Lehrkräfte sich über das „schlechte Benehmen" ihrer Schülerinnen und Schüler beschweren. Auf der anderen Seite ist vielen Jugendlichen nicht bewusst, warum genau sie gerade anecken. Um Abhilfe zu schaffen, möchtest du der Schulleitung in einem Brief vorschlagen, einen Benimmkurs in der Schule einzurichten.

TEXT 2B Knigge im Klassenzimmer

Schwarzes Hemd, schwarze Hose, schwarze Lackschuhe. So steht Andreas Lassen vor einer Gruppe von Achtklässlern. Eigentlich betreibt er eine Tanzschule, heute aber steht Benimmunterricht auf dem Stundenplan. An der Mittelschule in Oberasbach, nicht weit von Nürnberg, soll er den Schülern gute Manieren beibringen, ihnen zeigen, wie man mit ungewohnten Situationen umgeht, wie man sich richtig vorstellt oder sich im Gespräch mit dem Chef verhält. Zweimal 45 Minuten – diese Zeit steht ihm dafür zur Verfügung. […]
Tugenden wie Höflichkeit oder Pünktlichkeit – zuweilen als spießig verschriene Werte – feiern Renaissance. Ratgeber wie *Der neue Knigge* stehen in den Verkaufsregalen. […] Konnte es Lehrern bislang eher egal sein, wie sich Kinder etwa am Esstisch benehmen, so ist das Thema inzwischen im Schulalltag angekommen. […]
Hinzu kommen konkrete Klagen: Einer Umfrage des Deutschen Industrie- und Handelskammertages (DIHK) zufolge sind immer weniger Bewerber ausbildungsreif. Nicht nur Rechnen oder Schreiben seien dabei das Problem, vielmehr fehle es oft an Disziplin, Pünktlichkeit und Teamfähigkeit – schlicht an den Grundvoraussetzungen für eine Berufsausbildung.
Grüßen und Konversation ist Teil der heutigen Lektion in Oberasbach. Daniel ist an der Reihe, er soll sich vorstellen. Er nennt seinen Vor- und Nachnamen, spricht bestimmt und freundlich. Nur: Er hat seine Kappe auf dem Kopf. Darauf angesprochen, nimmt er sie ab, pfeffert sie in eine Ecke und setzt sich wieder wortlos. „Ich werde hier keine starren Regeln predigen", sagt Coach Lassen, „ich möchte nur einige Fettnäpfchen zeigen, in die man leicht treten kann." Die Kappe ist so eines. Die Schüler sind 14 oder 15 Jahre alt, bald schon müssen sie Bewerbungen schreiben. Sie sind keine Kinder mehr, aber erwachsen auch noch nicht. Bei einem Bewerbungsgespräch entscheiden in der Regel das Auftreten und der erste Eindruck darüber, ob der Bewerber einen Ausbildungsplatz bekommt – oder eben nicht. […]
Schulen haben heute mehr denn je einen Erziehungsauftrag – vor allem, wenn es hier Defizite im Elternhaus gibt. „Wir müssen uns von dem Gedanken verabschieden, dass nur Fachwissen vermittelt wird. Schule muss heute ganz andere Aufgaben übernehmen", sagt Jürgen Knorz, Schulleiter in Oberasbach. […]
Schulen lassen sich dabei ständig neue Ideen einfallen, um diesen Gedanken umzusetzen. Etwa die Förderung der Gesprächskultur: Im ersten Stock der

TEXT 2B

Mittelschule Schliersee debattiert gerade die sechste Klasse – das Kaugummiverbot soll fallen. Im Klassenrat bilden sich Koalitionen, unterschiedliche Ansichten werden diskutiert. […] „In unserem Klassenrat werden viele Probleme auf einmal diskutiert – das tut auch dem Unterricht gut. Die Kinder sind konzentrierter, wenn diese Dinge aus der Welt geschafft sind.“ […] Trotzdem sind Klassenräte, ein gemeinsames Essen im Restaurant oder ein Benimmtraining noch Ausnahmen an den meisten deutschen Schulen.

Quelle: Markus Peters, Süddeutsche Zeitung online, 31.10.2011. https://www.sueddeutsche.de/karriere/benimm-kurse-in-der-schule-knigge-im-klassenzimmer-1.1026649 (aufgerufen am 28.01.2022)

AUFGABENSTELLUNG Wahlteil A

1 Bearbeite die folgenden Aufgaben in einem zusammenhängenden Text. Zähle abschließend die von dir geschriebenen Wörter.

a) Beginne den Brief mit einer passenden Anrede und einer Erklärung, warum du den Brief schreibst.
b) Nimm Bezug auf den Artikel „Knigge im Klassenzimmer“.
c) Erkläre ausführlich, warum ein Benimmkurs an deiner Schule sinnvoll wäre und welche Vorteile Jugendliche aus diesem Kurs ziehen würden.
d) Werde konkret: In welchem Jahrgang und in welchem Umfang soll der Kurs deiner Meinung nach durchgeführt werden? Begründe deine Auswahl.
e) Beende deinen Brief, indem du die Schulleitung bittest, aktiv zu werden.

LÖSUNGSHILFEN zum Wahlteil A

1 Stelle deine Meinung der Meinung der Verfasserin gegenüber.

Meinung der Verfasserin	Meine Meinung

2 Entscheide dich: In welchen Situationen sollten Lehrkräfte ein Vorbild sein, in welchen nicht?

Lehrkräfte sollten Vorbild sein	Das dürfen Lehrkräfte anders machen

3 Erstelle nun einen Schreibplan. Markiere oder unterstreiche in der Aufgabenstellung, was von dir erwartet wird. Anschließend formulierst du es so, dass du weißt, was du schreiben musst.

Schreibplan zum Wahlteil A

Überschrift: Hilfe, ich bin ein Vorbild

Einleitung:

a) Schreibanlass ______

Hauptteil:

b) Kurze Zusammenfassung der Meinung der Autorin: ______

Meine eigene Meinung: ______

______

c) Situationen, in denen Lehrkräfte Vorbild sein sollten: ______

1. ______

Grund: ______

2. ______

... ______

d) Situationen, in denen Lehrkräfte anders handeln können: ______

1. ______

2. ______

3. ______

Grund: ______

Schluss:

e) Appell an die Klasse (Leserbrief verfassen, eigene Meinung mitteilen) ______

4 Schreibe nun deinen Text. Die folgenden Formulierungsvorschläge können dir dabei helfen.

Einleitung:
Liebe Mitschülerinnen und Mitschüler, ...
Ich habe im Internet einen Artikel entdeckt ...

Hauptteil:
Die Verfasserin des Artikels ist der Meinung, dass ...
Ich selbst sehe das etwas anders.
Sicherlich sollten Lehrkräfte in manchen Situationen ein Vorbild sein.
Es gibt aber auch Momente, in denen Lehrkräfte nicht in erster Linie Vorbild sein müssen.

Schluss:
Eure Meinung zum Thema würde mich sehr interessieren.

5 Überarbeite deinen Text mithilfe der Checklisten auf den Seiten 47 und 57.

LÖSUNGSHILFEN zum Wahlteil B

1 a) Schreibe einen einleitenden Satz zum Text „Knigge im Klassenzimmer".
b) Schreibe stichpunktartig auf, welche Aussagen des Textes wichtig für deinen Aufsatz sind.

2 a) Suche Gründe für einen Benimmkurs an deiner Schule.
b) Lies deine Gründe durch und entscheide, für welchen Jahrgang und in welchem Umfang der Kurs deiner Meinung nach am meisten Sinn machen würde.

Jahrgang: ______

Umfang: ______

3 Unterstreiche in der Aufgabenstellung, was von dir erwartet wird. Erstelle mit diesen Angaben einen Schreibplan. Du darfst hierfür die Aufgabenstellung auch in eigenen Worten ausdrücken, wenn es dir hilft.

Schreibplan zum Wahlteil B

a) Anrede ______

Grund des Schreibens: ______

b) Bezug zum Text / Inhalt: ______

c) Das spricht für einen Benimmkurs an unserer Schule: ______

1. ______
2. ______
3. ______

d) Durchführung: ______

Jahrgang: ______ *Umfang:* ______

e) Bitte an die Schulleitung: ______

4 Schreibe nun deinen Text. Die folgenden Formulierungsvorschläge können dir dabei helfen.

Einleitung:
Liebe Schulleitung …
Ich habe im Internet einen spannenden Artikel entdeckt: …

Hauptteil:
In dem Text geht es darum, dass …
Ich bin der Meinung, diese Idee sollten wir auch an unserer Schule umsetzen.
Der Kurs würde das Schulleben bereichern, weil …
Viele Schülerinnen und Schüler würden davon profitieren, denn …
Gut wäre, den Kurs in den Jahrgängen …

Schluss:
Es würde mich freuen, wenn …

5 Überarbeite deinen Text mithilfe der Checklisten auf den Seiten 47 und 57.

C 2 Prüfungsbeispiel: Krisen in der Jugendzeit

Bearbeite auch diese Prüfungsvorlage so, wie du es in den Grundkursen B6 – B8 (Seite 39 – 64) gelernt hast. Gehe dabei schrittweise vor. Auf den Seiten 80 – 83 findest du Lösungshilfen zu den Schreibaufgaben des Wahlteils A und B.

Die folgenden Texte befassen sich mit dem Thema „Krisen in der Jugendzeit". Bearbeite zunächst die Aufgaben im Basisteil. Im Anschluss daran bearbeitest du die von dir gewählte Wahlaufgabe im Wahlteil A oder B.

Basisteil

TEXT 1 **An manchen Tagen** *Nadja Einzmann*

[...] An manchen Tagen warte ich, dass etwas passiert. Auf einen Anruf; dass das Haus einstürzt; oder der Arzt mir sagt, dass ich nur noch wenige Wochen zu leben habe. Ich sitze im Bett und warte und meine Mutter klopft an die Türe. Zu berichten hat sie nichts. Sei so gut, sagt sie, bring den Müll hinunter, oder: Wie wäre es mit einem Spaziergang, es ist ein wunderbarer Tag, sonnig, und die Spatzen pfeifen es von allen Dächern. Nein, rufe ich ihr zu, durch die geschlossene Tür, mir ist nicht danach, mir ist nicht nach Welt. Und ich sitze im Bett, der Himmel schaut blau durch mein Fenster oder umwölkt sich, oder ein Gewitter zieht auf. Mein Bett ist mein Schiff, mein Bett ist mein Floß, ich treibe dahin, Haie und andere Meerestiere unter mir und Sterne und Himmel über mir.

Was soll ich unternehmen mit dir, sagt meine Mutter, und stellt mir das Abendessen vor die Tür. Keines meiner Kinder, keines meiner Kinder, alle sind sie normal und gehen zur Arbeit, gehen morgens aus dem Haus und kehren abends zurück, nur du nicht. Was soll nur werden mit dir?

Es gab Zeiten, da ich anders war, solche Zeiten hat es gegeben. Ausgesprochen lebhaft war ich. Keine Aufgabe war sicher vor mir, und dann noch zum bloßen Zeitvertreib zeichnete ich und voltigierte[1] und focht und tanzte die Nächte durch. Meine Geschwister sahen müde aus, wenn sie von der Arbeit kamen. Sie hatten sich das Weiß in ihren Augen blutig gesehen über den Tag und auch ihre Hände waren wund und schmerzten. Mir sah man keine Mühe an. Nie. Ich schwebte über den Boden, wo andere gingen und dass ich mich bückte, kam nur sehr selten vor. Ja, es hat Zeiten gegeben, da ich anders war und ich trauere ihnen nicht nach. Packt eure Herzen in Alufolie, dass sie geschützt sind, wenn ihr aus dem Haus geht und reicht sie nicht frei herum!

Es hat Zeiten gegeben, da ich anders war und meine Mutter trauert ihnen nach. Kind, sagt sie, willst du nicht aufstehen, dass dein Vater mit dir fischen gehen kann und deine Geschwister dir berichten von ihrem Tag? Nein, sage ich, mir ist nicht nach Welt. In meinem Bett sitze ich, das mein Floß ist, und der Seegang ist hoch. Salziger Wind fährt mir durchs Haar und die Wellen überschlagen sich. [...]

1 **voltigieren:** auf dem galoppierenden Pferd turnen

Quelle: Nadja Einzmann: An manchen Tagen. Aus: Nadja Einzmann: Da kann ich nicht nein sagen. S. Fischer Verlag. Frankfurt a. M. 2001, S. 41 – 42

AUFGABENSTELLUNG Basisteil

1 Beschreibe das Verhalten der Hauptperson der Kurzgeschichte in wenigen Sätzen.

2 Warum kommt es der Person in der Geschichte vor, als sei ihr Bett ihr „Floß"?

3 Beschreibe, inwiefern sich das Verhalten der Hauptperson im Vergleich zu früher geändert hat.

4 Suche aus deinem eigenen Erfahrungsschatz drei mögliche Gründe für diese Verhaltensänderung.

FOTO

Quelle: Shutterstock / Bartek Zyczynski

5 Beschreibe die Situation auf dem Foto auf Seite 78.

6 Erkläre, inwiefern die Situation auf dem Foto typisch dafür ist, wie Jugendliche sich häufig fühlen.

TEXT 2 Jugendliche Krisen

Die „normalen“, d.h. notwendigen Prozesse der Selbstwerdung und Selbstfindung im Jugendalter sind an sich schon als eine Lebenskrise zu verstehen. Es ist eine Krise, die die zentralen Bereiche des Menschen, die Persönlichkeit oder das Selbst, zu ihrem Thema hat. Eine Krise ist als ein Prozess zu verstehen, der sich langsam oder schnell zuspitzt. Alle Methoden und Strategien, ein Problem zu bewältigen, haben versagt oder versagen. Es kommt zu einer Ansammlung, einer Ballung verschiedener Gefühle, die als spannungsreich und unerträglich empfunden werden. Jeder Mensch erlebt solche Prozesse im Laufe der Entwicklung. Er wird dadurch gezwungen, Altes aufzugeben, da es nicht mehr weiterhilft, und neue Möglichkeiten in sich selbst und in seiner Umwelt zu entwickeln und einzusetzen.
Ursprünglich bedeutet der aus dem Griechischen kommende Begriff „Krise“ „Entscheidung“.
Eine Krisenzeit ist eine Zeit großer Labilität[1], aber auch großer Offenheit für Neues, eine Zeit großer Wandlungsfähigkeit, aber auch erhöhter Anfälligkeit, Verletzlichkeit und Kränkbarkeit. Sie beinhaltet sowohl entwicklungsfördernde Momente – ist insofern ein kreativer Prozess – als auch zerstörerische oder selbstzerstörerische Tendenzen.

1 **die Labilität:** Anfälligkeit, Schwäche

Quelle: Notwendigkeit jugendlicher Krisen. neuhland Hilfe in Krisen gGmbh, Berlin, https://www.neuhland.net/informationsuizid.html (aufgerufen am 28.01.2022)

7 Beschreibe anhand von Text 2 in eigenen Worten, was eine Krise eigentlich ist.

8 Entnehme Text 2, was der aus dem Griechischen stammende Begriff „Krise“ ursprünglich bedeutet. Stelle dann eine begründete Überlegung an, was diese beiden Wörter miteinander zu tun haben.

Wahlteil A

Deine Schule gestaltet einen informierenden Elternabend zum Thema „Erwachsen werden“. Du bist Schulsprecherin bzw. Schulsprecher und dein Anliegen ist es, den Eltern zu verdeutlichen, wie wichtig ihre Rolle bei der Bewältigung der emotionalen Krisen ihres Kindes ist. Bei der Recherche stößt du im Internet auf folgenden Artikel:

TEXT 3A Das soziale Netzwerk der Eltern

Das soziale Netzwerk der Eltern prägt das soziale Umfeld, in dem die Kinder aufwachsen. Freunde der Eltern und Verwandte können die Sozialwelt der Kinder bereichern, indem sie den Kindern als Interaktionspartner zur Verfügung stehen. Kinder können durch diese Personen neue Sichtweisen vermittelt bekommen und lernen, die Sichtweisen der Eltern zu relativieren[1]. Die Interaktionen[2] zwischen Netzwerkpartnern der Eltern und Kindern unterscheiden sich von den Interaktionen zwischen Eltern und Kindern, da die Netzwerkpartner freier (re)agieren. Es kommt auch zu einer Relativierung der Position der Eltern, da die Kinder ihre Eltern mit anderen Erwachsenen vergleichen. Manche Netzwerkpartner der Eltern (vor allem Verwandte und enge Freunde), können die Kinder in schwierigen Situationen beraten und eventuell zwischen Kindern und Eltern vermitteln. Die Kinder werden dadurch emotional gestützt, und sie können Vertrauen in andere Menschen neben den Eltern entwickeln. Sozial aktive Eltern können ihren Kindern Vorbild darin sein, viele mitmenschliche Kontakte über die Familie hinaus zu pflegen. Gleichzeitig kommen auch die Freunde und Verwandte als Modelle in Betracht. Diese Personen werden sozial eher aktiv sein, sonst wären sie nicht mit der Familie, zu der die Kinder gehören, in Kontakt. Kinder gut integrierter Eltern können also viele sozial aktive Personen beobachten. Sind die Eltern dagegen sozial isoliert, haben die Kinder weniger potentielle[3] Vorbilder. Diese übrig bleibenden Vorbilder, nämlich die Eltern selber, haben nur wenig oder

TEXT 3A

gar keine Beziehungen. Die Kinder erlernen und erleben also ein zurückgezogenes soziales Leben."

1 **relativieren:** die Bedeutung von etwas abschwächen, indem man es zu einer anderen Sache in Beziehung setzt

2 **die Interaktion:** wechselseitige Handlung / Kommunikation zwischen zwei oder mehreren Menschen

3 **potentielle:** mögliche

Quelle: Werner Stangl: Das soziale Netzwerk der Eltern. http://arbeitsblaetter.stangl-taller.at/JUGENDALTER/Eltern-Freundschaft-Jugendliche.shtml/ (aufgerufen am 28.01.2022)

AUFGABENSTELLUNG Wahlteil A

1 Du möchtest im Rahmen des Elternabends einen Vortrag halten, der zum einen die Sicht der Jugendlichen beschreibt und zum anderen einen Appell an die Eltern richtet. Als Grundlage dafür verfasst du einen Text. Bearbeite hierfür die folgenden Aufgaben. Beachte auch die Überleitungen zwischen den einzelnen Aufgaben, um einen zusammenhängenden Vortrag zu gestalten.

a) Beginne mit der Begrüßung des Publikums und der Beschreibung deines Anliegens.
b) Beschreibe den Eltern, wie sich Jugendliche in Krisensituationen fühlen. Beziehe deine Erkenntnisse aus der Bearbeitung von Text 1 und dem Foto in deine Überlegungen ein.
c) Erkläre, was der Begriff „Krise" heißt und ab wann man von einer Krise sprechen kann.
d) Verdeutliche anhand dreier Aspekte aus Text 3A, welche Vorbildfunktion Eltern gegenüber ihren Kindern haben. Erkläre es so, dass der Zusammenhang deutlich wird.
e) Appelliere an die anwesenden Eltern, ihren Kindern dabei zu helfen, jugendliche Krisen zu bewältigen oder erst gar nicht entstehen zu lassen.

Wahlteil B

Stell dir folgende Situation vor: Du bist die Person aus Text 1, sitzt abends auf deinem Bett, schaust hinaus in den Nachthimmel und denkst über dein Leben nach. In letzter Zeit hattest du es nicht leicht. Immer wieder geht dir ein Gedicht durch den Kopf, welches du zufällig in einer Zeitung gelesen hast.

TEXT 3B pass auf

pass auf, wer deine freunde sind!
pass auf, wes geistes kind sie sind!
pass auf, woher sie kommen.

pass auf, wohin sie gehen.
pass auf, zu wem sie stehen.
pass auf, ob sie auch sehen.

pass auf, von welcher art sie sind!
pass auf, mein liebes, gutes kind,
pass auf, pass auf!

pass auf, wo deine sterne steh'n,
pass auf, wo die gedanken weh'n,
pass auf, ob alle herzen treu – slash –
mir – slash – dir – slash – nicht so neu.

TEXT 3B

pass auf, ob immer noch die welt:
pass auf: das grüne sich erhält!
pass auf, dass lügen nicht mehr stimmen.
pass auf. denn alles kommt von innen.

pass auf, wo deine sehnsucht schlummert
pass auf, wo nur dein herz so wummert,
pass auf, wo sehnsucht in dir wohnt,
pass auf, ob dieses dieses lohnt.

pass auf, dass licht den tag erhellt,
pass auf, dass wahrheit aus dir schnellt.
pass auf. pass auf.

pass auf, du kannst nur deinen augen trauen.
pass auf: dann musst du schlauer schauend schauen.
pass auf!

pass auf: auch dies gedicht wird schwinden.
pass auf: sie werden lügen um es winden.
pass auf …

pass auf, wer deine freunde sind!
pass auf, wes geistes kind sie sind!
pass auf! versehentlich werden sie gehen.

Quelle: Wolfgang Reus: pass auf! https://www.aphorismen.de/suche?f_rubrik=Gedichte&f_autor=3147_Wolfgang+J.+Reus&seite=2 (verändert, aufgerufen am 28.01.2022)

AUFGABENSTELLUNG Wahlteil B

1 Du nimmst dein Tagebuch und schreibst einen Tagebucheintrag, um deine Gedanken zu strukturieren.

a) Beschreibe die Gefühlssituation, die sich in Text 1 offenbart, aus der Ich-Perspektive. Nutze dabei auch die Erkenntnisse, die du aus der Auswertung des Fotos gewonnen hast.
b) Beschreibe das Gedicht (Text 3B), indem du es inhaltlich vorstellst. Gehe dabei nicht auf jeden einzelnen Vers ein, sondern fasse es geschickt zusammen.
c) Benenne die drei für dich wichtigsten Aspekte aus dem Gedicht und begründe, warum sie für dich in deiner Situation bedeutsam sind.
d) Mache dir selber Mut mit einem Appell, der sich aus deinem Textverlauf ergibt.

LÖSUNGSHILFEN zum Wahlteil A

1 Mache dir stichpunktartig Notizen dazu, wie es Jugendlichen in Krisensituationen geht. Welche Probleme haben sie? Beziehe auch deinen eigenen Erfahrungsschatz mit ein.

2 Lies Text 3A genau und unterstreiche, welche Informationen zur Bearbeitung der Aufgabenstellung wichtig sind. Was versteht man unter einer Krise? Ab wann spricht man von einer Krise? Fasse deine Erkenntnisse in ein paar Sätzen zusammen.

____

____

____

____

3 Notiere dir die drei Aussagen aus Text 3A, auf die du die Eltern hinweisen möchtest.

____

____

____

____

4 Lege dir in Stichworten einen Schreibplan an.

Schreibplan zum Wahlteil A

Einleitung:

a) Begrüßung des Publikums (Eltern), warum halte ich den Vortrag, was möchte ich?

____

Hauptteil:

b) Gefühle von Jugendlichen in Krisensituationen:

____

____

c) Definition „Krise":

Von einer Krise spricht man, wenn …

____

____

d) Eltern haben für Kinder eine Vorbildfunktion, weil:

1.

2.

3.

Schluss:

e) Appell an die Eltern:

____

____

5 Schreibe nun deinen Text. Die folgenden Formulierungsvorschläge können dir dabei helfen.

Einleitung:
- *Liebe Eltern, ich freue mich, dass …*
- *Ich stehe heute hier, weil ich Ihnen verdeutlichen möchte …*

Hauptteil:
- *Die Zeit der Pubertät stellt uns Jugendliche vor ganz besondere Herausforderungen.*
- *Auch seelisch ist es in dieser Zeit für uns schwer.*
- *Von einer wirklichen Krise aber spricht man, wenn …*
- *Aber auch Ihnen, liebe Eltern, kommt eine nicht unerhebliche Vorbildfunktion zu …*
- *Gerne möchte ich Ihnen aufzeigen, wie Sie …*

Schluss:
- *Ich würde mir wünschen, dass …*

6 Überarbeite deinen Text mithilfe der Checklisten auf den Seiten 47 und 57.

LÖSUNGSHILFEN zum Wahlteil B

1 Versetze dich in die Situation einer Person, die das erlebt, was Text 1 und 2 ausdrücken. Wie geht es ihr?

____

____

2 Fasse den Inhalt des Gedichtes in fünf Sätzen zusammen.

____

____

____

3 Finde die drei für dich hilfreichsten Aussagen des Gedichtes in Bezug auf die eigene Entwicklung.

Helfende Aussage	Begründung, warum das für mich wichtig ist

4 Lege dir in Stichworten einen Schreibplan an.

Schreibplan zum Wahlteil B

Einleitung:

a) Gefühlslage (Informationen aus Text 1 und 2 entnommen), Ich-Form: ______________________

____

____

Hauptteil:

b) Inhalt des Gedichtes (kurz zusammengefasst!): ______________________

____

____

____

b) Drei Kernaussagen des Gedichtes, die hier wichtig sind: ______________________

1. ______________________
2. ______________________
3. ______________________

Schluss:

e) Appell an mich (Mut machende Formulierung): ______________________

____

____

____

5 Schreibe nun deinen Text. Die folgenden Formulierungsvorschläge können dir dabei helfen.

Einleitung:
- *Alles scheint sich verändert zu haben. Früher …*

Hauptteil:
- *Immer wieder fällt mir das Gedicht „pass auf" von Wolfgang Reus ein. Darin geht es …*
- *Das Gedicht weist auf verschiedene Dinge im Leben hin, auf die man aufpassen sollte …*
- *Drei Aspekte sind mir dabei vor allem ins Auge gesprungen …*
- *Da ist zum Beispiel der Punkt, dass … / Ihn finde ich wichtig, weil …*

Schluss:
- *Aber ich werde es schaffen. Ich bin mir sicher, denn …*

6 Überarbeite deinen Text mithilfe der Checklisten auf den Seiten 47 und 57.

C 3 Prüfungsbeispiel: Künstliche Intelligenz

Bearbeite auch diese Prüfungsvorlage so, wie du es im Kapitel B1 (Seite 26/27) sowie in den Grundkursen B6 – B8 (Seite 39 – 64) gelernt hast. Gehe dabei schrittweise vor. Auf den Seiten 89 – 91 findest du Lösungshilfen.

Die folgenden Materialien befassen sich mit dem Thema „Künstliche Intelligenz“. Bearbeite zunächst die Aufgaben im Basisteil. Im Anschluss daran musst du dich entscheiden, ob du die Schreibaufgabe im Wahlteil A oder B bearbeitest.

Basisteil

TEXT 1 **Spracherkennung: Smarte Assistenten – Freund oder Feind?**

Sprachassistenten reagieren auf Befehle, um uns im Alltag zu helfen. Doch in Zukunft sollen sie an unserer Stimme Krankheiten, Wünsche und Emotionen erkennen. Der Beginn einer wunderbaren Freundschaft? Wer wünscht sich das nicht? Jemanden an seiner Seite zu wissen, der immer für einen da ist. Der weiß, was uns bewegt und was wir gerade am dringendsten brauchen. Jemanden, der ein angenehmer Gesprächspartner ist, der auf unsere Gesundheit achtet, der uns quasi in- und auswendig kennt. Noch ist das Zukunftsmusik: Der Sprachassistent als vielleicht bester Freund des Menschen. Die heutigen Sprachassistenzsysteme stellen zwar eine Vielzahl an Funktionen bereit, die ihren Benutzern das Leben leichter machen – von der Terminplanung über Navigation[1], Smart-Home- und Gerätesteuerung und vieles mehr. Andererseits fungieren[2] sie bisher lediglich als Befehlsempfänger und Antwortgeber, die in ihrer Kommunikationsfähigkeit stark limitiert[3] sind. Erwartbare Fragen und Befehle, wie nach dem Wetter fragen, die Order, das Licht ein- und auszuschalten, können sehr gut bearbeitet werden. Was die Sprachsysteme nicht gut können, ist, locker zu plaudern und damit in eine natürliche verbale Interaktion[4] mit dem Benutzer zu treten. Doch trotz dieser Einschränkungen beobachten Wissenschaftler bereits jetzt, dass es menschelt zwischen Benutzer und Maschine.

Prof. Nicole Krämer untersucht an der Universität Duisburg-Essen, wie Sprachassistenten unsere Emotionen beeinflussen: „Dass wir sozial reagieren, wird eigentlich relativ einfach ausgelöst“, erklärt sie. „Ein ganz wichtiges Element, haben verschiedene Studien gezeigt, ist die Sprache. Dann wird automatisch das wachgerufen, was wir in uns haben, nämlich diese natürliche Fähigkeit zur Kommunikation und sozial mit anderen zu interagieren“, so die Sozialpsychologin. Testpersonen zeigten beispielsweise Höflichkeitsverhalten gegenüber den sprechenden Maschinen oder sie versuchten den Maschinen gegenüber, einen guten Eindruck zu machen. Ganz so wie das in der Interaktion mit anderen Menschen vorkommt. Kennzeichnend dabei war, dass den Versuchspersonen ihr eigenes Verhalten nicht bewusst war und es sogar von ihnen geleugnet wurde. Sind wir beeinflussbar, ohne es zu merken? Und könnte dieser Umstand ausgenutzt werden? Besonders unter der Annahme, dass sich mit zunehmender Interaktionsfähigkeit der Sprachassistenten auch die Bindung vom Menschen zur Maschine intensivieren wird?

Eine entscheidende Rolle bei der Weiterentwicklung der modernen Sprach-

TEXT 1

assistenten ist der Einsatz von Künstlicher Intelligenz. Mittels sogenanntem Machine Learning wird dabei versucht, aus großen Datenmengen Muster herauszulesen, die dann ein besseres Funktionieren des Sprachassistenten ermöglichen sollen. Die Daten gewinnen Unternehmen wie Google, Apple, Microsoft und Amazon dadurch, dass die Benutzer ihre Maschinen mit Sprachbefehlen füttern. Es wird dann, zum Teil auch mit menschlicher Hilfe, analysiert, welche Anfragen die Benutzer stellen. So können die Sprachassistenten darauf trainiert werden, diese Anfragen besser zu verstehen und darauf zielgerichtet zu antworten.

Ein Problem, das sich beim Sammeln von Daten ergibt, ist, dass die Benutzer keinen Einfluss darauf haben, wie ihre Daten verwendet und wie lange sie gespeichert werden. „Daten, die irgendwo gespeichert sein können, wecken immer Begehrlichkeiten. Auch Krankenkassen könnten sich natürlich für Daten darüber, in wie weit der Sprachassistent Depressionsneigungen bei jemandem anscheinend erkannt hat, interessieren", erklärt Prof. Nicole Krämer. Tarife könnten dann angepasst werden. Aber auch eine Änderung von politischen Systemen könnte zu einem Missbrauch der Daten führen.

Wohin also geht die Reise in Zukunft? Eine Patentbewilligung in den USA, ausgestellt im Jahr 2018 an Amazon, könnte ein Fingerzeig sein. Dort wird beschrieben, wie mittels Spracherkennung Krankheiten und die Stimmung der Nutzer erkannt werden können. Alexa erkennt also körperliche und seelische Zustände von Menschen anhand von Stimmanalyse und der Erfassung von Umgebungsgeräuschen wie Husten, Schnupfen oder Schluchzen. Ist Alexa der Meinung, dass ihr Benutzer krank, verstimmt oder depressiv ist, kümmert sie sich. Dem Nutzer werden dann beiläufig Produktvorschläge unterbreitet und bei Zustimmung über Amazon geliefert. Amazon ließ offen, ob das Patent jemals in eine konkrete Anwendung umgesetzt wird. „Die Chancen in der Entwicklung von Sprachassistenten sind die Services, die es heutzutage schon bietet, zu verbessern. Aber aus ethischer[5] Sicht muss man sich fragen, können diese unbewussten sozialen Reaktionen, die wir beobachten, ausgenutzt werden", sagt Prof. Nicole Krämer. Aufgrund der noch sehr jungen und sich in ständiger Weiterentwicklung befindlichen Technologie fehlen bisher Langzeitstudien. Ob Alexa und Co Assistenten bleiben oder doch irgendwann wie Freunde wahrgenommen werden, wird erst die Zukunft zeigen.

1 **die Navigation:** *hier:* zielgerichtetes Anwenden von EDV-Programmen

2 **fungieren:** eine bestimmte Aufgabe haben

3 **limitiert:** begrenzt

4 **die verbale Interaktion:** sprachlich miteinander in Beziehung treten

5 **ethisch:** moralisch, sittlich (Die Ethik sagt, wie der Mensch handeln soll und wie nicht.)

Quelle: Markus Plawszewski (SWR), https://www.daserste.de/information/wissen-kultur/w-wie-wissen/kuenstlicheintelligenz-102.html (aufgerufen am 28.01.2022)

AUFGABENSTELLUNG Basisteil

1 Stelle den Text und sein zentrales Thema in nicht mehr als drei Sätzen vor.

____

____

2 Was erhoffen sich Menschen vom Einsatz Künstlicher Intelligenz? Notiere Stichworte.

3 Am Anfang des Artikels wird die Frage aufgeworfen, ob Menschen und Künstliche Intelligenzen „Freunde“ sein können. Formuliere ein Argument, das dafür, und eins, das dagegen spricht.

Wahlteil A

Bei einer Recherche im Internet stolperst du über den Begriff „Smart Home“. Du informierst dich genauer darüber. Was du erfährst, fasziniert dich. Du versuchst, deine Eltern zu überzeugen, euer Zuhause etwas „smarter“ zu machen.
Verfasse ein Referat mit abschließender persönlicher Stellungnahme.
Verfasse dafür einen informierend-appellierenden Text.

TEXT 2A Was ist eigentlich ein Smart Home?

Wer beim Begriff „Smart Home“ (engl. „Intelligentes Haus“) an den berühmten, selbst einkaufenden Kühlschrank mit Internetanschluss denkt, liegt falsch. Den gibt es noch lange nicht zu kaufen. Dennoch sind es auch im Smart Home verschiedene technische Hilfsmittel wie Sensoren[1], gesteuerte Motoren oder Kameras, die für mehr Annehmlichkeit oder Hilfe im Haushalt sorgen. Ob Smart-Home-Lösungen für Licht, Türen und Fenster oder Heizung – immer lässt sich das Einsatzgebiet auf die drei Bereiche Komfort, Energiesparen und Sicherheit eingrenzen. Und keine Sorge vor kühler Technik: Viele haben schon jetzt Funksteckdosen, Rauchmelder oder Dimmer[2] bei sich zu Hause, ohne dass sie stören. Neu ist lediglich, dass die Geräte nun untereinander vernetzt sind. Das heißt, dass zum Beispiel die Waschmaschine per Funk Kontakt mit dem Handy hält und automatisch eine Nachricht verschickt, wenn die Wäsche fertig ist oder eine Störung vorliegt. Die Hersteller der verschiedenen Systeme legen außerdem großen Wert darauf, dass Sie ohne weitere Hilfe oder technisches Vorwissen innerhalb weniger Minuten ein Smart-Home-System einrichten können. Was viele Systeme jedoch voraussetzen: ein aktuelles Smartphone oder ein Tablet-PC. Denn viele Smart Homes werden heute einfach und intuitiv per App gesteuert. […]

Individuelle Lichtstimmungen automatisch nach Tageszeit, ein perfekt temperiertes Haus oder Rollläden, die herunterfahren, wenn der Fernseher eingeschaltet wird. Einer der angenehmsten Effekte eines Smart Home ist der Komfortgewinn. Denn vieles lässt sich bequem per Handydisplay oder Tablet vom Sofa aus steuern.

Neben dem direkten Steuern lassen sich über die dazugehörigen Programme auch zeitliche Abläufe einrichten. So zieht sich die Markise[3] automatisch zum Sonnenuntergang ein, fährt die Heizung für kuschelig warme Räume kurz vor dem Feierabend hoch oder öffnen sich Haustüren oder Garagentore von selbst – ganz ohne Schlüsselsuche.

TEXT 2A

Richtig interessant wird es, wenn die einzelnen intelligenten Elemente wie Funksteckdosen, Rollladenmotoren und App-gesteuerte LED-Leuchten per Software miteinander verknüpft sind. So lassen sich individuelle Szenarien einstellen. Zum Beispiel können für den Heimkino-Abend auf nur einen Fingertipp die Fenster verdunkelt, das Licht gedimmt und die Raumtemperatur erhöht werden. Oder es startet an heißen Tagen dank Wärmesensoren automatisch der Rasensprenger, fährt die Markise aus und setzt sich in den Innenräumen die Klimaanlage oder der Ventilator in Gang. Ein Haus, das sich so an die Bedürfnisse seiner Bewohner anpasst, ist dann wirklich smart.
Neben Komfort steht Energiesparen bei einem Smart Home mit an vorderster Stelle. Nicht nur, dass man sich dank der Verbindung zum Smartphone über den Stromverbrauch aller Geräte jederzeit informieren kann. Besitzer einer Photovoltaikanlage[4] können sich auch anzeigen lassen, wie viel Strom parallel dazu auf dem Dach produziert wird. Mit einem Fingertipp lassen sich auf Wunsch sogar die stärksten Verbraucher einzeln oder gleich alle Geräte beim Verlassen des Hauses mit einem Mal ausschalten. Denn ausgeschaltete Geräte sparen die meiste Energie. [...]
Neben Komfort und Energieeinsparung bietet ein Smart Home noch ein bedeutendes Plus an Sicherheit. Ob ein Urlaubsmodus mit unterschiedlichen Beleuchtungsszenarien, eine über das WLAN-Netzwerk verbundene Kamera an der Eingangstür oder Funksteckdosen, mit denen auch von unterwegs dem noch eingeschalteten Bügeleisen der Strom gekappt werden kann – Smart Home macht es möglich. Eigentlich passt die kluge Technik daher zu jedem, denn die Vielfalt der Anwendungsmöglichkeiten ist enorm. [...]

1 **der Sensor:** Messfühler

2 **der Dimmer:** Helligkeitsregler

3 **die Markise:** faltbares Stoffdach zum Schutz gegen Sonne

4 **die Photovoltaik:** Gewinnung von elektrischer Energie aus Sonneneinstrahlung

Quelle: Heiko Spilker, https://www.schoener-wohnen.de/architektur/36906-rtkl-was-ist-eigentlich-ein-smart-home (aufgerufen am 28.01.2022)

AUFGABENSTELLUNG Wahlteil A

1 Bearbeite die folgenden Aufgaben in einem zusammenhängenden Text. Gehe folgendermaßen vor.

a) Beginne dein Referat mit einer Erklärung, in der Thema und Ziel deutlich werden.
b) Fasse inhaltlich kurz zusammen, was ein Smart Home ist und wie es funktioniert.
c) Führe drei Situationen an, in denen deine Eltern im Alltag von einem smarten Zuhause profitieren würden. Belege diese mit Beispielen aus eurem Familienalltag.
d) Erkläre, wie die Smart-Technologie die Sicherheit zuhause erhöhen würde.
e) Appelliere im Schlussteil an deine Eltern, die Idee eines Smart Home gemeinsam in die Tat umzusetzen, und schlage vor, wie ihr damit beginnen könnt.

Wahlteil B

In immer mehr Wohnungen deiner Mitschülerinnen und Mitschüler ist „Alexa" eingezogen. Viele gehen deiner Meinung nach sehr unvorsichtig mit dieser Technik um. Du beschließt, einen Vortrag vorzubereiten, um die Risiken deutlich zu machen. Verfasse hierzu einen informierend-appellierenden Text. Nutze hierfür Text 1 und Text 2B.

TEXT 2B Diese Risiken birgt Alexa für Kinder

Ein Junge, sechs Jahre alt, wünscht sich ein Kinderlied, ruft „play Digger, Digger“[1] ins Mikrofon. Und was tut Amazons Sprachassistentin „Alexa“? Sie schlägt ihm verschiedene Porno-Titel vor. Diese Geschichte ist nicht die einzige Panne vergangener Jahre, die Eltern schockiert. Jetzt warnt sogar der Wissenschaftliche Dienst des Bundestags.

In einem Gutachten wird bemängelt, dass Kinder und Jugendliche persönliche Informationen von sich preisgeben oder eben Inhalte abrufen können, die sie nicht hören sollten. Außerdem stelle sich die Frage, was eigentlich mit Besuchern sei, die nicht wüssten, dass die Software gerade ihre Sätze aufzeichnet. Amazon dürfte der Pflicht zur Informationsvermittlung bei der Datenerhebung von Nutzern zwar ausreichend nachkommen, heißt es – „offen bleibt jedoch, wie unbeteiligte Dritte und Minderjährige von der Datensammlung ausgeschlossen werden können“. Mit Blick auf die USA sei außerdem unklar, „zu welchen weiteren Zwecken Amazon seine Daten zukünftig nutzen könnte“. Dass sich Kriminelle Zugriff zu den Daten in der Cloud verschaffen könnten, sei ebenfalls nicht auszuschließen.

Eine Reihe von Kritikpunkten. Das Bundesinnenministerium fühlt sich in der Sache aber nicht zuständig. Ein Sprecher erklärte auf Anfrage der Deutschen Presse-Agentur: „Die Nutzung der Sprachassistenten betrifft Datenverarbeitungen durch nichtöffentliche Stellen.“ Für diese lasse die Datenschutz-Grundverordnung der EU den nationalen Gesetzgebern so gut wie keinen Regelungsspielraum. „Wir müssen darauf dringen, dass die Einwilligungserklärung für den Nutzer auf die Gefahren und Möglichkeiten hinweist, die mit der Übertragung und Nutzung der Daten sowie der Daten von Dritten, die sich zufällig im Raum befinden, hinweist“, meint hingegen der fraktionslose Bundestagsabgeordnete Uwe Kamann. Dies müsse detailliert erfolgen, „und nicht indem man nur einmal ein Häkchen für alles setzt“. Kamann war es, der die Frage aufgeworfen hatte, ob es zulässig ist, dass Amazon die Spracheingaben der „Alexa“-Nutzer auswertet.

Der Hamburgische Datenschutzbeauftragte Johannes Caspar ist ebenfalls empört. Er teile die Befürchtungen des Wissenschaftlichen Dienstes des Bundestags. Probleme würden sich „aus der hohen Zahl von Fehlaktivierungen bei automatischen Sprachassistenten“ ergeben. Diese führten dazu, dass Gespräche immer wieder übertragen werden, weil das System das Aktivierungswort fälschlicherweise verstehe. „Von diesen Datenerhebungen sind ausnahmslos alle Personen im Haushalt betroffen, ohne dass die relevanten rechtlichen Vorgaben vorliegen dürften“, sagte Caspar zu *Tagesspiegel Background Digitalisierung & KI*. Insbesondere dürften „Kinder kaum einwilligungsfähig sein“. Ein weiteres Problem ist aus seiner Sicht „die fehlende Zugriffskontrolle durch eine personalisierte Steuerung, mit der eine Nutzung des Sprachsystems durch dritte unbefugte Personen verhindert werden könnte“. Amazon bietet den Nutzern zwar neuerdings mit dem Befehl „Alexa, lerne meine Stimme“ die Möglichkeit, ein persönliches Stimmprofil einzurichten. Diese werden nach Angaben eines Amazon-Sprechers aber nur genutzt, „um das individuelle Nutzererlebnis zu verbessern“. Auf den Befehl „Computer, spiele Musik!“ hin würden für verschiedene Profile unterschiedliche Titel abgespielt. Das Gerät für Kinder zu sperren, erlaubt die neue Stimmerkennung nicht.

TEXT 2B

Das Unternehmen teilte auf Tagesspiegel-Anfrage mit: „Echo und Alexa schützen die Privatsphäre der Kunden und jedes Haushaltsmitglieds." Jeder Echo-Lautsprecher sei mit einer Stummtaste ausgestattet, die die Stromzufuhr der Mikrofone und Kameras elektronisch trenne. Dadurch sei es für Kunden einfach zu steuern, wann Alexa in der Lage ist, das Aktivierungswort zu erkennen. Außerdem könne jeder seine Aufzeichnungen ansehen, anhören und beseitigen. Nötig sei nur der Satz „Alexa, lösche, was ich gerade gesagt habe!"
Der Sprachassistent wird nicht zum ersten Mal als Übel für Kinder angesehen. Im vergangenen Jahr veröffentlichte die britische Childwise Agency eine Untersuchung mit dem Ergebnis: Da Alexa Anweisungen ohne Wörter wie „bitte" oder „danke" ausführt, fürchten Experten, dass Kinder zu unhöflichen Wesen heranwachsen, die bloß noch befehlen.
Alexa, lies mir eine Gute-Nacht-Geschichte vor! Alexa, ich will ...! Im April 2018 brachte Amazon tatsächlich eine Version für Kinder auf den Markt. Diese formuliert ihre Antworten kindgerechter, sagt der Hersteller. Außerdem bekamen Kinder ein Lob, wenn sie bitten und sich bedanken. [...]

1 **Digger:** Anrede für einen Freund oder Kumpel

Quelle: Sonja Alvarez und Marie Rövekamp, Der Tagesspiegel, Berlin vom 09.07.2019

AUFGABENSTELLUNG Wahlteil B

1 Bearbeite nun die folgenden Aufgaben in einem zusammenhängenden Text. Gehe folgendermaßen vor:

a) Beginne dein Referat mit einer passenden Anrede und erkäre, warum du dich zu „Alexa" äußerst.
b) Benenne Vorteile, die der Umgang mit „Alexa" bietet. Mache dabei deutlich, dass du die Begeisterung deiner Mitschülerinnen und Mitschüler nachvollziehen kannst.
c) Führe begründet drei Gefahren der Nutzung einer „Alexa" an.
d) Gib deinen Mitschülerinnen und Mitschülern Tipps, wie sie sinnvoll mit Sprachassistenten umgehen.
e) Beende dein Referat, indem du dich bei deinen Zuhörerinnen und Zuhörern bedankst und daran appellierst, dass sie in Zukunft vorsichtiger bei der Nutzung von Sprachassistenten sein sollen.

LÖSUNGSHILFEN zum Wahlteil A

1 Schreibe in eigenen Worten auf, was ein Smart Home ist.

___

___

___

2 Sammle Aspekte in der Tabelle, auf welche Weise ein smartes Zuhause den Alltag erleichtern und die Sicherheit erhöhen kann.

Hilfe im Alltag	Erhöhung der Sicherheit

3 Lege dir in Stichworten einen Schreibplan an. Lies in der Aufgabe nach, was von dir erwartet wird.

Schreibplan zum Wahlteil A

Einleitung:

a) Anrede: ____

Thema: ____

Ziel: ____

Hauptteil:

b) Was ist ein Smart Home? ____

Wie funktioniert es? ____

c) Hilfreiche Situationen im Alltag: ____

1. ____

2. ____

3. ____

d) Wie erhöht die Smart-Technologie die Sicherheit zuhause? ____

Schluss:

e) Bitte um Umsetzung ____

Wie beginnen wir? ____

4 Schreibe nun deinen Text. Die folgenden Formulierungsvorschläge können dir dabei helfen. Überarbeite deinen Text anschließend mithilfe der Checklisten auf den Seiten 47 und 57.

Einleitung:
- *Wie ihr wisst, habe ich in letzter Zeit relativ viel über Smart-Technologie gelesen.*
- *Ich würde mir wünschen, dass …*

Hauptteil:
- *Ein Smart Home zu besitzen, bedeutet …*
- *An einigen Beispielen möchte ich zeigen, wie ein smartes Zuhause den Alltag erleichtern kann …*

Schluss:
- *Ich würde mich freuen, wenn …*
- *Vielleicht können wir damit beginnen …*

LÖSUNGSHILFEN zum Wahlteil B

1 Notiere stichpunktartig, was deinen Mitschülerinnen und Mitschülern an „Alexa“ gefallen könnte.

____

____

____

____

2 Nenne stichpunktartig mindestens drei Gefahren von „Alexa“.

3 Versuche zu erklären, worauf man bei der Nutzung von „Alexa“ achten muss. Markiere im Anschluss den deiner Meinung nach wichtigsten Aspekt.

4 Markiere oder unterstreiche in der Aufgabenstellung, was von dir erwartet wird. Erstelle mit diesen Angaben einen Schreibplan.

Schreibplan zum Wahlteil B

Einleitung:

a) Anrede: __________

Grund des Vortrags: __________

Hauptteil:

b) Vorteile von „Alexa“: __________

Begeisterung kann ich nachempfinden, weil … __________

c) Gefahren der Nutzung: __________

1. … __________

2. … __________

3. … __________

d) Tipps zum Umgang: __________

… __________

Schluss:

e) Bedanken: __________

Appell: __________

5 Schreibe nun deinen Text. Die folgenden Formulierungsvorschläge können dir dabei helfen. Überarbeite deinen Text anschließend mithilfe der Checklisten auf den Seiten 47 und 57.

Einleitung:
- *Liebe Mitschüler und Mitschülerinnen, ich weiß aus Gesprächen, dass …*
- *Dieser Vortrag soll euch dabei helfen, …*

Hauptteil:
- *„Alexa“ ist faszinierend. Ich finde es auch spannend, ….*
- *Dennoch gibt es auch Gefahren, auf die ich euch hinweisen möchte: …*
- *Wenn ihr euch dazu entschließt, eine Alexa anzuschaffen, solltet ihr …*

Schluss:
- *Ich danke dafür, … und ich hoffe, dass …*

C 4 Prüfungsbeispiel: Austauschjahr

Bearbeite diese Prüfungsvorlage so, wie du es in den Grundkursen B 6 bis B 8 (Seite 39 – 66) gelernt hast. Gehe dabei schrittweise vor. Auf den Seiten 101 – 102 findest du Lösungshilfen zu den Schreibaufgaben des Wahlteils A und B.

Die folgenden Materialien befassen sich mit dem Thema „Austauschjahr". Bearbeite zunächst die Aufgaben im Basisteil. Im Anschluss daran bearbeitest du die von dir gewählte Wahlaufgabe im Wahlteil A oder B.

Basisteil

TEXT 1 **Discover you!**

Erlebe dein Traumland als Austauschschüler und mache jeden Tag zu einem unvergesslichen Abenteuer! Ein High-School-Austausch ist so viel mehr als Urlaub in einem fremden Land. Du bekommst ein zweites Zuhause. Du hast die Chance, tief in einen anderen Teil der Welt und eine neue Kultur einzutauchen, Freundschaften über Ländergrenzen hinweg aufzubauen und Dinge an dir selbst zu entdecken, die du sonst nie erfahren hättest. In deiner Zeit im Ausland entwickelst du dich persönlich weiter, wirst weltoffener und selbstbewusster und erhältst eine internationale Ausbildung.
Ein Auslandsjahr ist dein Startschuss, um die Person zu werden, die du wirklich sein möchtest. Ein High-School-Austausch hat sicher seine Herausforderungen, doch du gewinnst so viel dazu: Am Ende des Jahres kehrst du reifer, unabhängiger und mit ganz neuem Selbstvertrauen zurück nach Hause. Du lernst, mit den unterschiedlichsten Menschen über Sprachbarrieren und kulturelle Unterschiede hinweg zu kommunizieren und Probleme zu lösen. Du bekommst ein besseres Verständnis von der Welt, von unseren Gemeinsamkeiten und Unterschieden. Kurzum: Du bist bereit, dich kopfüber in die Zukunft zu stürzen. Die Erinnerungen und Freundschaften, die du mit nach Hause nimmst, werden dich für den Rest deines Lebens begleiten und du hast ein zweites Zuhause an einem anderen Ort der Welt. Ein High-School-Jahr ist sicher eine große Entscheidung, aber eine, die dein Leben auf unerwartete Weise bereichern wird. Also wähle dein Traumziel aus, bewirb dich und mach dich bereit für das beste Jahr deines Lebens!

Quelle: Broschüre „Highschool" der Organisation STS Education, Hamburg, 2021, S. 3

AUFGABENSTELLUNG Basisteil

1 Stelle den Text und sein zentrales Thema kurz vor.

____

____

2 Erläutere in Stichworten, warum ein High-School-Austausch viel mehr als ein Urlaub in einem fremden Land ist.

____

____

3 Nenne drei positive Aspekte eines Austauschjahres.

4 Erläutere in eigenen Worten und mithilfe des Texts die Aussage „Ein High-School-Jahr ist sicher eine große Entscheidung, aber eine, die dein Leben auf unerwartete Weise bereichern wird."

TEXT 2

Mein Austauschjahr – ein Traum wird wahr

Roosa S. S. Virtanen

Ein Austauschjahr zu erleben war schon mein ganzes Leben mein Traum. Ich wollte schon immer so viele Sprachen wie möglich lernen und wo kann man dies besser tun als dort, wo die Sprache gesprochen wird? Jeder Jugendliche zählt die Jahre, bis er oder sie 18 wird, aber ich wartete darauf, 17 zu werden, weil ich wusste, dass ich dann endlich an einem Austausch würde teilnehmen können. Also packte ich mit 17 meine Sachen, sagte „Auf Wiedersehen" zu meinen Freunden und meiner Familie und reiste in ein neues Land – Deutschland -, um für ein Jahr ein neues Leben zu leben.

Schulen sind sehr unterschiedlich in Deutschland und Finnland. Das Schuljahr in Finnland ist in fünf Zeitabschnitte (Perioden) eingeteilt, innerhalb jeder Periode haben wir fünf bis acht Kurse. Wir erstellen unsere Stundenpläne selbst und können entscheiden, was wir lernen wollen, für *wie lange* und *wie viel*. In Finnland dauert eine Unterrichtsstunde nicht 45 Minuten, sondern 75 Minuten. Deshalb haben wir auch nur maximal fünf verschiedene Fächer pro Tag, sodass wir nicht so viel Hausaufgaben bekommen. In jeder Unterrichtsstunde setzt sich die Klasse anders zusammen, d. h., wir haben nicht immer die gleichen Klassenkameraden. Die Mitschüler wechseln die ganze Zeit, trotzdem hat der Klassengeist in Finnland einen großen Stellenwert, insbesondere in der Mittelstufe – und zwar mehr als in Deutschland!

Übungen und Vorbereitungen für die Schule kann man in Finnland beinahe immer in einer Gruppe erledigen; und wir haben pro Kurs mindestens ein Gruppenprojekt. Die Wichtigkeit von Teamwork wird in finnischen Schulen sehr betont. Wenn man an eine neue Schule kommt, bedeutet dies, dass man zuerst den Klassen- und Schulgeist gut kennen lernt (in Deutschland mit der Klassengemeinschaft vergleichbar). Dies vermisste ich besonders am Anfang meiner Schulzeit hier in Deutschland. Ich habe in den ersten Wochen kaum Kontakt zu meinen Mitschülerinnen und Mitschülern gehabt – nur zu einer anderen Austauschschülerin aus meiner Klasse.

Meine Klasse in Deutschland ist geteilt: Die Jungen stehen immer zusammen und die Mädchen sind immer zusammen. Keiner spricht mit dem anderen Geschlecht oder nur sehr wenig. Für mich fühlte sich das am Anfang sehr merkwürdig an, besonders, weil ich immer leichter Freundschaft mit Jungen schließen kann als mit Mädchen! So war es ziemlich verrückt, dass ich plötz-

TEXT 2

lich darüber nachdenken musste, wenn ich mit den Jungen sprechen wollte, was vorher nie der Fall war.

Es ist ein Vorteil, dass Partys ein wichtiger Teil der deutschen Kultur sind, denn es brauchte nur eine Klassenparty, um die Mitschüler näher kennen zu lernen. Wir haben keine Klassenpartys in Finnland; das finde ich traurig, weil die Klassenparty hier bisher eins meiner besonderen Erfahrungen ist.

So schön alles ist, es gibt aber auch nicht ganz so tolle Dinge. Zu nennen ist da das Erlernen der Sprache – besonders, wenn man wie ich nur wenig Deutschkenntnisse hat. Es ist sehr ermüdend und kostet besonders am Anfang viel Kraft und Energie. Aber allmählich fasse ich Fuß in der Sprache und traue mich, immer mehr zu sprechen. Insgesamt sind gerade die ersten Wochen voll von neuen Dingen, und das macht furchtbar müde. Das Eingewöhnen in die neue Familie mit ihren Lebensarten, die neue Kultur usw. – alles ist neu und man muss sich darauf einlassen.

Alles in allem empfehle ich jedoch jedem, der die Möglichkeit zu einem Austauschjahr hat, dies wahrzunehmen. Man lernt so viel über sich selbst, über eine neue Kultur und eine neue Sprache und sammelt viele Erfahrungen, die man so nirgendwo anders bekommen kann. Außerdem sieht es später bei einer Bewerbung um einen Arbeitsplatz gut aus im Lebenslauf.

Du bekommst eine zweite Familie und ein zweites Zuhause in einem anderen Land und du wirst Freunde fürs Leben finden, und was ist cooler, als sagen zu können, dass du woanders auf der Welt Freunde hast? Ich weiß, es mag ein bisschen komisch oder ein wenig furchteinflößend sein, allein in ein anderes Land zu ziehen, aber es ist es wert und wenn du erst dort bist, ist es nicht mehr so beängstigend. Verlasse deine Wohlfühlzone – und interessante und überraschende Dinge werden auf dich warten!

Quelle: © Roosa S. S. Virtanen 2022

5 Welche Unterschiede sieht Roosa zwischen finnischen und deutschen Schulen? Notiere Stichworte.

____

____

6 Nenne stichwortartig Schwierigkeiten, die Roosa in Deutschland erfahren hat.

____

____

Wahlteil A

Eine Klassenkameradin geht nach der 10. Klasse für ein Jahr ins Ausland. Ihr habt viel miteinander gesprochen, du hast viel gelesen und recherchiert und willst nun auch unbedingt ein Jahr ins Ausland. Deine Großeltern würden dich finanziell unterstützen, weil sie von der Idee des Austausches überzeugt sind. Aber deine Eltern sind skeptisch und führen viele Nachteile an. In einem Brief versuchst du, sie davon zu überzeugen, dass du dir die Vor- und Nachteile gut überlegt hast, und bittest sie um ihre Unterstützung für ein Austauschjahr.

TEXT 3A Schüleraustausch: So funktioniert ein Auslandsjahr

Ein Austauschjahr gibt euch die Chance, eine längere Zeit im Ausland zu leben und dort zur Schule zu gehen. Im Vordergrund steht der kulturelle Austausch, deshalb sind die meisten Austauschschüler in einer Gastfamilie untergebracht, wo sie die Sprache und Kultur des Gastlandes intensiv mitbekommen. Anders als der Name suggeriert, dauert das Auslandsjahr kein volles Jahr, sondern etwa 10 bis 11 Monate. Inzwischen ist aber auch ein kürzerer Auslandsaufenthalt keine Seltenheit (drei bis sechs Monate).

Deutsche Schüler können im 9., 10. oder 11. Schuljahr internationale Luft schnuppern. Besonders beliebt ist das High-School-Year in den USA, aber auch europäische Länder ziehen viele deutsche Schüler an. Und mittlerweile gewinnen auch Länder wie Argentinien, Australien, China, Kanada und Neuseeland an Popularität. Weil mehrheitlich Gymnasiasten ins Ausland gehen, gibt es spezielle Stipendienprogramme für Real- und Hauptschüler. So soll Nichtgymnasiasten ermöglich werden, im Auslandsjahr eine Schule im Gastland zu besuchen. Ähnliche Fördermöglichkeiten bestehen für Schüler aus Zuwandererfamilien. Euer schulischer oder familiärer Background ist also kein Hinderungsgrund, wenn es euch ins Ausland zieht!

Pro Auslandsjahr: Von der Schule in die Schule

Größter und nachhaltigster Vorteil: Ihr lernt die Landessprache richtig gut, flüssig und akzentfrei. Weil ihr während des Auslandsjahres im Alltag ständig von der Landessprache umgeben seid, habt ihr die Sprache schnell drauf – inklusive aller Eigenheiten und Redewendungen. Auch die Kultur eures Gastlandes lernt ihr intensiv kennen, denn durch Gastfamilie und Schulfreunde nehmt ihr an wichtigen Events teil, lernt Feiertagssitten kennen und diskutiert kulturelle Unterschiede. Das schärft eure interkulturelle Sensibilität. Der Begriff bedeutet, dass ihr Berührungsängste gegenüber anderen Kulturen abbaut und mehr Toleranz und Verständnis für fremde Länder und Sitten entwickelt.

Für euch persönlich bedeutet der vorübergehende Wechsel an die Schule im Ausland eine Art Neuanfang, bei dem ihr euch in einem neuen Schulsystem zurechtfinden müsst. Dabei lernt ihr nicht nur neue Freunde kennen, sondern erfahrt auch so einiges über euch selbst. Denn auch wenn ihr an der Hand genommen werdet, verlangt das Auslandsjahr ein hohes Maß an Selbstständigkeit und Selbstorganisation. Diese Eigenschaften werden euch auf eurem weiteren Lebensweg sicherlich nützlich sein.

Kontra Auslandsjahr: Tücken beim Schüleraustausch

Wer für mehrere Monate ins Ausland geht, verpasst, was im Leben von Freunden und Familienangehörigen abgeht. Diese Distanz ist einer der größten Nachteile. Auch Heimweh kann sich einschleichen. Auf Trost von der Gastfamilie kann man sich nicht unbedingt verlassen, denn dass die Chemie zwischen euch und euren Gasteltern stimmt, ist nicht garantiert.

Wichtig ist, dass ihr euch eine gewisse Flexibilität und Offenheit bewahrt, denn die Gastfamilie kann ein anderes Weltbild haben und intellektuell oder finanziell auf ganz anderem Niveau sein, als ihr es von zu Hause gewöhnt seid. Aussuchen kann man es sich nicht.

Wann ihr das Auslandsjahr mit Schule im Gastland zeitlich einschieben könnt, ist nicht ganz unkompliziert. Denn das neue deutsche Schulsystem lässt kaum Zeit für eine längere Abwesenheit. Früher war die 11. Klasse perfekt dafür, seit Einführung von G8 zählt das 11. Schuljahr aber fürs Abitur. Daher könnt

TEXT 3A

ihr entweder einen kürzeren Auslandsaufenthalt planen (2. Halbjahr 10. Klasse, 1. Halbjahr 11. Klasse) oder in der 10. Stufe ins Ausland gehen. Wer das 11. Schuljahr im Ausland verbringt, muss es in der Regel wiederholen.

Fazit

Das Auslandsjahr ist eine einmalige Chance, eine Fremdsprache nahezu perfekt zu erlernen und tief in eine andere Kultur einzutauchen. Im Auslandsjahr sind Schule und Gastfamilie eure primären Bezugspunkte. Bei beiden kann es Probleme geben, die ihr größtenteils ohne die Hilfe eurer Eltern meistern müsst. Das ist gewiss eine Umstellung, macht euch aber selbstständiger, souveräner und selbstbewusster. Wem es wegen G8 zu stressig ist, während der Schulzeit ins Ausland zu gehen, kann ein Auslandsjahr nach der Schule, also zwischen Schule und Uni oder Ausbildung, absolvieren. Auch diese Option bieten die Austauschorganisationen an.

Quelle: https://www.bigkarriere.de/karrierewelt/schule/auslandsjahr-wahrend-der-schulzeit (aufgerufen am 28.01.2022)

TEXT 4A Unsere fantastischen Gastfamilien

Deine Gastfamilie ist viel mehr als eine Unterkunft für die Dauer deines Austausches. Diese Familie wird deine größte Unterstützung sein und der vielleicht wichtigste Teil deines Auslandsabenteuers. Es gibt einfach keine bessere Möglichkeit, die Kultur deines Gastlandes kennenzulernen, als den Alltag gemeinsam mit einer einheimischen Familie zu leben. Und genau das erwartet dich. Du wirst mit deiner Gastfamilie leben, essen, die Freizeit verbringen und vielleicht sogar gemeinsam mit ihr verreisen. Sie wird dich zum allerersten Mal mit der neuen Kultur in Kontakt bringen und dir in deinem neuen Land ein Zuhause geben. Und so gewinnst du wirklich eine zweite Heimat. Viele unserer Schüler bleiben auch nach ihrem Austausch noch lange mit ihrer Gastfamilie in Kontakt. Sie reisen immer wieder um die Welt, um einander zu besuchen, Zeit zu verbringen und die wichtigen Ereignisse des Lebens gemeinsam zu feiern. Wir kennen Geschichten von Gastfamilien, die viele Jahre nach dem Austausch um die halbe Welt gereist sind, um die Hochzeit ihres ehemaligen Gastkindes mitzuerleben. Die engen Beziehungen, die sich zwischen dir und deiner Gastfamilie entwickeln, werden ganz sicher zu den stärksten, wichtigsten und langlebigsten Verbindungen gehören, die du in deiner Zeit im Ausland knüpfst.

Quelle: Broschüre „Highschool" der Organisation STS Education, Hamburg, 2021, S. 10

AUFGABENSTELLUNG Wahlteil A

1 Bearbeite die folgenden Aufgaben in einem zusammenhängenden Text. Gehe folgendermaßen vor.

a) Erkläre deinen Eltern in einem einleitenden Absatz deine Motivation für den Brief.
b) Beschreibe die Grundidee eines Austauschjahres.
c) Stelle anhand von drei Beispielen die Vorteile eines Austauschjahres dar und was das für dich bedeuten würde. Versuche dabei Nachteile, die deine Eltern anführen könnten, zu entkräften.
d) Nimm Stellung zur Problematik der Gastfamilien, die deine Eltern nämlich wichtig finden.
e) Appelliere am Ende an deine Eltern, dir die Chance zu geben, ein Auslandsjahr zu erleben. Erkläre, was du tun willst, damit es erfolgreich verläuft.

Wahlteil B

Das Thema „Schüleraustausch/Auslandsjahr" interessiert dich. Du recherchierst im Internet nach Informationen und hast in deinem Freundeskreis einige Personen interviewt, die bereits einen Schüleraustausch gemacht haben. Neben vielen positiven Berichten hast du auch von Schwierigkeiten gehört, an die die Jugendlichen vorher nicht gedacht hatten. Jetzt möchtest du einen informierend-appellierenden Text für den Schülerblog deiner Schule schreiben, der die Vor- und Nachteile aufzeigt und dazu aufruft, gut vorbereitet in einen Austausch zu gehen.

TEXT 3B Schüleraustausch – wie aus Kultur Geld wurde

Christian Unger

[....] Viel weiß Carl-Friedrich Seelig noch nicht von der Türkei. Dass Ankara die Hauptstadt ist und nicht Istanbul. Dass Istanbul dafür aber für ein Drittel des Bruttoinlandproduktes verantwortlich ist. So was. Er wolle mal „was anderes machen", sagt der Schüler aus Ahrensburg. Anfang September ist er aufgebrochen, in eine türkische Gastfamilie, in eine türkische Schule. Noch spricht er kaum ein Wort Türkisch. Aber er freue sich schon auf den Moment, wenn er in einer Imbissbude zurück in Deutschland seinen Döner auf Türkisch bestellen kann.
Sein Vater hätte Carl-Friedrich geraten, nicht wie die meisten in die USA zu gehen. Er solle etwas Besonderes machen. Georgien vielleicht. „Da hatte ich aber kein gutes Bauchgefühl", sagt Carl-Friedrich. Also Türkei. „Uns war wichtig, dass unser Sohn mit einer gemeinnützigen Organisation fliegt", sagt seine Mutter Janne Seelig. Von den kommerziellen Anbietern hätten sie von Missbrauch gehört. Dass dort eine Familie mehrere Kinder aufnimmt, zum Beispiel, und denen nur Kost und Logis bereitstellt, aber keine Gastfreundschaft. [...]
Und sie werben um Schüler. Jugendliche lernen im Ausland eine Sprache, leben in einer neuen Familie. Kultur, Sport, Abenteuer, Spaß, darum geht es vielen. Und den Eltern geht immer mehr auch um Sicherheit für das eigene Kind, das für ein Jahr in die Ferne zieht. Allein, zu einer fremden Familie. Da kann viel schiefgehen.
Nach einer Studie des US-Außenministeriums waren im Jahr 2000 fast ein Fünftel aller amerikanischen Gastfamilien von ausländischen Vermittlern nicht „adäquat durchgecheckt und ausgewählt". In Internetforen häuften sich Beschwerden von Jugendlichen über die schlechte Betreuung vor Ort. Es kam zu Fällen von Missbrauch, einzelne Eltern klagten gegen deutsche Organisationen. Die Sorgen um die Sicherheit ihrer Kinder stieg. Das war nicht gut für die Idee des Austauschs, das war aber auch nicht gut fürs Geschäft. [....] Doch Familien, die das alles ohne Geld durchlaufen wollen, werden schwieriger zu finden. Deshalb steigt der Aufwand bei den Organisationen auf der Suche nach Familien – das gilt für Vereine wie für Firmen. Damit Schüler schneller an Gasteltern und Schulen vermittelbar sind, machen die meisten von ihnen Auflagen: mindestens ein Notendurchschnitt von 3,0, eine 5 im Zeugnis wird zum Problem. Auch Jugendliche, die unter Asthma oder Allergien leiden, haben es schwer. Wer Depressionen, Essstörungen oder Verhaltensauffälligkeiten hat, erhält kaum eine Chance. Klauseln in den Verträgen und Benimmregeln machen es Organisationen

möglich, Schüler bei Verstößen sofort nach Hause zu schicken, anstatt eine neue Familie zu suchen. Das Abenteuer ist beendet, das Geld meist trotzdem weg. […]

Quelle: Hamburger Abendblatt, 29.02.2016. https://www.abendblatt.de/ratgeber/article207102355/Schueleraustausch-wie-aus-Kultur-ein-Geschaeft-wurde.html (aufgerufen am 28.01.2022)

TEXT 4B USAbenteuer: Ein Austauschjahr in den USA

Jeannette Asmus

[…] Auch als ich im Flugzeug saß, konnte ich die Tränen nicht stoppen. Aber es waren glückliche Tränen. „You're gonna suffer, but you're gonna be happy about it" – das ist ein Zitat aus einem Harry Potter Film, es lässt sich einwandfrei auf diese Situation übertragen. Ich habe gelitten, sehr sogar, aber ich war auch froh darüber. Meine Tränen zeigten mir, wie sehr mir diese Menschen ans Herz gewachsen waren. Sie bewiesen mir, was für ein atemberaubend wunderbares Abenteuer da hinter mir lag. Ein Austauschjahr hat Höhen und Tiefen. Das hier war beides. […]

[…] Die anfängliche Begeisterung meiner Familie verflog aber schneller, als ich erwartet hatte. Ich wollte pausenlos von meinem Austauschjahr berichten, es gab ja noch so viel zu erzählen. Trotzdem versuchte ich mich zurückzuhalten und auch Interesse daran zu zeigen, was sich bei ihnen alles verändert hatte. Dennoch war ich ein klein wenig enttäuscht, dass meine Familie nicht näher daran interessiert war, was mir während meines Austauschjahres alles passiert war. Nach ein paar Wochen wieder zurück in Deutschland erwartete meine Familie zunehmend von mir, dass ich erkennen würde, dass mein Austauschjahr nur vorbei war. Sie hatten von dem Austauschjahr angenommen, dass ich ein Jahr an einer High School zur Schule gehen und bei einer Gastfamilie leben würde und wenn ich wieder nach Deutschland zurückkehre, dann sei das Austauschjahr zu Ende. Die Realität sah aber anders aus. Ich hatte nicht einfach nur bei einer Gastfamilie gewohnt, um nicht im Hotel übernachten zu müssen. Diese Menschen sind eine Familie für mich geworden und die vergisst man nicht, nur weil man sie nicht mehr jeden Tag sieht. Ich war auch nicht nur in den USA zur Schule gegangen, um die Sprache zu lernen. Nein, ich hatte mir in den Vereinigten Staaten ein neues Leben aufgebaut. Dieses Leben war nicht so einfach vorbei. Ein Teil meines Herzens war dortgeblieben und deshalb kam ich nie vollständig wieder in Deutschland an. Bis heute sagen mir meine Eltern, dass ich noch zur Hälfte in den USA leben würde. Damit haben sie auf jeden Fall recht. Ja, ich stehe noch immer mit einem Bein in den USA und ich bin froh darüber. […]

Quelle: USAbenteuer: Ein Austauschjahr in den USA. Reisebuchverlag, Plön; Edition 1, 2018, S. 145 und 148

AUFGABENSTELLUNG Wahlteil B

1 Bearbeite die folgenden Aufgaben in einem zusammenhängenden Text. Gehe folgendermaßen vor.

a) Erkläre einleitend den Anlass für deinen Beitrag und stelle den Sinn eines Auslandsjahres kurz vor.
b) Erläutere Vorteile eines solchen Jahres, benenne aber auch gezielt Nachteile, die zu Problemen führen können. (Text 3B)
c) Stelle Jeannette Asmus' Erfahrung in Bezug auf die Heimkehr kurz dar. (Text 4B)

d) Beende deinen Text mit einer persönlichen Stellungnahme zum Thema und appelliere an deine Mitschülerinnen und Mitschüler, sich gut auf solch ein Auslandsjahr vorzubereiten und sich vorher Gedanken zu machen, wie man auf etwaige Probleme reagieren könnte.

LÖSUNGSHILFEN zum Wahlteil A

1 Lies Text 3A und markiere die Textstelle, die den Sinn eines Austauschjahres benennt.

2 Notiere in Stichworten Vor- und Nachteile des Austauschjahres.

____

____

____

____

3 Lege dir in Stichworten einen Schreibplan an.

Schreibplan zum Wahlteil A

Einleitung:

a) Anlass für deinen Brief: ______________________________

Hauptteil:

b) Grundidee: ______________________________

c) Vorteile des Austauschs: ______________________________

____

____

Nachteile des Austauschs: ______________________________

____

____

d) Gastfamilienproblematik: ______________________________

____

Schluss:

e) Appell an deine Eltern: ______________________________

f) Dein persönlicher Einsatz für ein gelungenes Jahr: ______________________________

4 Schreibe deinen Text. Die folgenden Formulierungsvorschläge können dir dabei helfen. Überarbeite deinen Text anschließend mithilfe der Checklisten auf den Seiten 47 und 57.

Einleitung:

Liebe Eltern, lange habe ich mich mit dem Thema Auslandsjahr beschäftigt, viel recherchiert und gelesen. Auch Gespräche mit …

Hauptteil:
Als erstes Argument für ein Jahr möchte ich …
Ich weiß, dass euch die Problematik mit den Gasteltern beschäftigt. Dazu kann ich euch folgende Dinge sagen: …

Schluss:
Liebe Mama, lieber Papa, bitte gebt mir die Chance, denn …

LÖSUNGSHILFEN zum Wahlteil B

1 Lies Text 3B des Hamburger Abendblatts genau und markiere Textstellen, die Nachteile benennen.

2 Lies Text 4B von Jeannette Asmus und fasse den Inhalt ihrer Aussage zur Heimkehr von einem Austausch zusammen. Schreibe auf ein gesondertes Blatt.

3 Lege dir in Stichworten einen Schreibplan an.

Schreibplan zum Wahlteil B

Einleitung:

a) Anlass für deinen Brief: ______________________________

Hauptteil:

b) Vorteile eines Austauschs: ______________________________

____

____

c) Nachteile eines Austauschjahres (Schwerpunkt): ______________________________

____

____

d) Darstellung der Heimkehrproblematik: ______________________________

____

Schluss:

e) Persönliche Stellungnahme: ______________________________

____

f) Appell: Probleme vorher bedenken ______________________________

4 Schreibe deinen Text. Die folgenden Formulierungsvorschläge können dir dabei helfen. Überarbeite deinen Text anschließend mithilfe der Checklisten auf den Seiten 47 und 57.

Einleitung:
Seit einiger Zeit beschäftige ich mich mit … Ich möchte Interessierte informieren …
Hauptteil:
Für ein Austauschjahr spricht … Weitere Vorteile sind … Es kann auch Schwierigkeiten geben …
Schluss:
Insgesamt komme ich zu der Einschätzung … Bedenkt schon im Vorfeld … Ich rate …

D Prüfungsaufgaben ohne Hilfe bearbeiten

D 1 Hörverstehen: Aufräum-Trend

Auf dieser Seite liegt ein Hörtext in gedruckter Form vor. Um damit zu üben, solltest du ihn dir zweimal in normalem Sprechtempo vorlesen lassen. Beim ersten Mal höre einfach gut zu. Beim zweiten Mal kannst du dir Notizen zum Gehörten machen. Decke den Text zu, sobald du die dazugehörigen Aufgaben bearbeitest.

TEXT 1 Aufräumen mit Methode

Aufräumen – alleine das Wort weckt bei vielen von uns Erinnerungen an lange Tage, in denen nicht wirklich planvoll sortiert, nachgedacht und entsorgt wurde. Manchmal sogar, ohne zu einem zufriedenstellenden Ergebnis zu kommen. Die Erinnerungen der gebürtigen Japanerin Marie Kondo unterscheiden sich diesbezüglich von denen der meisten anderen Menschen: Schon seit jüngster Kindheit hat sie Spaß am Aufräumen und noch mehr an einem Ergebnis, das Herz und Augen Freude bereitet. Ihr 2011 erschienenes Buch „Magic Cleaning", das zu einem weltweiten Bestseller geworden ist, hilft vielen Menschen dabei, nach ihrer Anleitung Ordnung in das heimatliche Chaos zu bringen. Mittlerweile ist die von Marie Kondo entwickelte „KonMari-Methode" auch auf „Netflix" vertreten und damit einem noch breiteren Publikum zugänglich. Schon als kleines Mädchen liebte Marie Kondo es, sich mit dem Aufräumen zu beschäftigen. Sie durchstöberte viele Lifestyle-Magazine, in denen es um Einrichtung und Wohnen ging. So erweiterte sie ihr Wissen stetig. Später sprach sie mit Fachleuten darüber und erprobte sämtliche Ordnungsstrategien im Selbstversuch aus. Bereits während des Studiums arbeitete sie als selbstständige Aufräumberaterin. In ihrer Firma berät sie Menschen dabei, in ihren eigenen vier Wänden Ordnung zu schaffen, die nachhaltig ist.
Im Grunde geht es dabei um Folgendes: Marie Kondo ist der Meinung, dass die eigene Wohnung oder die persönliche Arbeitsumgebung vor allem widerspiegeln sollte, was einem selbst wichtig ist und was der eigenen Persönlichkeit Ausdruck verleiht. „Brauchen wir das wirklich?", ist eine Fragestellung, die zu jedem einzelnen Gegenstand ehrlich beantwortet werden muss. Zu Beginn des privaten Aufräumprozesses, der in verschiedene Phasen eingeteilt ist, bittet Marie Kondo darum, alle Kleidungsstücke aus dem Schrank zu nehmen und auf einen Haufen zu legen. Sinn der Sache ist, zunächst die Menge zu erfassen und wahrzunehmen, dass man meist viel zu viel von einer Kategorie besitzt – deutlich mehr, als man nutzen kann. Bereits hier wird deutlich, dass man eine Menge Kleidung aussortieren kann. Doch wie entscheiden? Manchmal liegt es auf der Hand, wenn Kleidung z. B. Löcher hat, zu eng geworden ist oder nicht mehr unserem Geschmack entspricht. Doch nicht immer ist die Sachlage eindeutig. An dieser Stelle lässt uns Marie Kondo vom Kopf- in den Gefühlsmodus wechseln. Jedes einzelne Kleidungsstück wird in die Hand genommen und – oft aus der ersten Reaktion heraus – darüber entschieden, ob es glücklich macht oder nicht. So gelingt es, überflüssige Kleidungsstücke effektiv auszusortieren. Im Anschluss werden die verbliebenen nach Farbe und Funktion geordnet in den Schrank einsortiert. Natürlich hat Marie Kondo auch eine raumsparende Falttechnik entwickelt, die hilft, die gerade erworbene Ordnung beizubehalten. Nach dieser Vorgehensweise werden nach und nach Kleidung, Bücher, Schriftstücke, Haushaltsgegenstände usw. aussortiert. Für alle

TEXT 1

Dinge gilt: Wir legen alle „gleichen" Gegenstände auf einen Haufen, erfassen ihre Menge, sortieren aus und ordnen dieser Kategorie dann einen festen Platz im Haus zu. So ist es kein Problem mehr, im Alltag etwas wiederzufinden.
Die KonMari-Methode macht Menschen zufrieden, weil wir es lieben, in einer aufgeräumten Umgebung zu leben, die zudem nur die Dinge beinhaltet, die uns wirklich glücklich machen. Viele Menschen fühlen sich in der heutigen Zeit überfordert durch die Konsumvielfalt. Wenn man die Gedanken „Ist es nützlich" und „Macht es mich wirklich glücklich" schon beim Kauf beachtet, gelingt es, viele Gegenstände erst gar nicht mit nach Hause zu nehmen. Neben Geld spart diese Einstellung natürlich Ressourcen. Minimalismus ist ein Wort, das immer mehr Menschen der Reizüberflutung durch die moderne Welt entgegenstellen. Es geht ihnen nicht mehr in erster Linie darum, viel zu besitzen, und das Angebot erschlägt sie gedanklich mehr, als dass es sie glücklich macht. Die KonMari-Methode hilft, dieses Chaos zu überblicken und einzugrenzen. Es geht dabei also nicht nur um Aufräumen: Es geht darum, seine Persönlichkeit durch Lieblingsstücke perfekt in Szene zu setzen. Und nicht zuletzt geht es um Glück und Zufriedenheit, wenn alles seinen Platz hat und das Aufräumen schnell erledigt ist. Zudem trägt die Verinnerlichung des Gedankens zum nachhaltigen Handeln bei. Weniger Gegenstände bedeuten weniger Produktion und damit letztendlich auch weniger Müll.
Genau dieses Ziel hatte sich Marie Kondo gesetzt: Schon als kleines Mädchen wollte sie die perfekte Aufräumstrategie finden. Ob die KonMari-Methode dies bereits ist, möge jeder für sich selbst beurteilen. Millionen Nachahmer des „Magic Cleanings"-Gedankens, über den ganzen Erdball verteilt, lassen jedoch vermuten, dass Marie Kondo bereits vielen Menschen geholfen hat, Ordnung ins eigene Heim zu bringen und zu erhalten.
Natürlich gibt es auch Menschen, deren eigene Ordnung dem System von Marie Kondo entgegensteht und die es ablehnen. Wer den Maximen von Marie Kondo folgt, müsste die eigene Grundordnung aufgeben – das will nicht jeder. Zudem verspricht auch dieses System nicht ein Ende des Aufräumens. Auch die KonMari-Ordnung will regelmäßig erhalten bleiben. Das übt auf einige Menschen einen unangenehmen Druck aus. Vielen widerstrebt es auch, funktionierende Gegenstände wegzuwerfen, wenn man sie später vielleicht noch gebrauchen kann, wenn sich Lebensumstände ändern. So bleibt es wohl letztendlich vom Einzelfall abhängig, ob etwas von Marie Kondos Ideen in den eigenen Schränken zu finden ist – oder eben nicht.

Autorentext

AUFGABENSTELLUNG Hörverstehen

1 Fasse den wesentlichen Inhalt des Beitrages in maximal fünf Sätzen zusammen.

2 Beschreibe, wie Marie Kondo darauf gekommen ist, ein eigenes Ordnungssystem zu erarbeiten.

____

____

____

3 Kreuze an, welche der folgenden Aussagen zutrifft und welche nicht.

	Trifft zu	Trifft nicht zu
In ihrer Kindheit fand Marie Kondo Aufräumen fürchterlich.	☐	☐
Während ihres Studiums arbeitete Marie Kondo als Kellnerin.	☐	☐
Marie Kondo ist der Meinung, alles, was wir besitzen, sollte entweder nützlich sein oder uns glücklich machen.	☐	☐
Viele Menschen sind durch die Konsumvielfalt heutzutage überfordert.	☐	☐
Alle Menschen können mit der KonMari-Methode etwas anfangen.	☐	☐

4 Im Text wird behauptet, dass Marie Kondo Menschen dabei hilft, glücklicher zu werden. Formuliere ein Argument aus dem Text, das dafür und eines, das dagegen spricht.

Pro: ____

____

Kontra: ____

____

5 Würde die KonMari-Methode dir persönlich weiterhelfen? Begründe deine Meinung.

____

____

____

____

____

D 2 Prüfungsbeispiel: Heimat verlieren – Heimat finden

Die folgenden Texte befassen sich mit dem Thema „Heimat". Bearbeite zunächst die Aufgaben im Basisteil. Im Anschluss daran bearbeitest du die von dir gewählte Wahlaufgabe im Wahlteil A oder B.

Basisteil

TEXT 1 **Heimat suchen, finden und nachhaltig gestalten**

Der deutsche Dichter Johann Gottfried von Herder sagte: „Heimat ist da, wo man sich nicht erklären muss". Für mich stellt sich die Frage, wo dieser Ort ist, wo wir uns nicht erklären müssen. Der amerikanische Lyriker Robert Lee Frost erklärt die Heimat als „der Ort, wo sie einen hereinlassen müssen, wenn man wiederkommt". Wenn ich an Flüchtlinge denke, frage ich mich, wo ihre Heimat ist. Der russische Schriftsteller Andrej Sinjawski, der in Frankreich im Exil lebte, gab sich mit folgender Antwort zufrieden: „Heimat ist kein geographischer Begriff. Man trägt sie in sich selbst." Bedeutet das, dass wir unsere Heimat in uns tragen? Der deutsche Philosoph Karl Jaspers scheint eine Antwort auf diese Frage gefunden zu haben: „Heimat ist da, wo ich verstehe und wo ich verstanden werde." Aber was ist, wenn es einen solchen Ort gar nicht gibt? Die deutsche Widerstandskämpferin Sophie Scholl verbindet Heimat mit Umwelt und Natur und äußert: „Ich drücke mein Gesicht an seine dunkle, warme Rinde und spüre Heimat – und ich bin so dankbar in diesem Augenblick."

Diese unterschiedlichen Definitionen des Begriffs „Heimat" zeigen mir, dass Heimat nicht etwas Unbewegliches, sondern Dynamisches ist. Heimat verlieren, suchen, finden, sich nach einer Heimat sehnen, heimisch werden, sich zu Hause fühlen und sich als Gemeinschaft fühlen, unabhängig vom Geburtsort. Dies gehört zu unseren Lebenswirklichkeiten als Mensch und als Gesellschaft und zu den Herausforderungen unserer globalisierten Welt.

Mein Beispiel kann vielleicht zeigen, wie international unsere Lebenswirklichkeiten sind. Ich komme aus einer Familie mit 7 Geschwistern. Nach unserem Abitur in Kamerun haben wir uns alle entschieden, in die Welt aufzubrechen, um zu studieren. Die letzten 20 Jahre habe ich in Deutschland die deutsche Sprache gelernt, studiert, einen Doktortitel erworben, eine Familie mit drei Kindern gegründet und an der Universität Freiburg gearbeitet. Seit Jahren bin ich in der Kirchen-, Eltern- und Vereinsarbeit sowie in der Politik tätig. Meine Geschwister leben in Afrika, Europa und Amerika und wir sind international vernetzt und engagiert. Dies gibt mir die Chance, Politik anders zu gestalten und internationale Erfahrungen in meine Arbeit einfließen zu lassen. Im Jahr 2009 wurde ich in den Stadtrat von Freiburg gewählt und beteilige mich aktiv an Entscheidungen, die sich unmittelbar auf unser Lebensumfeld auswirken. Ich kann somit mitgestalten, was für uns in unserer Stadt wichtig ist, und erlebe die Kommune als einen Ort, in dem Nachbarschaft, Ehrenamt und Gemeinschaft praktiziert werden. Als Heimat eben.

Quelle: Sylvie Nantcha: Heimat suchen. Heimat finden. Heimat nachhaltig mitgestalten. http://www.kas.de/wf/de/33.30938/ (verändert, aufgerufen am 28.01.2022)

AUFGABENSTELLUNG Basisteil

1 Stelle den Text in einem einleitenden Satz vor und fasse die grundlegenden Informationen in nicht mehr als drei Sätzen zusammen.

____

____

____

____

____

____

2 Die Autorin zitiert unterschiedliche Vorstellungen des Begriffs „Heimat". Trage die entsprechenden Aussagen in die Tabelle ein.

Personen	Erklärung des Begriffs „Heimat"
Johann Gottfried von Herder	
Robert Lee Frost	
Andrej Sinjawski	
Karl Jaspers	
Sophie Scholl	
Autorin Sylvie Nantcha	

TEXT 2A Heimat und Kunst

Das Kunstobjekt „Over the Continents“ wurde im Jahr 2008 von der japanischen Künstlerin Chiharu Shiota geschaffen.
Der Künstlerin geht es vor allem um das Festhalten von Erinnerung. Sie spinnt mit ihren Wollfäden Dinge ein, die nicht vergessen werden sollen: Stühle, Kleider, Schuhe und mit ihnen auch die Empfindungen und Gefühle der Menschen, die diese Dinge einst besaßen. Für ihre Performance „Over the Continents“ hat sie Menschen gebeten, ihr alte Schuhe zu bringen und kleine Zettel hineinzulegen, auf denen sie beschreiben, was sie mit dem Schuh erlebt haben. Die Besucher konnten dann die Zettel lesen.
Für jemanden, der wie Chiharu Shiota zwischen zwei kulturell weit voneinander entfernten Welten pendelt, ist Heimat nicht ein Land oder eine Stadt, sondern der Ort, wo das Herz ist. Für sie selbst ist Berlin mittlerweile ein Ort, an dem sie sich zu Hause fühlt, aber es war ein langer Weg bis dahin. Viele Jahre hatte sie Heimweh nach Japan, wollte zurück, aber dann auch doch wieder nicht. „Ich fühlte, es zieht mich nach Japan, aber ich spürte auch, dass ich dort weg wollte. Dieses Gefühl habe ich mit dieser Performance ausgedrückt.“

Quelle: Eva Kaczor, Künstlerführer Berlin: Chiharu Shiota.
http://www.artberlin.de/kuenstler-berlin/chiharu-shiota/ (verändert, aufgerufen am 28.01.2022)

3 Das Kunstobjekt „Over the continents“ wurde von der Künstlerin Chiharu Shiota zu den Themen „Heimat“ und „Erinnerung“ geschaffen. Beschreibe, wie sie mit ihrer Kunst Erinnerungen festhält.

4 Was bedeutet „Heimat“ für Chiharu Shiota?

Wahlteil A

Du arbeitest in der Redaktion eurer Schülerzeitung. Zurzeit besuchen einige Kinder aus geflüchteten Familien eure Schule. Für die nächste Ausgabe bereitest du einen Artikel vor, der sich mit dem Thema „Was ist Heimat?" beschäftigen soll. Bei deiner Vorbereitung bist du auf das Lied „Heimat" von Johannes Oerding und auf Erklärungen des Sängers zu diesem Thema gestoßen.

TEXT 3A Refrain des Liedes „Heimat" von Johannes Oerding

Oh Heimat, schön wie du mich anlachst
Du bist immer da
Wenn ich keinen zum Reden hab
Oh Heimat, und wie du wieder aussiehst
Ich trag dich immer, immer bei mir
Wie'n Souvenir[1]

1 **das Souvenir:** Erinnerungsstück, Mitbringsel

Quelle: Heimat. Text: Johannes Oerding / Ina Mueller
Johannes Oerding Edition/EMI Music Publishing Germany GmbH, Berlin

TEXT 4A Erklärungen von Johannes Oerding

Der Song hat eine ganz spannende Entwicklung durchgemacht: Eigentlich wollte ich ihn „Hamburg" nennen, aber dann war ich in meiner alten Heimat, bei meinen vier Geschwistern am Niederrhein, zu Besuch und habe gemerkt, dass ich auch dort noch zuhause bin. Und dass nicht nur eine Stadt oder ein Land Heimat bedeuten können, sondern auch Menschen. Neulich habe ich etwas Schönes gelesen: „Heimat ist da, wo die Leute an deinen Geburtstag denken, ohne es bei Facebook gelesen zu haben".

Quelle: https://www.n-tv.de/leute/musik/Johannes-Oerding-zuendelt-article14415341.html (aufgerufen am 28.01.2022)

Vor dem Hintergrund der aktuellen Geschehnisse in der Welt hat der Song eine ganz neue Dimension. „Ich freue mich für jeden Menschen, der irgendeinen Ort oder irgendeine Person „Heimat" nennen kann – aber auch für alle Suchenden in diesen Zeiten wünsche ich mir, dass sie so schnell wie möglich wieder ein Gefühl von „Angekommen sein" erleben können.

Quelle: https://www.radio-vhr.de/pop-rock/johannes-oerding-heimat.html (aufgerufen am 04.01.2018)

AUFGABENSTELLUNG Wahlteil A

1 Bearbeite die folgenden Aufgaben in einem zusammenhängenden Text. Gehe dabei so vor:

a) Beschreibe einleitend den Anlass für deinen Artikel.
b) Gehe kurz auf das Lied „Heimat" von Johannes Oerding ein und fasse seine Erklärungen zu diesem Thema in wenigen Worten zusammen.
c) Für den Begriff „Heimat" gibt es keine einheitliche Erklärung. Jeder Einzelne versteht etwas anderes darunter. Verdeutliche dies mithilfe von mindestens vier Beispielen. (Text 1)
d) Erkläre am Beispiel der Japanerin Chiharu Shiota, dass Gefühle zum Thema „Heimat" auch mit Kunstobjekten zum Ausdruck gebracht werden können.
e) Erläutere abschließend, was „Heimat" für dich bedeutet.

Wahlteil B

Im Rahmen einer Unterrichtseinheit zum Thema „Heimat" wird in deiner Klasse folgende Geschichte gelesen und besprochen.

TEXT 3B Was ist Heimat für dich?

Ich sehe über meine Schulter, bis Ilias in mein Blickfeld rutscht. Er starrt unbewegt an die Tafel, auf der Frau Hofer diese Frage notiert hat: „Was ist Heimat für dich?" Vor mir schnipst eine Schülerin mit dem Finger. „Heimat ist für mich da, wo meine Familie herkommt!"

„Heimat ist, wo man die meiste Zeit seines Lebens verbringt", schlägt jemand anderes vor. Mein Blick liegt immer noch auf Ilias, und er bemerkt es nicht einmal. Er ist in Gedanken versunken – wie so oft, seit er bei uns ist.

Meine beste Freundin Hazal hebt den Arm. „Heimat ist da, wo man sich zu Hause fühlt, egal wie viel Zeit man dort verbringt." Sie lächelt und berührt mit einem Finger den goldenen Halbmond an ihrer Kette. Hazal war vor zwei Jahren das letzte Mal bei ihren Verwandten in der Türkei.

„Würdet ihr sagen, dass euer Zuhause hier auch automatisch eure Heimat ist?", fragt Frau Hofer. Da schüttelt Ilias kaum merklich den Kopf. Hazal dagegen protestiert laut. „Heimat ist da, wo das Herz ist!" Daraufhin fängt sie sich Gekicher von den Mädchen und ein paar abwertende Kommentare der Jungs ein und wird rot. Frau Hofer bittet um Ruhe. „Was Hazal sagt, ist ganz bestimmt nicht falsch."

Noch immer strecken viele Schüler die Arme, aber sie achtet nicht auf sie. sie weiß, wessen Meinung sie hören möchte. „Ilias", sagt sie gedehnt, „was ist Heimat für dich?"

Ilias ist seit fünf Monaten hier. Er kommt aus Syrien und konnte bei seiner Ankunft überhaupt kein Deutsch. Doch seitdem hat er viel gelernt. Er kommt im Unterricht gut mit und versteht uns, wenn wir mit ihm reden. Ich mag es nicht, dass die Lehrer immer noch mit ihm sprechen, als hätten sie es mit einem Schwerhörigen zu tun. Wer will das schon?

Weil jetzt alle zu Ilias sehen, sieht er verlegen auf den Tisch. „Ich weiß nicht, was Heimat ist für mich." Ich frage mich, ob er damit meint, dass er das Gefühl von Heimat nicht in Worte fassen kann oder ob er es einfach nicht kennt. Wäre Ilias nicht nach Deutschland gekommen, wäre er jetzt tot. Sein Zuhause ist zwei Tage nach seiner Flucht zerstört worden.

Kann man noch von Heimat sprechen, wenn sie nicht mehr existiert?

„Gut Ilias, das macht nichts." Frau Hofer nimmt die Kreide in die Hand und schreibt fein säuberlich an die Tafel: „Aufsatz: Das ist Heimat für mich."

„Bitte schreibt bis zur nächsten Politikstunde mindestens eine Seite dazu. Vielleicht fällt das manchen leichter, als es hier vor der ganzen Klasse zu besprechen." Ilias schreibt die Hausaufgabe ab, sieht aber unsicher aus. Für einen einseitigen Aufsatz über ein so komplexes Thema wie die Heimat reichen seine Deutschkenntnisse nicht aus, und das weiß er.

Neben mir schimpft Hazal leise vor sich hin, weil sie heute Mittag keine Zeit zum Aufsatzschreiben hat. Langsam lasse ich mein Mäppchen, den Ordner und mein Hausaufgabenheft in den Rucksack gleiten. Keine zwei Minuten später klingelt es. „Endlich aus", stöhnt Hazal. „Ciao Marla, wir sehen uns

TEXT 3B

morgen." Und schon entwischt sie durch die Klassenzimmertüre. Ich lasse mir etwas mehr Zeit.

Mein Schulbus kommt so spät, dass es mir reicht, noch kurz auf die Toilette zu gehen und meine Pfandflasche zurückzubringen. Als ich die Schule verlassen will, entdecke ich im Gewimmel Ilias, der von einigen Schülern aus der Zwölften umringt wird. Sie sind nicht nur zwei Jahre älter als er, sondern auch gefühlt drei Köpfe größer. Zu viert drücken sie ihn gegen die Wand. Es ist laut in der Eingangshalle, aber ich höre trotzdem, was sie rufen. „Geh dorthin, wo du herkommst!", „Drecksausländer!" und „Dieses Pack gehört verdroschen!" Es ist nicht das erste Mal, dass so etwas vorfällt, aber das erste Mal, dass ich es sehe. Davor habe ich es immer nur von sensationslustigen Mitschülern gehört. Ich sehe mich um. Nirgendwo ist jemand, den ich kenne und der mir helfen könnte. Ich wünschte, ich könnte sagen, ich wäre Ilias trotzdem zu Hilfe geeilt. Dass ich mich zwischen ihn und die Zwölfer gestellt hätte, oder zumindest jemanden geholt hätte. Aber ich bin genauso feige wie alle anderen, die in der Eingangshalle stehen und lieber schnell nach Hause verschwinden, anstatt Ilias in seiner Not zu helfen.

Ich verlasse die Schule und lasse ihn stehen und fühle mich schuldig und schwer. Heute habe ich viel über Heimat gehört. Heimat, die dort ist, wo man lebt, wo das Herz ist, wo die Familie herkommt, wo man die meiste Zeit verbringt und wo man sich zu Hause fühlt.

Nichts davon hat mich überzeugt.

Ich glaube, ich habe heute gelernt, durch Ilias, nämlich das, was Heimat nicht bedeutet.

Quelle: Michael Krause: Deine Heimat, meine Heimat. Was ist Heimat für dich? http://sommertinte.de/deine-heimat-meine-heimat/ (aufgerufen am 04.01.2018)

AUFGABENSTELLUNG Wahlteil B

1 Stell dir vor, du bist Marla in dieser Geschichte. Schreibe Ilias einen Brief, in dem du die Vorfälle in der Schule und dein schlechtes Gewissen thematisierst und das Thema „Heimat" aufgreifst. Gehe dabei folgendermaßen vor:

a) Beschreibe einleitend den Anlass deines Briefes.
b) Erkläre dein schlechtes Gewissen.
c) Thematisiere die Frage von Frau Hofer „Was ist Heimat für dich?", indem du die Standpunkte einzelner Schülerinnen und Schüler wiedergibst.
d) Stelle dar, was „Heimat" für dich bedeutet.
e) Biete Ilias abschließend deine Unterstützung an, damit er sich in Deutschland heimisch fühlen kann. Vielleicht findest du in Text 2 Ideen für gemeinsame Aktionen.

D 3 Prüfungsbeispiel: Work-Life-Balance

Die folgenden Texte befassen sich mit dem Thema „Work-Life-Balance". Bearbeite zunächst die Aufgaben im Basisteil. Im Anschluss daran musst du dich entscheiden, ob du die Schreibaufgabe im Wahlteil A oder B bearbeitest.

Basisteil

TEXT 1 **Stress**

Aus medizinischer Sicht ist Stress eine körperliche Reaktion, die den Organismus kurzfristig besonders leistungsfähig machen soll – und keinerlei krankmachende Effekte hat. Andauernder Stress hingegen kann Körper und Seele ernsthaft schaden. Das Immunsystem leidet, das Risiko für Erkrankungen des Herz-Kreislauf-Systems steigt und die Wahrscheinlichkeit für psychische Erkrankungen wird größer. [...]

Aus medizinischer und psychologischer Sicht ist ein ausgewogener Wechsel von Stress oder Anspannung und Entspannung gesundheits- und leistungsfördernd. Neudeutsch hieße das: Jeder Mensch tut gut daran, die für ihn passende Work-Life-Balance zu finden. Damit gemeint ist das individuelle Gleichgewicht von Anspannung und Entspannung. Dieses Gleichgewicht sorgt dafür, Stress als positiv und nicht als belastend zu erleben.

Ob wir Stress als positiv oder negativ – und damit eher belastend – erleben, hängt entscheidend von der emotionalen und gedanklichen Bewertung von Stressreaktionen ab. [...] Dabei ist es völlig normal, dass ein identisches Geschehen sowohl positiven als auch negativen Stress bewirken kann.

Ein Beispiel: Sie gehen im Park spazieren und bemerken, dass ein großer Hund schwanzwedelnd auf Sie zukommt. Wenn Sie ein Hundefreund sind, werden Sie sich möglicherweise freuen und gerne mit dem Hund spielen. Wenn Sie – vielleicht sogar von einem ähnlich aussehenden Hund – schon einmal gebissen wurden, werden Sie wahrscheinlich Angst empfinden und eine Stressreaktion erleben, die vielleicht sogar mit einer Panikattacke endet.

Im Volksmund gibt es für negativen Stress die Redewendung: Ein gebranntes Kind scheut das Feuer.

Schlussfolgerung: Ob Stress positiv oder negativ erlebt wird, ist im Wesentlichen eine Folge von Erfahrungen und erlerntem Verhalten. Diese Erkenntnis öffnet den Raum, das Stressverhalten bewusst zu verändern.

Quelle: Charly Kahle: Stress. https://www.meine-gesundheit.de/krankheit/krankheiten/stress vom 20.01.2019 (aufgerufen am 28.01.2022)

AUFGABENSTELLUNG Basisteil

1 Erkläre die Begriffe „Stress" und „Work-Life-Balance" mit eigenen Worten. (Erklärung durch ein Beispiel ist erlaubt.)

Stress: ______________________________

____

Work-Life-Balance: ______________________________

____

2 Was ist der Unterschied zwischen positivem und negativem Stress?

a) Schreibe den Satz aus dem Text heraus, der den Unterschied erklärt.

___

___

b) Finde in deinem Alltag ein Beispiel für positiven und ein Beispiel für negativen Stress.

Positiv: ___

___

Negativ: ___

___

TEXT 2 Typische Stress-Symptome bei Kindern und Jugendlichen

Körperlich und seelisch wirkt Stress bei Kindern und Jugendlichen wie bei Erwachsenen auch: Der Körper mobilisiert alle Reserven, um mit Problemsituationen fertig zu werden. Dauert der Stress an, ohne dass er bewältigt wird, hat das schwerwiegende Folgen.

Viele Kinder fühlen sich unter Stress einfach unwohl, sind nervös oder ängstlich. Andere ziehen sich zurück, sitzen gelangweilt und teilnahmslos herum, leiden unter Appetit-, Schlaf- und allgemeiner Lustlosigkeit sowie Kopf-, Bauchschmerzen oder Übelkeit. Häufige Anzeichen sind auch Reizbarkeit, Unruhe und Aggressivität. Solche Stressreaktionen treten bei etwa 20 Prozent der Kinder auf.

Als kurzzeitige Reaktionen auf aktuelle Ereignisse, wie beispielsweise eine schwere Klassenarbeit, ist das völlig normal. Problematisch wird es erst, wenn die Symptome länger anhalten. [...]

Viele Kinder und Jugendliche klagen über wiederholte psychosomatische Beschwerden. Der Entwicklungspsychologe Professor Dr. Arnold Lohaus befragte etwa 2000 Schüler. Jeder fünfte Jugendliche gab an, in der letzten Woche mehrmals Kopfschmerzen gehabt zu haben. Auch Unkonzentriertheit, Schlaflosigkeit und Unruhe sind unter Jugendlichen weit verbreitet. Mehr als 40 Prozent der Jugendlichen fühlten sich mehrmals in der Woche erschöpft, 10 Prozent klagten über Einsamkeit. Wut und Ärger sind für viele ein fast täglicher Begleiter.

Die verschiedenen Stressreaktionen treten selten allein auf. So können starke emotionale Reaktionen zu Denkblockaden führen, die das Stresserleben noch zusätzlich steigern. Manche Kinder werden aggressiv und reagieren destruktiv. Sie fallen in der Gruppe auf, weil sie ständig stören. Andere wiederum ziehen sich in sich selbst zurück. Sie erzählen wenig und wirken antriebslos. Beide Reaktionen können längerfristig die sozialen Beziehungen beeinträchtigen.

Können Kinder und Jugendliche dagegen gut mit Stress fertig werden, sind auch Phasen größerer Belastung eher eine Herausforderung und können sogar Energien freisetzen.

Quelle: Anne Frobeen: Typische Stress-Symptome von Kindern und Jugendlichen. https://www.tk.de/techniker/magazin/life-balance/familie/typische-stress-symptome-von-kindern-und-jugendlichen-2010032 (aufgerufen am 28.01.2022)

3 Kreuze an, welche der folgenden Aussagen zutrifft und welche nicht.

Aussage	trifft zu	trifft nicht zu
Jeder fünfte Jugendliche hat während der Schulzeit keine Kopfschmerzen.	☐	☐
Jeder zehnte Jugendliche fühlt sich einsam.	☐	☐
Ob der Jugendliche schwierige Phasen als Stress oder als Herausforderung wahrnimmt, hängt von ihm persönlich ab.	☐	☐
Wenn sich jemand gestresst fühlt, zeigt er meistens mehrere Symptome.	☐	☐
Schlaf- und Appetitlosigkeit können ein Zeichen von Stress sein.	☐	☐
Der berüchtigte „Blackout" gilt auch als Stressreaktion.	☐	☐

4 Erstelle ein einfaches Pfeildiagramm, das deutlich macht, was der richtige und der falsche Umgang mit Stress bewirken kann.

TEXT 3 Der Weichensteller

„Guten Tag", sagte der kleine Prinz.

„Guten Tag", sagte der Weichensteller.

„Was machst du hier?", sagte der kleine Prinz.

„Ich sortiere die Reisenden tausenderweise", sagte der Weichensteller. „Die Züge, in denen sie reisen, schicke ich mal nach rechts, mal nach links."

Und ein grell leuchtender Schnellzug, grollend wie ein Donnern, erschütterte das Stellwerk.

„Sie sind in Eile", sagte der kleine Prinz. „Was suchen sie?"

„Der Lokführer weiß es selbst nicht", sagte der Weichensteller.

Da donnerte ein zweiter grell leuchtender Schnellzug in der anderen Richtung vorbei.

„Sind sie schon zurück?", sagte der kleine Prinz ...

„Das sind nicht die gleichen", sagte der Weichensteller. „Es sind andere."

„Waren sie nicht zufrieden, wo sie sich befanden?“

„Wir sind nie zufrieden, wo wir sind“, sagte der Weichensteller.

Und es donnerte ein dritter strahlender Schnellzug vorbei.

„Verfolgen sie die ersten Reisenden?“, sagte der kleine Prinz.

„Sie verfolgen gar nichts“, sagte der Weichensteller. „Sie schlafen in ihm oder sie gähnen nur. Nur die Kinder drücken ihre Nasen an die Fenster.“

„Nur die Kinder wissen, was sie wollen“, sagte der kleine Prinz. „Sie verbringen ihre Zeit mit einer Puppe und sie wird ihnen sehr wichtig, und wenn man sie ihnen wegnimmt, weinen sie ...“

„Sie haben Glück“, sagte der Weichensteller.

Quelle: Antoine de Saint-Exúpery: Der kleine Prinz. Kapitel 22. Übersetzung: Alexander Varell, aionas Verlag, Weimar, 2018

5 Erkläre die Textstelle „‚Wir sind nie zufrieden, wo wir sind‘, sagte der Weichensteller“ (Z. 15).

Wahlteil A

Gerade zur Zeit der Abschlussarbeiten sind viele Schülerinnen und Schüler gestresst und überfordert. Auch in deiner Klasse herrscht immer öfter schlechte Stimmung. Als KlassensprecherIn möchtest du deinen Klassenkameraden Mut machen. Verfasse einen Vortrag, in dem du deine Mitschüler über Work-Life-Balance aufklärst und ihnen Tipps gibst, wie sie die stressige Zeit der Abschlussarbeiten gut durchstehen können.

AUFGABENSTELLUNG Wahlteil A

1 Das vorliegende Bild umfasst alle Bereiche, die für ein ausgewogenes Leben wichtig sind. Deshalb hast du beschlossen, es in deinen Vortrag einzubinden.

a) Beginne mit einer Erklärung, warum es normal ist, dass deine Mitschülerinnen und Mitschüler gerade jetzt gestresst sind (Text 1).

b) Beschreibe die Symptome, die deine Klassenkameraden in der Zeit der Prüfungen vermutlich zeigen (Text 2).

c) Benenne drei Gründe, weshalb es wichtig ist, dass sie gerade jetzt gut auf sich aufpassen.

d) Nimm Bezug auf die Grafik von Seite 112 und suche dir drei für dich besonders wichtige Punkte heraus. Erkläre deinen Mitschülern durch Beispiele, wie jeder dieser drei Aspekte ihnen persönlich weiterhelfen und zur Verbesserung ihrer Gesundheit beitragen kann.

e) Wünsche viel Erfolg für die Abschlussarbeiten und appelliere an deine Klasse, dass es zwar gut ist, die Abschlussarbeiten ernst zu nehmen, aber auch nicht zu ernst.

BILD **Work-Life-Balance**

Quelle: Adobe Stock.com

Wahlteil B

Lies Text 4B genau. Deine Aufgabe ist es nun, diesen Text weiterzuschreiben und dem kleinen Prinzen zu verdeutlichen, wie verhindert werden kann, dass glückliche Kinder zu gestressten Erwachsenen werden.

TEXT 4B **Stress bei Kindern behandeln**

Eltern sind nicht in der Lage, ihren Kindern ein vollkommen stressfreies Leben zu gewährleisten. Sie können jedoch den Kindern zur Seite stehen und helfen, mit den Problemen fertig zu werden, um Stress weitgehend zu reduzieren. […] Die Art, wie die Eltern mit dem Stress umgehen, prägt auch das Verhalten der Sprösslinge. Versucht deswegen gelassen zu sein und zeigt euren Kindern, wie sie mit den Problemen umgehen sollten […] mit den folgenden Tipps können Kinder dem Stress entgegenwirken:

- **„Stress“ entzaubern.** Stress muss nicht immer etwas Negatives bedeuten. Das sollten Eltern ihren Kindern beibringen, indem sie in Stresssituationen nicht gleich in Panik verfallen, sondern Stress „aushalten“ bzw. entgegenwirken können.

  Verantwortung und Pflichten im Schulalter zu übernehmen kann auch positive Aspekte haben, außerdem stehen Eltern den Kindern bei, wenn sie Hilfe brauchen. Kinder sollten dadurch lernen, dass sie auch mal Schwächen zeigen können und dass es nichts Schlimmes ist. Im Team können Probleme schneller und wirksamer gelöst werden – das solltet ihr euren Kids vermitteln.

TEXT 4B

- **Entschleunigung ist angesagt!** Werft einen Blick in den Terminkalender eures Kindes: Ist dieser nicht zu voll mit verschiedenen Terminen gefüllt? Tennis, Sprachunterricht, Ballett- und Musikstunden – den Kindern bleibt oft kaum Zeit, um sich mit Freunden zu treffen und einfach Spaß zu haben. Sorgt deswegen für genügend Freiräume in der Woche.
- **Verständnis für Kinder zeigen.** Eltern sollen nicht selbst in Panik verfallen, sondern Verständnis zeigen und Kinder in ihren Bemühungen, mit den Problemen fertig zu werden, kräftig unterstützen. Dadurch wird ein Vertrauensverhältnis aufgebaut und die Kinder werden ruhiger und ausgeglichener. Es ist durchaus positiv, wenn Kinder über das reden, womit sie Probleme haben.
- **Kommunikation mit Lehrern.** Ein ausführliches Gespräch mit Lehrern, Schulpsychologen oder Sozialarbeitern kann helfen, das Problem des Kindes schneller zu lösen, bevor es ihm über den Kopf wächst. Stresscoaching für Kinder wird an vielen Schulen angeboten.
- **Pflichten und Belastungen sind ein Teil des Lebens.** Allerdings sollen die Kinder lernen, damit richtig umzugehen. Eltern sollten den Kindern die Wege und Möglichkeiten zeigen, wie sie die Belastungen am besten meistern. Zeigt den Kleinen beispielsweise einen Plan, wie sie das Kinderzimmer effektiv aufräumen oder wie es sich mit der besten Freundin wieder vertragen kann.
- **Stressreduktion durch gemeinsame Rituale.** Das könnte zum Beispiel gemeinsames Kochen und Essen sein. Es baut den Druck ab und schafft Vertrauen. Das Eis wird gebrochen und Kinder trauen sich eher, ihre Probleme anzusprechen. Sie bekommen damit eine Orientierung und werden ruhiger.
- **Zuhören.** Hört euren Kindern zu. Was macht ihnen Spaß und was betrachten sie als reine Pflichterfüllung? Versucht es, eurem Kind probeweise die Wochenplanung für einige Wochen zu überlassen. Fast 90 Prozent der gestressten Kinder klagen über Kalendertermine, die ihnen überhaupt keinen Spaß bereiten. Über 80 Prozent der hochgestressten Kinder würden gern mehr Zeit für Dinge haben, die Spaß machen.

Quelle: Stress bei Kindern: Symptome, Ursachen und Hilfe. https://www.kinderinfo.de/kind/stress/, kinderinfo.de, Heidorn GmbH, Breitenworbis (aufgerufen am 28.01.2022)

AUFGABENSTELLUNG Wahlteil B

1 Der kleine Prinz kommt von einem anderen Planeten. Er kennt das Leben auf der Erde nicht. Und da er selber von einem winzig kleinen Planeten kommt, kennt er auch keinen Stress. Du musst ihm also wie einem kleinen Kind erklären, was es mit Stress und Work-Life-Balance auf sich hat. Gehe folgendermaßen vor:

a) Begrüße den kleinen Prinzen freundlich und beschreibe, was du in der Szene (Text 3) beobachtet hast. Klinke dich anschließend in das Gespräch ein.

b) Erkläre dem kleinen Prinzen, was „Stress" ist (Text 1).

c) Beschreibe mithilfe von Text 2 Verhaltensweisen, die gestresste Menschen an den Tag legen, um deine Erklärung zu verdeutlichen.

d) Mache mithilfe von Text 4B deutlich, dass Kinder nicht zu gestressten Erwachsenen werden müssen, indem du erklärst, was dagegen getan werden kann.

e) Schließe mit einer Antwort des kleinen Prinzen.

E Original-Prüfungsaufgaben 2021: Realschulabschluss Niedersachsen

E 1 Hörverstehen

Nachfolgend findest du die Original-Prüfungsaufgaben 2021. Der Hörtext steht unter www.finaleonline.de als MP3-Datei zum kostenlosen Download zur Verfügung („Reisen der Zukunft - Ist Virtual Reality die Lösung?" von Birgit Raddatz, 06.03.2020, © rbb Inforadio).

In der Prüfung erhältst du ausreichend Schreibpapier. Schreibe die Antworten zu den Aufgaben hier auf gesonderte Blätter, wenn nötig.

AUFGABENSTELLUNG Hörverstehen

1 Fasse die wesentlichen Inhalte des Radiobeitrags kurz zusammen. (__/1 P.)

____

____

____

____

____

____

____

____

2 Erkläre den Begriff „Immersion". (__/1 P.)

____

____

____

3 In dem Beitrag werden verschiedene Gründe genannt, warum sich das Bewusstsein durch eine VR-Brille nicht so einfach austricksen lässt. Kreuze die Begründungen an, die **nicht** genannt werden. (__/1 P.)

Man hat das Gefühl, über dem Bild schweben, weil man seine Füße beim Heruntersehen nicht sieht. ☐

Auf dem Bildschirm lassen sich meistens einige Pixel erkennen. ☐

Die Brille mit dem innenliegenden Bildschirm ist für die meisten Menschen unbequem zu tragen. ☐

Die Augen allein reichen nicht, um ein realistisches Bild der Wirklichkeit zu erstellen. ☐

Man muss die VR-Brille mindestens zwei Tage ununterbrochen tragen, um einen Effekt zu erzielen. ☐

Durch die Bildschnitte lassen sich Reisefilme als unrealistisch erkennen. ☐

Eine virtuelle Reise kann man nur mithilfe einer professionellen Reiseleitung unternehmen. ☐

Quelle (Aufgaben): Niedersächsisches Kultusministerium, Hannover 2021

4 Beschreibe kurz Empfindungen, die der Informatikprofessor Steinecke in seinem 24-Stunden-Experiment erfahren hat. (__/1 P.)

5 Nenne vier Vorteile, die virtuelles Reisen gegenüber traditionellem Tourismus bietet. (__/2 P.)

E 2 Basisteil und Wahlteile: Virtuelle Realität

Die folgenden Texte befassen sich mit dem Thema „Virtuelle Realität". Lies alle Texte aufmerksam. Im Anschluss daran musst du dich für die Schreibaufgabe im Wahlteil A oder B entscheiden. Streiche den Wahlteil durch, den du nicht bearbeiten möchtest.

Basisteil

TEXT 1 **Ist die virtuelle Realität die neue Wirklichkeit?**

Stelle dir vor, du könntest die Vergangenheit zum Leben erwecken und durch das antike Rom zur Zeit von Julius Cäsar spazieren. Du könntest Fußball auf dem Mond spielen, als Pilot mit dem Hubschrauber über deine Heimatstadt fliegen oder mit dem Rennwagen von Sebastian Vettel über die Formel-1-Strecke in Silverstone fahren. Im normalen Leben ist das eher unwahrscheinlich oder sogar unmöglich, aber dank moderner Technik heutzutage erlebbar: „Virtuelle Realität" oder kurz VR heißt das Zauberwort. „Virtuell" bezeichnet etwas, das nicht echt, nicht in Wirklichkeit vorhanden, aber echt erscheinend ist. In der virtuellen Realität wird uns also vorgetäuscht, dass etwas real existiert, was es so in Wirklichkeit nicht gibt. Virtuelle Realität ist eine computergenerierte Wirklichkeit mit dreidimensionalen Bildern, Videos und in vielen Fällen auch Ton. Die „künstliche" Wirklichkeit wird auf Großbildleinwänden, in speziellen Räumen oder über eine VR-Brille simuliert. So glaubt man, dass man sich in einer anderen Welt befindet. Damit man sich auch körperlich durch diese künstlich geschaffene Welt bewegen kann und dabei Sinneseindrücke, wie beispielsweise Gerüche oder Geschmäcker, wahrnehmen kann, werden neben der VR-Brille mitunter weitere spezielle Geräte benötigt, wie etwa eine 3D-Maus, Datenhandschuhe oder bestimmte Helme.

Die Geschichte der virtuellen Realität ist älter, als viele denken, und reicht bis in die Antike zurück. Schon damals beschäftigten sich einige Denker mit der Frage, ob wir Menschen beim Anblick unserer Umwelt den wahren Kern oder nur ein Abbild der Wahrheit sehen. Als Beispiel hierfür gilt das „Höhlengleichnis" von Platon, einem der bekanntesten Gelehrten der griechischen Antike. Der exakte Begriff „virtuelle Realität" taucht jedoch erst deutlich später auf. Damien Broderick, ein australischer Science-Fiction-Autor, gilt als Erfinder dieser Wortkombination. In seinem 1982 erschienenen Zeitreiseroman „The Judas Mandala" benutzt er die Formulierung „virtual reality", die dann sogar 1987 in das Oxford English Dictionary aufgenommen wurde.

Schriftsteller sowie Theater- und Filmemacher sehen häufig technologische Entwicklungen voraus, lange, bevor sie tatsächlich erfunden werden. Hier ist vor allem der Theaterregisseur und Schriftsteller Antonin Artaud zu nennen. In seiner Theatertheorie von 1932 forderte er die Abschaffung der Trennung von Bühne und Zuschauerraum. Mit dieser Änderung wollte Artaud ein „Theater der Aktion" erschaffen und eine direkte Verbindung zwischen Schauspielern und Zuschauern herstellen. Im „Theater der Aktion" sollte der Zuschauer mitten im Theatersaal sitzen und von allen Seiten bespielt werden.

Auch für die VR-Brille gibt es ein solches Beispiel: In seiner Kurzgeschichte „Pygmalions Brille" aus dem Jahr 1935 beschreibt der amerikanische Autor Stanley G. Weinbaum eine Brille, die folgendes Erlebnis ermöglicht: „... einen Film, der einem Bilder und Klänge beschert, [...], Geschmack, Geruch und Tastempfindungen. […] Du bist drin in der Geschichte, du sprichst zu den Schatten und sie antworten, anstatt auf einer Leinwand findet die Geschichte überall um dich herum statt und du bist mittendrin." Vielen bekannt ist das Holodeck, das die Protagonisten der 1987 erstmals ausgestrahlten Fernsehserie „Star Treck – The Next Generation" besuchen, um in einem virtuellen Raum eine auf ihre Bedürfnisse zugeschnittene Wirklichkeit zu erleben. Auch der 1999 erschienene Film „Matrix" und dessen Fortsetzungen sorgten dafür, dass das Thema „virtuelle Realität" an Popularität gewann. In diesen Filmen versucht eine Untergrundbewegung, die versklavte Menschheit aus der von künstlichen Maschinen geschaffenen virtuellen Realität, der Matrix, zu befreien.

Die technische Realisation der Grundidee einer virtuellen Realität nahm im 19. Jahrhundert ihren Anfang. Lebensgroße 360-Grad-Panoramabilder wurden gemalt, bei deren Betrachtung die Illusion entstand, dass man sich inmitten von historischen Begebenheiten oder architektonischen Sehenswürdigkeiten befindet. 1838 veröffentlichte der britische Physiker Charles Wheatstone Zeichnungen zu einem Stereoskop. Dieser Apparat vermittelte durch zwei nebeneinander platzierte zweidimensionale Bilder den Eindruck des räumlichen Sehens, also eines dreidimensionalen Bildes. Der Schotte David Brewster stellte 1849 eine Zweiobjektivkamera vor, die stereoskopische Fotoaufnahmen ermöglichte. Rund hundert Jahre später, 1939, präsentierte William Gruber seinen „View-Master", eine stereoskopische Brille, die anhand von dreidimensionalen Ansichtskarten virtuellen Tourismus ermöglichte. Prinzipiell basieren die meisten heutigen Video- und VR-Brillen auf dem Prinzip des stereoskopischen Sehens.

1962 ließ sich VR-Pionier Morton Heilig das „Sensorama" patentieren, das dem Betrachter neben dem Sehen noch weitere Sinneseindrücke vermittelte. Mit dem „Sensorama" ließ sich nicht nur ein 3D-Film über eine Motorradfahrt anschauen, gleichzeitig ruckelte auch der Sitz, wehte ein künstlicher Wind und roch es nach Straße. Aus Kostengründen konnte sich die Erfindung aber nie durchsetzen. 1979 fuhren Autos mit Kameras auf dem Dach durch die Stadt Aspen im amerikanischen Bundesstaat Colorado. Ihr Auftrag: alle Straßen aufnehmen für einen interaktiven Film über die Stadt. So entstand ein animiertes 3D-Modell der Stadt mit Gebäuden und Plätzen, zu denen zusätzliche Informationen in Bild, Ton und Text abgerufen werden konnten. Betrachter konnten also in bewegten Bildern Aspen erkunden und die Route nach Belieben wählen. Diese Aktion erinnert an das heutige „Google Street View".

Auch in Militärkreisen gab es bereits seit 1960 erste VR-Brillen, die die Kopfbewegungen des Nutzers erfassten, um so die Betrachtung von größeren virtuellen Räumen und Landschaften zu ermöglichen. Später entwickelte man daraus Flugsimulatoren, zum Beispiel das Simulationssystem „SIMNET", das bis in die 1990er-Jahre zum Training von Kampfpiloten eingesetzt wurde.

In den 1970er-Jahren wurde VR auch für die breite Masse zunehmend interessant: In den USA wurden vor allem in Spielhallen die ersten Arcade-Spielautomaten aufgestellt. Diese Automaten mit Münzeinwurf verfügten beispielsweise über ein Lenkrad, ein Schnellfeuergewehr oder ein Skateboard, sodass sich die Spiele realitätsnäher steuern ließen. Mit den sogenannten Homecomputern hielten Videospiele in den 1980er-Jahren auch Einzug in Privathaushalte. In den 1990ern entstanden dann Spielkonsolen, die sich die Vorspiegelung von virtueller Realität explizit zum Ziel gesetzt hatten. Hier sind

TEXT 1

der „SEGA VR“ und der „Nintendo Virtual Boy“ zu nennen. Aufgrund von grafischen Unzulänglichkeiten und fehlenden Verkaufserlösen wurden diese Projekte beendet. Doch im neuen Jahrtausend schnellten die Verkaufszahlen nach oben. Bis heute wurden weltweit über 1 Milliarde Spielekonsolen von verschiedenen Herstellern verkauft, die sich mit teilweise sehr hochpreisigen VR-Brillen und den dazugehörigen VR-Spielen aufrüsten lassen.

Virtuelle Realität hat heutzutage eine hohe wirtschaftliche und gesellschaftliche Bedeutung, die sich in Bildung und Ausbildung, im technischen Bereich, in der Konsumwelt sowie in der Spiele- und Unterhaltungsindustrie widerspiegelt. Allerdings kann die Erfahrung des Eintauchens in die virtuelle Realität nicht nur bereichernd, sondern zugleich auch verstörend wirken. Nach einer längeren Nutzung von Formen der virtuellen Realität kann es schwierig sein, sich wieder in der „echten“ Wirklichkeit zurechtzufinden, manche Menschen zeigen sogar körperliche Reaktionen wie Schwindel und Übelkeit.

Angesichts des Engagements zahlreicher Wissenschaftler und vieler großer Konzerne dürfte eines sicher sein: Die Geschichte der virtuellen Realität wird weitergehen.

(unter Verwendung der Quellen: https://Imz-bw.de/medien-und-bildung/medienwissen/virtual-und-augmented-reality/geschichte-der-virtuellenrealitaet/ und https://www.androidpit.de/geschichte-der-virtuellen-realitaet und https://wirtschaftslexikon.gabler.de/definition/virtuelle-realitaet – alle aufgerufen am 29.09.2020)

AUFGABENSTELLUNG Basisteil

1 Stelle Text 1 und sein zentrales Thema kurz vor. (__/2 P.)

2 Erkläre mit eigenen Worten mithilfe von Text 1 den Begriff „virtuelle Realität“. (__/2 P.)

Quelle (Aufgaben): Niedersächsisches Kultusministerium, Hannover 2021

3 Stelle die geschichtliche Entwicklung der virtuellen Realität in den angegebenen Anwendungsbereichen dar. Trage hierfür jeweils zwei Beispiele mit den entsprechenden Jahreszahlen in die Spalten der Tabelle ein. (__/4 P.)

Anwendungsbereich	**Beispiel 1**	**Jahr**	**Beispiel 2**	**Jahr**
Literatur				
Interaktive Simulatoren von Szenen aus der Wirklichkeit				
Militär				
Unterhaltungsindustrie				

4 Der längere Aufenthalt in virtuellen Welten kann laut Text 1 auch mit negativen Auswirkungen verbunden sein. Nenne zwei Beispiele.

TEXT 2 Das Höhlengleichnis von Platon

Das Höhlengleichnis ist eines der bekanntesten Gleichnisse der antiken Philosophie. Es stammt von dem griechischen Philosophen Platon (428/427 – 348/347 v. Chr.). Es verdeutlicht den Sinn und die Notwendigkeit von Bildung als Weg zur Wahrheit und Befreiung aus der Gefangenschaft der Unwissenheit.

Im Höhlengleichnis sitzen Menschen von Geburt an gefesselt in einer dunklen Höhle. Sie kennen die Welt draußen – außerhalb der Höhle – nicht.
Die Menschen sitzen alle mit dem Rücken zum Höhlenausgang und starren auf die Wand vor sich. Hinter ihnen flackert ein Feuer. Dieses Feuer wirft Schatten auf die Wand, vor der sie sitzen. Es sind Schatten von den Menschen, die draußen am Höhleneingang vorbeigehen.
Da die Leute in der Höhle nicht wissen, dass draußen echte Menschen an ihrer Höhle vorbeigehen, denken sie, dass die Schatten vor ihnen an der Wand die Wirklichkeit sind. Sie kennen nichts anderes als die Schatten und deswegen glauben sie, dass diese Schatten alles sind, was es auf der Welt gibt. Sie wetteifern darum, wer die Schatten am besten erkennen und benennen kann. Sie ehren die, die besonders präzise im Erkennen der Schatten sind. Dabei wissen sie gar nicht, dass ihre Ehrungen völlig sinnlos sind, weil alles nur Schatten sind und nichts davon wirklich wahr.
Nun gibt es einen Menschen, der plötzlich merkt, was los ist. Er erkennt, dass es unsinnig ist, gefesselt in einer dunklen Höhle zu sitzen, sein Leben lang nur Schatten anzugucken und dann noch zu glauben, das sei alles, was es gibt.
Also steht dieser Mensch auf, guckt sich um und sucht den Ausgang aus der Höhle. Aber weil er so lange gefesselt dagesessen hat, ist sein Körper ganz steif geworden und jede ungewohnte Bewegung tut ihm weh. Dazu kommt das Licht des Feuers, das ihn blendet, weil er noch nie Licht gesehen hat. Noch schlimmer werden die Schmerzen, als er sich bei seinem Weg nach draußen immer mehr dem Tageslicht – der Sonne – nähert, weil das Licht viel zu grell für seine Augen ist.
Obwohl das alles eine ziemliche Strapaze für ihn ist, kämpft er sich nach draußen und ist dort zunächst sehr erschrocken und verwirrt darüber, was er sieht. All das konnte er sich ja vorher in der Höhle noch nicht mal im Entferntesten vorstellen. […] Anfangs hat er große Schwierigkeiten, mit der wirklichen Welt draußen klarzukommen. Als er aber begriffen hat, wie viel besser und spannender es draußen ist als in der dunklen Höhle, da fangen ihm seine früheren Freunde in der Höhle an leidzutun. […] Schließlich wissen sie gar nicht, was sie in der Wirklichkeit verpassen und führen so ein langweiliges, trauriges Leben. […] Er möchte ihnen unbedingt von der Welt außerhalb der Höhle berichten.
Als er aber wieder unten in der Höhle ist und seinen Freunden erzählen will, was draußen los ist, glauben sie ihm natürlich nicht. Sie halten ihn für einen Spinner, der völlig verrückte Dinge erzählt. Sie finden auch, dass er arrogant auftritt, weil er ihre Welt, ihre Schatten, nicht mehr ernst nimmt. Die Schatten sind aber ihre ganze Welt und die wollen sie sich nicht von irgendjemandem schlechtmachen lassen.
Außerdem haben sie Angst vor dem, was passiert, wenn sie tatsächlich ihre Fesseln lösen und aus der Höhle herausgehen. Sie haben Angst vor den Schmerzen

TEXT 2

und dem damit verbundenen Stress. Und schließlich wissen sie ja nicht, was sie draußen erwartet. Das jagt ihnen zusätzlich Angst ein. Deswegen wollen sie lieber nichts verändern und in der Höhle bleiben – nach dem Prinzip: „Was man hat, das hat man."
Und ihre Höhle kennen sie wenigstens.
Trotzdem stört sie das Gerede von dem einen. Denn wenn einer behauptet, dass es etwas viel Besseres gibt als das, was man hat, dann kann man es gar nicht mehr richtig genießen. Man muss sich ja dauernd fragen, ob der andere nicht recht hat und man nicht vielleicht doch draußen was verpasst. Aber dann müsste man ja doch so mutig sein rauszugehen. Die Leute in der Höhle aber sind so träge, dass sie es einfach nicht schaffen.
Der eine, der ihnen von der Welt da draußen erzählt hatte, der nervt sie jetzt. Er erinnert sie ständig daran, dass sie sich nicht trauen rauszugehen. Und daran, dass ihre Welt, mit der sie bisher doch so zufrieden waren, vielleicht wirklich blöd ist. Deswegen fangen die Leute in der Höhle an, diesen einen, der all die Geschichten von draußen erzählt, zu hassen. Sie wollen ihn weghaben, damit sie wieder ihre Ruhe haben. Egal, ob es stimmt, was er gesagt hat, oder nicht. Deswegen bringen sie ihn um. […]

Quelle: Höhlengleichnis (frei nacherzählt). Aus: Maike Plath, Biografisches Theater in der Schule. Mit Jugendlichen inszenieren: Darstellendes Spiel in der Sekundarstufe. Verlag Beltz, Weinheim und Basel 2009, S. 154–155 (verändert und gekürzt)

5 Begründe, warum Platons Höhlengleichnis zu einem der ersten Texte über „virtuelle Realität" gezählt wird. (__/2 P.)

6 Zwar gilt das Höhlengleichnis als einer der ersten Texte zum Thema „virtuelle Realität"; allerdings unterscheidet sich die „virtuelle Realität" der Höhlenbewohner in Platons Gleichnis in einigen Aspekten von unserer heutigen „virtuellen Realität". Beschreibe die Unterschiede. (__/2 P.)

7 Ein Gleichnis kann folgendermaßen erklärt werden:

Ein Gleichnis ist eine kurze bildhafte Erzählung. Durch ein anschauliches Bild wird eine Lebenseinstellung/Lebensweise dem Leser verständlich gemacht. Der Leser soll sich in der Erzählung selbst entdecken können und angeregt werden, seine eigene Situation zu überdenken bzw. zu verändern.

Erkläre welche Lebenseinstellung/Lebensweise Platon durch sein Höhlengleichnis (Text 2) bei den Menschen verändern möchte. (__/2 P.)

Wahlteil A

Du bist Mitglied des Science-Fiction-Clubs an deiner Schule. Bei euren Clubtreffen tauscht ihr Science-Fiction-Bücher aus und schaut euch gemeinsam Filme an. Mit einem Blog auf eurer Website versucht ihr, andere Schülerinnen und Schüler für euren Club zu begeistern. Bei deinen Recherchen zu einem neuen Blogbeitrag stößt du auf die Erzählung „Pygmalions Brille", die dich inspiriert und die du daher vorstellen möchtest.
Du verfasst auf Grundlage dieser Erzählung einen informierend-appellierenden Blogbeitrag mit der Überschrift „Science Fiction – die Brille für den Blick in die Zukunft".

TEXT 3A Pygmalions Brille *Stanley G. Weinbaum*

Schriftsteller sehen häufig technologische Entwicklungen voraus, lange, bevor sie tatsächlich erfunden werden. Auch für die Virtual Reality gibt es ein solches Beispiel. In seiner Erzählung „Pygmalions Brille" aus dem Jahr 1935 beschreibt der amerikanische Science-Fiction-Autor Stanley G. Weinbaum eine Brille, die das Eintauchen in virtuelle Welten ermöglicht.

[…] „Aber was ist Wirklichkeit?", fragte der zwergenhafte Mann. Er deutete auf die hohen Gebäudereihen, die den Central Park[1] umgaben. Ihre unzähligen Fenster glühten wie die Höhlenfeuer einer Stadt von Steinzeitmenschen.

TEXT 3A

„Alles ist Traum, alles ist Illusion. Ich bin Ihre Illusion ebenso, wie Sie die meine sind."

Dan Burke kämpfte sich durch den Alkoholnebel zur Klarheit des Gedankens durch und schaute verständnislos seinen kleinen Gefährten an. Allmählich bedauerte er den Impuls, der ihn getrieben hatte, die Party zu verlassen und frische Luft im Park zu schnappen.

„Sie trinken", sagte das bärtige Koboldgesicht, „um der Wirklichkeit zu entkommen, und die Ironie ist die, dass sogar die Wirklichkeit ein Traum ist."

Dan schaute ihn verständnislos an.

„Ich bin Albert Ludwig, Professor Ludwig. Das sagt Ihnen wohl nichts, eh? Angenommen nun, ich könnte Ihnen einen eigenen Traum erschaffen. Ich füge diesem Traum Geschmack, Geruch, sogar eine Berührung hinzu. Angenommen, ich mache ihn so, dass Sie selbst im Traum wirklich sind, dass Sie mit den Figuren im Traum sprechen können, dass diese Ihnen antworten, dass die Geschichte um Sie herum ist, und Sie sind mitten drinnen. Würde das einen Traum zur Wirklichkeit werden lassen?"

„Wie, zum Teufel, wollen Sie das machen?"

„Wie? Aber das ist doch einfach! Erst mein flüssiges Positiv, dann meine magische Brille. Ich fotografiere eine Geschichte in einer Flüssigkeit mit lichtempfindlichen Chromaten. Ich verwende dazu eine sehr komplizierte Lösung, verstehen Sie? Chemisch füge ich Geschmack hinzu, den Ton elektrisch. Wenn dann die Geschichte aufgenommen ist, dann bringe ich die Lösung in meine Brille, meinen Film-Projektor. Ich elektrolysiere die Lösung, die Geschichte, das Bild, den Ton, den Geschmack, den Geruch – alles!"

„Und die Berührung?", fragte Dan. „Wenn Ihr Interesse geweckt ist, steuert die Ihr Geist bei." Ludwig wurde immer eifriger. „Sie werden sich das einmal ansehen wollen, Mr. Burke?"

„Warum nicht?", knurrte Dan. Ein sonderbarer alter Mann, dachte er, als er ihm durch den Park folgte und mit ihm eines der Wohnhotels in der Umgebung betrat.

In seinem Zimmer kramte Ludwig in einer großen Tasche herum und brachte ein Gerät zum Vorschein, das vage an eine Gasmaske erinnerte. Es hatte Brillengläser und ein Gummistück. Dan besah es sich neugierig, während der kleine bärtige Professor eine Flasche mit wasserklarer Flüssigkeit brachte. „Das ist es!" Er strahlte. „Mein flüssiges Positiv, die Geschichte. Harte Fotografie, höllisch hart! Deshalb auch die einfachste Geschichte. Eine Utopie[2] – nur zwei Personen und Sie, der Zuschauer. Nun, setzen Sie die Brille auf." Er goss etwas von der Flüssigkeit in die Maske und führte einen gedrehten Draht zu einem Gerät auf dem Tisch. „Das ist ein Gleichrichter", erklärte er, „für die Elektrolyse. Aber jetzt beginne ich. Jetzt!"

Erst gab es einen chaotischen Moment. Die Flüssigkeit vor Dans Augen wurde zu weißen Wolken und undefinierbare Geräusche summten. Er machte schon eine Bewegung, um das Gerät vom Kopf abzunehmen, aber aus dem Nebel traten Formen hervor, die sein Interesse fingen.

Die Szene beruhigte sich. Das Weiß verging wie Nebel im Sommer. Noch ungläubig griff er nach den Armstützen des unsichtbaren Stuhls und starrte auf einen Wald. Aber welch ein Wald! Unglaublich, unirdisch, wunderbar schön! Schlanke, glatte Stämme reckten sich einem heller werdenden Himmel entgegen. Und Vögel gab es, das heißt, es war jedenfalls Pfeifen und Zwitschern wie im

TEXT 3A

Märchen um ihn herum, wenn er auch keine Kreaturen sah. Einen Moment lang vergaß er den Stuhl, dessen Armlehnen er umklammerte, das billige Hotel, dessen bescheidener Raum für ihn unsichtbar war, den alten Ludwig, seinen schmerzenden Kopf. Etwas näherte sich. Er beobachtete eine Gestalt, während sie sich bewegte, einmal hinter dem Grün verschwand, dann wieder auftauchte. Bald erkannte er, dass es eine menschliche Gestalt war, doch erst als die Gestalt unmittelbar vor ihm stand, sah er, dass es ein Mädchen war. „Wer bist du?", fragte er. „Ich heiße Galatea", sagte sie, „und ich bin gekommen, um dich zu finden." „Mich zu finden?" „Komm!", forderte sie ihn lächelnd auf. Dan berührte ihre Hand und spürte, ohne darüber erstaunt zu sein, die lebendige Wärme ihrer Finger. Er hatte ganz vergessen, wie paradox Illusion im Grunde ist. Dies war für ihn keine Illusion mehr, sondern reine Wirklichkeit. Er sah das Mädchen an, sah ihr glänzendes schwarzes Haar, ihre Augen, ihre weiche, weiße Haut, und dann versuchte er für einen tragischen Moment, die Armstützen des billigen Hotelsessels unter seinen Händen zu fühlen – es gelang ihm nicht. „Komm, ich will dir mein Land zeigen!" Sie lief einen Bach entlang voran, und Dan folgte ihr zögernd.

Das war ein Tag! An jeder Bachbiegung, die sie passierten, bot sich eine neue schöne Aussicht. Jeder Augenblick war eine Köstlichkeit. Sie redeten, oder sie schwiegen, waren sie durstig, dann war der Bach da, waren sie hungrig, so brauchten sie nur Früchte zu pflücken. Und wenn sie müde waren, gab es immer einen tiefen Teich, in dem sie ausgiebig schwammen und ein moosiges Ufer, an dem sie ihre Körper trockneten. Waren sie ausgeruht, winkte neue Schönheit. Galatea band ihm aus Blüten einen Kranz für den Kopf. So vergingen die Tage in süßem Miteinander.

Doch irgendwann bemerkte Dan eine feine Veränderung in der ihn umgebenden Welt; die Umrisse waren verwischt, die Melodie der Blumen weniger ausgeprägt, die Landschaft etwas unstabil wie Rauch, wenn er sie nicht direkt und fest ansah. Galatea deutete auf die rote aufgehende Sonne. „So kurze Zeit, bis du wieder in deine eigene Welt zurückkehrst", sagte sie. „Ich werde sehr, sehr traurig sein." Sie berührte seine Wange mit ihren Fingerspitzen. „Angenommen, ich gehe nicht", sagte Dan mit heiserer Stimme. „Was dann, wenn ich nicht gehen will? Und ich will nicht gehen! Ich werde bleiben! Ich liebe dich, Galatea", sagte er.

„Und ich dich", flüsterte sie.

Plötzlich hüllte ihn ein Gefühl unendlicher Enttäuschung ein, als er ein dunkles Fenster mitten in der Luft erblickte. Es war das Fenster des Hotelzimmers. Seine Hände klammerten sich an etwas Glattes und Hartes – die Armstützen des billigen Hotelsessels. Noch einmal sah er sie nahe vor sich – Galatea mit sorgenvollem Gesicht und tränennassen Augen.

Er strengte sich gewaltig an, um aufzustehen, stand auch und stürzte dann in einem Schauer sprühenden Lichtes zu Boden. Er kämpfte sich auf die Knie; Wände schlossen ihn ein – Ludwigs Hotelzimmer. Er musste aus dem Sessel gerutscht sein. Die magische Brille lag vor ihm, eine Linse war zerbrochen, und eine Flüssigkeit lief aus, die nicht mehr wasserklar, sondern milchig war. Sein Kopf schmerzte entsetzlich, er fühlte sich erschüttert, krank, erschöpft, trostlos. Es war ein trübseliges, abstoßendes Zimmer. Er wollte hinaus. Automatisch sah er auf seine Uhr: vier Uhr – fast fünf Stunden musste er hier gesessen haben. Zum ersten Mal bemerkte er, dass Ludwig nicht da war. Er war froh darüber und lief hinaus zum Lift.

TEXT 3A

Was für eine Vision, dachte er. Noch schlimmer. Verliebt in eine Vision, verliebt in ein Mädchen, das nie gelebt hatte, in einem Land, das buchstäblich nirgendwo war! [...]

1 **Central Park:** Stadtpark im Zentrum New York Citys

2 **die Utopie:** Etwas, das in der Vorstellung von Menschen existiert, aber (noch) nicht Wirklichkeit ist.

Quelle: Die besten Stories von Stanley G. Weinbaum. Playboy Science Fiction Taschenbuch. Aus dem Amerikanischen von Leni Sobez. Moewig Verlag, München 1980, S. 171 – 196 (verändert und gekürzt)

AUFGABENSTELLUNG Wahlteil A

1 Bearbeite die folgenden Aufgaben in einem zusammenhängenden Text. Zähle abschließend die von dir geschriebenen Wörter.

a) Erkläre zunächst kurz den Anlass für deinen Blogeintrag. (__/1 P.)

b) Stelle dann die Erzählung „Pygmalions Brille“ vor, indem du den Inhalt kurz zusammenfasst. (__/3 P.)

c) Die Hauptperson in Weinbergs Kurzgeschichte entscheidet sich, dem ihr unbekannten grauen Mann zu folgen und die VR-Brille zu nutzen. Nenne mögliche Gründe für ihre Entscheidung. (__/1 P.)

d) Die Erzählung „Pygmalions Brille“ stammt aus dem Jahr 1935. Beschreibe, wie sich der Autor das Eintauchen in eine virtuelle Welt vorstellt. Vergleiche diese Vorstellung mit unseren heutigen technischen Möglichkeiten (Text 1). Nenne Gemeinsamkeiten und Unterschiede. (__/2 P.)

e) Stelle dir vor, Pygmalions Brille wäre Realität. Nenne einen Grund, der für die Benutzung einer solchen Brille spricht, und einen, der dagegenspricht. Begründe auch, ob du persönlich eine solche Brille nutzen würdest. (__/3 P.)

f) Begründe in einem abrundenden Schluss, warum die Erzählung „Pygmalions Brille“ ein besonders passendes Beispiel für deinen Blogbeitrag mit der gewählten Überschrift „Science Fiction – die Brille für den Blick in die Zukunft“ darstellt. Formuliere auf dieser Grundlage einen abschließenden Appell an die Leserinnen und Leser deines Blogs für den Beitritt in den Science-Fiction-Club. (__/2 P.)

Wahlteil B

Du bist Mitglied des Clubs „Digitale Medien“ an deiner Schule. Bei euren Clubtreffen informiert ihr euch gegenseitig über die aktuellen digitalen Techniken und probiert deren Möglichkeiten aus. Hierbei erfährst du durch den Text „Virtuelle Realität – ‚Überwältigungstechnik‘ oder wertvoller Einsatz moderner Medien?“ von den Chancen und Grenzen der Technik der „Virtuellen Realität“ an Schulen.
Da du fasziniert bist von den Möglichkeiten, die sich daraus für die Gestaltung des Unterrichts ergeben, setzt du dich bei deiner Schulleitung für die Anschaffung von VR-Brillen und weiterer notwendiger Technik ein. Dazu verfasst du eine informierend-appellierende E-Mail, in der du deine Schulleitung auch zu begeistern versuchst.

TEXT 3B Virtuelle Realität – „Überwältigungstechnik“ oder wertvoller Einsatz moderner Medien?

„Die Milchstraße!“, ruft Max. – „Cool“, tönt es aus der Runde. Gut 20 Schülerinnen und Schüler blicken durch VR-Brillen und sehen das Weltall mit unzähligen Lichtpunkten. Wer den Kopf nach links bewegt, der entdeckt den Mond. Den Kopf nach rechts drehen – und die Erdkugel taucht auf, riesengroß, in 3-D. Man kann sich umsehen, die Brille passt sich dem Bild an, auch der

TEXT 3B

Ton wandert im Raum mit. Man taucht komplett in eine neue Welt ein und vergisst seine reale Umgebung. „Immersion“ nennt man diesen Effekt, den man Außenstehenden kaum erklären kann. Aber wer einmal eine VR-Brille trägt, versteht sofort, was Immersion bedeutet. Mithilfe von Virtual Reality können Schülerinnen und Schüler entfernte Orte besuchen, vergangene Epochen wie die des Römischen Reiches erkunden oder auf völlig neue Weise Informationen über das menschliche Herz oder Vulkane erfahren. Virtual Reality erlaubt es den Lehrenden, ihre Schülerinnen und Schüler in unbekannte Welten und an von ihnen noch nie gesehene Orte mitzunehmen, ohne den Klassenraum zu verlassen. Möglich wird das mit sogenannten VR-Apps. Meistens braucht es nur ein Tablet, mehrere Smartphones und sogenannte Cardboards – kostengünstige VR-Brillen aus Pappe, in die die Smartphones gesteckt werden. Im schulischen Bereich stellt sich allerdings die Frage, in welchem Umfang sich VR-Brillen medienpädagogisch vorteilhaft einsetzen lassen und wo ihre Grenzen liegen – oder gar ihre Gefahren. In der Oberschule „Maxim Gorki“ im sächsischen Frohburg wurden bereits Erfahrungen mit VR-Brillen gemacht. Vor rund zwei Jahren nutzte der Geografielehrer Michael Kunig im Rahmen einer Medienprojektwoche ein Angebot von der Stiftung Lesen und Google, die kostenlos Tablets, Smartphones und Cardboards zur Verfügung stellten. Zu Beginn der Projektwoche warnte Kunig die Jugendlichen: „Bleibt sitzen! Wenn ihr mit der Brille herumlauft, könnte euch übel werden, weil eure Sinnesorgane verrücktspielen.“ Das hatte auch Emily. „Mir wurde fast schwindlig, weil man im Weltall so tief heruntergucken kann“, sagt die Fünfzehnjährige. Wenn die Klasse unruhig wird, dann tippt Kunig auf das Tablet und man sieht durch das Cardboard das Wort „Pause“. „Damit sich eure Augen erholen“, sagt er, „und damit ihr merkt, dass ihr immer noch im Klassenzimmer seid.“ Kunig sieht VR-Technik vor allem als Motivationshilfe und als Bereicherung für den Unterricht. Kinder und Jugendliche könnten dadurch für Inhalte begeistert werden, die sie sonst langweilig fänden. Wenn die Schülerinnen und Schüler „selbst etwas erkunden, bleibt es länger und fester im Gedächtnis, so wie eine richtige Reise.“ Der Pädagoge schränkt allerdings ein, die virtuelle Reise dürfe „maximal zehn Minuten am Stück“ dauern und „nur eine Ergänzung des Unterrichts sein“. Die Cardboards blieben auch nach der Projektwoche an der Schule, allerdings ohne Smartphones. Das stelle die Klasse vor Probleme, sagt Kunig. Denn zwar hätte jeder Schüler ein Smartphone, aber nicht jedes sei VR-fähig. Einige aus der Klasse würden damit zukünftig ausgeschlossen. Und wie beurteilen Medienpädagogen das Angebot? „Innovation im Unterricht ist immer gut“, erklärt Professor Stefan Aufenanger von der Universität Mainz. Unterrichtsprojekte mit virtueller Realität könnten „der Veranschaulichung und der Motivierung dienen“. Aufenanger betont: „Wir wissen aber noch zu wenig, ob sie insgesamt eine gute Lernhilfe sind.“ Ablehnend äußert sich Ralf Lankau, Professor für Mediengestaltung und Medientheorie an der Hochschule Offenburg. Er spricht von „Überwältigungstechnik“ und „Sedierungsmedien“. Wer sich die VR-Bilder anschaue, müsse sich „nichts mehr selbst vorstellen“. Jeder bleibe „visuell und haptisch in seiner isolierten Welt“. Lankau kritisiert zudem: „Dass die Stiftung Lesen das Projekt finanziert, ist ein Widerspruch in sich.“ Denn Lesen solle dazu anleiten, eigene Vorstellungswelten zu entwickeln. Lankau weiter: „Virtuelle Realtität verführt zum Konsum vorgefertigter digitaler Welten.“

TEXT 3B

Die Stiftung Lesen und Google Germany widersprechen: Die Verwendung ihrer virtuellen Erkundungen (Google-Expeditions) sei „für Kinder ab sieben Jahren empfohlen", und zwar „in Rücksprache mit Bildungsexperten, Medienpädagogen und Ärzten", sagt Google-Pressesprecher Ralf Bremer. Entscheidend sei, dass VR-Lerninhalte „sinnvoll und mit entsprechenden Pausen" in den Unterricht eingebunden werden. „Wir sehen Virtual-Reality-Anwendungen nicht als Ersatz für räumliches Erleben oder reale Klassenausflüge", stellt Bremer klar. „Der souveräne Umgang mit Medien gehört zu den grundlegenden Fähigkeiten in einer vernetzten Gesellschaft. Kinder und Jugendliche sollen befähigt werden, das Potenzial von Apps und sozialen Medien selbstbewusst und reflektiert auszuschöpfen", so Sabine Uehlein, Geschäftsführerin der Stiftung Lesen.

Wolfgang Antritter von der Arbeitsgemeinschaft Jugendliteratur und Medien der GEW (AJuM) erinnert an die Kosten, die mit dem Einsatz von VR verbunden sind: „Auch die Karton-Version der Google-Brille setzt leistungsfähige Geräte voraus, die von Kindern aus benachteiligten Familien besondere Opfer abverlangen." Zudem vermutet Antritter, dass es Google darum gehe, „schon im Grundschulalter eine Markenbindung bei den Kindern zu erzeugen". In den USA wird der kostengünstige Google-Laptop „Chromebook" mit kostenloser Lernsoftware gezielt an Schulen verkauft. Google-Sprecher Bremer weist diese Kritik zurück. VR im Unterricht setze „keine Vollausstattung der Klassen mit geeigneter Technik voraus". Schülerinnen und Schüler könnten zudem eigene Smartphones nutzen (BYOD – Bring your own divice). Google arbeite zudem mit öffentlichen Bibliotheken zusammen. Einzelne Bibliotheken, sagt Bremer, „bieten den Verleih der Hardware an Schulen an". Er betont ferner, dass Google nicht das Ziel der Markenbindung verfolge. VR-Brillen seien „von unterschiedlichen Herstellern verfügbar", ebenso die genutzten Smartphones und Tablets. Und er verweist auf die vielen Partner: „Die einzelnen Expeditionen werden in Kooperation mit Museen, Bildungs- und Wissenschaftseinrichtungen erstellt."

Eva Dietrich vom Landesfilmdienst Sachsen sieht durchaus Potenzial beim Einsatz von VR-Technik im Unterricht. Unterschiedliche Lernmethoden sprächen unterschiedliche Sinneskanäle und Lerntypen an, was sich laut Studien positiv auf das Lernen auswirkt. Wichtig sei aber, so Dietrich, wie eine solche Technik in den Unterricht eingebettet sei und wie die Beteiligten damit umgingen. Allerdings müssten noch viele Lehrkräfte erst einmal für diesen Bereich fortgebildet werden. Dietrich äußert zudem Bedenken beim Thema Datenschutz. Generell befürchten viele Datenschützer, dass Firmen wie Google die gesammelten Daten nutzen, um den Unterricht und damit den lukrativen Bildungsmarkt zu erobern.

Ein Beispiel, wie VR sehr praxisnah für die Berufsorientierung an Schulen genutzt werden kann, ist das Angebot „Dein erster Tag". Eine private Agentur bietet 360-Grad-Videos zu zahlreichen Berufsfeldern an, die einen virtuellen Einblick in diverse Ausbildungsplätze bieten. Diese Videos sind in Zusammenarbeit mit großen Arbeitgebern entstanden, die in einem schwieriger werdenden Ausbildungsmarkt um geeignete Auszubildende werben. Schulen können sich auf Anfrage kostenlos eine Medienbox zuschicken lassen, in denen in Klassenstärke VR-Brillen, Kopfhörer und Smartphones mit den dazugehörigen VR-Videos enthalten sind. Das Ganze funktioniert also auch ohne Internetanbindung.

TEXT 3B

Natürlich ist auch die Virtuelle Realität als neues Medium nicht frei von Problemen und sogar Gefahren. Das „Sich-Verlieren“ in der VR könnte zum Problem werden: In der virtuellen Realität gelangt man schnell in den Zustand höchster Konzentration, aber auch völliger Versunkenheit. Natürlich kann man im Unterricht die VR-Brille jederzeit abnehmen und so den Kontakt in die „echte Welt“ wiederherstellen. Es ist aber zu befürchten, dass die jetzt möglich gewordene Immersion von den Jugendlichen auch privat verstärkt genutzt wird, und zwar so sehr, dass sie die reale Welt hintanstellen und derart „versinken“, dass sie reale soziale Kontakte abbrechen. Im schulischen Bereich ist das jedoch nicht unbedingt zu erwarten, da man als Schüler ja immer unter Beobachtung des Lehrers und eventuell auch der Mitschülerinnen und Mitschüler steht.

Quelle: Matthias Holland-Letz, Streit um Virtual Reality im Unterricht. GEW online vom 11.05.2018. https://www.gew.de/aktuelles/detailseite/neuigkeiten/streit-um-virtual-reality-im-unterricht/ (verändert und gekürzt) (aufgerufen am 26.08.2021)

STATISTIK

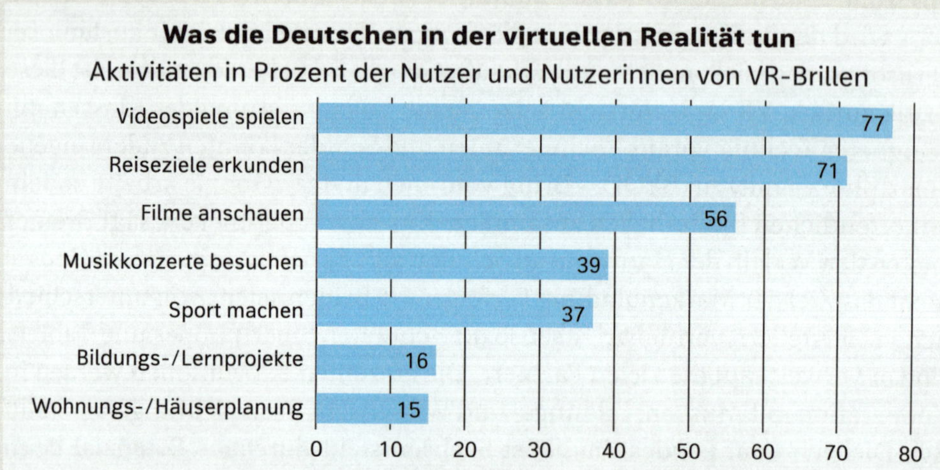

AUFGABENSTELLUNG Wahlteil B

1 Bearbeite die folgenden Aufgaben in einem zusammenhängenden Text. Zähle abschließend die von dir geschriebenen Wörter.

a) Erkläre einleitend den Anlass für deinen Text. (__/1 P.)

b) Stelle das Thema des Artikels „Virtuelle Realität – ‚Überwältigungstechnik‘ oder wertvoller Einsatz moderner Medien?“ (Text 3B) kurz vor. (__/2 P.)

c) Informiere mithilfe von Text 3B über zwei Möglichkeiten und zwei Grenzen des Einsatzes der VR-Technik im Schulalltag. (__/4 P.)

d) Im Folgenden nutzt du die vorliegende Statistik, um den Einsatz virtueller Technik im Unterricht zu rechtfertigen. Beschreibe hierfür zunächst die Statistik und begründe dann, warum ein solcher Einsatz eine längst überfällige Maßnahme zur Digitalisierung in Schulen darstellt. (__/3 P.)

e) Erkläre abschließend, warum diese Technik der virtuellen Realität trotz aller Bedenken an deiner Schule genutzt werden könnte. Führe ein konkretes Beispiel in deinem Schulalltag an. Formuliere in einem abrundenden Schluss einen Appell für die Ausstattung deiner Schule mit VR-Technik. (__/2 P.)

Glossar

Alliteration: → *Sprachliche Mittel*

Anapher: → *Sprachliche Mittel*

Auktorialer Erzähler: → *Merkmale erzählender Texte*

Bericht: → *Journalistische Textsorten*

Diagramm: → *Grafik*

Direkte Rede: → *Merkmale erzählender Texte*

Ellipse: → *Sprachliche Mittel*

Epik: Unter diesem Begriff fasst man alle Arten der erzählenden Dichtung zusammen. Es gibt viele epische Kleinformen (→ *Erzählung*, → *Fabel*, → *Kurzgeschichte*, → *Märchen, Sage, Schwank*). Zu den umfangreicheren epischen Texten gehört der → Roman.

Erlebte Rede: → *Merkmale erzählender Texte*

Er-/Sie-Erzählung: → *Merkmale erzählender Texte*

Erzählperspektive: → *Merkmale erzählender Texte*

Erzählung: In der Literatur versteht man unter einer Erzählung alle kurzen erzählenden Texte, die nicht eindeutig einer anderen Kurzform (→ *Fabel*, → *Märchen, Sage, Schwank*) zugeordnet werden können.

Essay: → *Journalistische Textsorten*

Euphemismus: → *Sprachliche Mittel*

Fabel: Dies ist eine zumeist kurze Erzählung, in der Tiere oder Pflanzen sich wie Menschen verhalten. Häufig stehen sich zwei Tiere mit gegensätzlichen Eigenschaften gegenüber. Meistens wird nach einer kurzen Einführung die Handlung durch Rede und Gegenrede fortgeführt und endet mit einem überraschenden Schluss. Am Beispiel des erzählten Geschehens wird eine Lehre gezogen oder Kritik an bestimmten Verhaltensweisen geäußert.

Gedicht: → *Lyrik*

Glosse: → *Journalistische Textsorten*

Grafik: Grafiken stellen statistische Größen und Größenverhältnisse mithilfe von Diagrammen bildlich dar. Man unterscheidet folgende Typen von Diagrammen:
1. Balkendiagramme oder Säulendiagramme, die absolute Zahlen anzeigen. Die Höhe der Säule oder die Länge des Balkens gibt eine Anzahl an.
2. Tortendiagramme bzw. Kreisdiagramme, die eine prozentuale Zusammensetzung einer Gesamtmenge verdeutlichen. Der Kreis ist in mehrere Teile unterteilt, die jeweils den Anteil an der Gesamtmenge wiedergeben.
3. Kurvendiagramme oder Liniendiagramme, die eine Entwicklung anzeigen. Die Daten von verschiedenen Zeitpunkten können mithilfe eines solchen Diagramms miteinander verglichen werden.

Hyperbel: → *Sprachliche Mittel*

Ich-Erzählung: → *Merkmale erzählender Texte*

Indirekte Rede: → *Merkmale erzählender Texte*

Innerer Monolog: → *Merkmale erzählender Texte*

Interview: → *Journalistische Textsorten*

Ironie: → *Sprachliche Mittel*

Journalistische Textsorten:

Informierende Texte
Die **Meldung** ist die Kurzform der Nachricht. Sie enthält nur die wichtigsten Informationen (Wer? Wo? Was? Wann?). Sie steht häufig auf der ersten Seite und weist meist auf einen ausführlichen Bericht im Innenteil der Zeitung hin.

Der **Bericht** ist die ausführliche Form der Nachricht. Er liefert eine detaillierte und sachliche Darstellung eines Sachverhalts.
Merkmale:
1. Die Überschrift (häufig mit Unterüberschrift) informiert sachlich.
2. Ein halbfett gedruckter Vorspann fasst die wichtigsten Informationen (W-Fragen) zusammen.
3. Im Hauptteil erfolgt eine ausführliche Darstellung der Nachricht mit Erklärung der Zusammenhänge und Hintergründe.
4. Die Darstellung ist sachlich, wertende Äußerungen durch den Berichterstatter fehlen.
5. Aussagen von Personen werden in direkter und indirekter Rede wiedergegeben.
6. Häufig ergänzt den Text ein erklärendes Bild.

Die **Reportage** ist das Ergebnis vielfältiger Nachforschungen (= Recherchen). Die Reportage will nicht nur informieren, sondern die Leser auch durch die lebendige Art der Darstellung in besonderem Maße ansprechen.
Merkmale:
1. Die Überschrift ist so formuliert, dass sie die Neugier der Leser weckt.
2. Häufig informiert ein halbfett gedruckter Vorspann über den Inhalt der Reportage.
3. Der Anfang lässt die Leser oft ein Geschehen miterleben.
4. Sachlich-informierende Textstellen wechseln mit persönlich-schildernden Darstellungen.
5. Dadurch ergibt sich oft ein Wechsel von Zeitstufen (z. B. Präteritum für Rückblick).
6. Häufig werden Aussagen von Personen in wörtlicher Rede wiedergegeben.
7. Oft findet man wertende Meinungsäußerungen der Autorin/des Autors.
8. Illustrierende oder erklärende Bilder unterstützen die Aussagen des Textes.
9. Der Name der Autorin/des Autors wird angegeben.

Das **Interview** ist das Ergebnis eines Gesprächs, in dem ein Journalist/eine Journalistin gezielte Fragen an eine Person stellt, die von ihr beantwortet werden. Das Ziel kann darin bestehen, aktuelle Informationen über bestimmte Sachverhalte zu erhalten oder die persönliche Meinung zu einem bestimmten Problem zu erfahren.

Kommentierende Texte
Der **Kommentar** liefert eine Meinung zu einem Sach-

verhalt. Diese kann zustimmend oder ablehnend sein.
Merkmale:
1. Häufig wird er in Verbindung mit einem Bericht oder einer Meldung geschrieben.
2. In vielen Zeitungen erscheinen die Kommentare an einer bestimmten Stelle (z. B. Kommentare zu politischen Ereignissen).
3. Kürzere Kommentare beziehen sich oft auf einen Artikel auf der gleichen Seite.
4. Die Autorin/der Autor wird genannt.
5. In der Regel verwenden Kommentare keine Bilder.

Oft haben Kommentare einen typischen Aufbau:
1. Zunächst werden die wichtigsten Informationen dargestellt, die zum Verständnis der Stellungnahme nötig sind.
2. Die Autorin/der Autor legt seine Meinung begründet dar.
3. Als Abschluss wird meist ein Wunsch oder ein Ausblick formuliert.

Die **Glosse** ist ein locker geschriebener, häufig kritisch gehaltener Kommentar zu einem aktuellen Ereignis. Glossen stehen in vielen Zeitungen und Zeitschriften an einem festen Platz, haben das gleiche Layout und sind eine Form der persönlichen Meinungsäußerung.
Merkmale:
1. Sie sind oft zugespitzt formuliert und humorvoll geschrieben.
2. Aktuelle Themen oder neue gesellschaftliche Erscheinungen werden kritisiert oder verspottet.
3. Die Kenntnis des Sachverhalts wird vorausgesetzt.
4. Sie enden oft mit einer überraschenden Wende am Schluss (Pointe).
5. In Glossen tauchen immer wieder ironische Formulierungen, sprachliche Bilder, Wortspiele, Doppeldeutigkeiten und Anspielungen auf.

Der (oder das) **Essay** ist eine kürzere, sprachlich lebendige Abhandlung, in der ein Problem von verschiedenen Seiten betrachtet und in der die persönliche Meinung der Autorin/des Autors zum Ausdruck gebracht wird.

Karikatur: Durch Über- oder Untertreibungen werden in Zeichnungen menschliche Schwächen oder Missstände kritisiert und lächerlich gemacht.

Klimax: → *Sprachliche Mittel*

Kommentar: → *Journalistische Textsorten*

Konjunktiv: Die Verbform, die wir normalerweise verwenden, nennt man **Indikativ (Wirklichkeitsform)**:
Er sagt: „Ich komme morgen."
In der indirekten Rede (→ *Merkmale erzählender Texte*) verwendet man meistens den **Konjunktiv (Möglichkeitsform)**: Er sagt, er komme morgen.
Der Konjunktiv gibt an, was ein anderer gesagt haben soll.

Kurzgeschichte: Es handelt sich um einen kürzeren erzählenden Text. Die folgenden Merkmale sind zwar typisch für Kurzgeschichten, aber nicht immer treffen alle Kriterien in gleicher Weise zu.
Merkmale:
1. Die Handlung setzt unvermittelt ein.
   Es fehlen einleitende Angaben zu Ort, Zeit und Personen der Erzählung.
2. Gegenstand der Kurzgeschichte sind Alltagspersonen in Alltagssituationen.
3. Die Hauptperson ist einem Problem oder einer kritischen Situation ausgesetzt.
4. Oft nimmt die Handlung eine unerwartete Wendung.
5. Der Schluss ist offen. Der Leser soll über den Fortgang der Handlung selbst nachdenken.
6. Die Darstellung der Handlung ist kurz gefasst und auf das Wesentliche beschränkt.
7. Typische Merkmale der Sprache in Kurzgeschichten:
   - Wiederholungen, Aufzählungen,
   - Umgangssprache, Jugendsprache,
   - mehrere kurze Sätze, die aufeinanderfolgen,
   - unvollständige Sätze (Ellipsen).

Lyrik: Lyrik bezeichnet Dichtung in Versform (Gedichte). Früher wurden die Verse zur Lyra, einem alten Saiteninstrument, gesungen. Deshalb sagt man auch heute noch einfach: Lyrik ist liedartige Dichtung. Viele Gedichte sind vertont worden.
Im Gedicht drückt das → *lyrische Ich* seine Gefühle, seine Stimmungen, aber auch seine Erlebnisse, Einstellungen und Gedanken aus.
Viele Gedichte sind in **Strophen** gegliedert. Mindestens zwei Verszeilen werden in einer Strophe zusammengefasst. Oft beginnt mit einer Strophe ein neuer Gedanke. Es gibt Gedichte, die zwar einem bestimmten Rhythmus folgen, aber nicht am Wort- und Versende gereimt sind.
Durch **Reime** erhalten Gedichte eine bestimmte Klangwirkung. Durch den Gleichklang der Reimwörter (z. B. *küssen – müssen; Fassaden – baden*) werden oft zwei oder mehr Verszeilen miteinander verbunden.
Drei Reimformen werden besonders oft verwendet:

Paarreim
a Sonne
a Wonne
b Eis
b heiß

umarmender Reim
a Sonne
b Eis
b heiß
a Wonne

Kreuzreim
a Sonne
b Eis
a Wonne
b heiß

Unter dem **Metrum** eines Gedichts versteht man die Folge von betonten und unbetonten Silben in den Wörtern eines Verses:

x x́ x x́ x x́ x (= Jambus)
Es war, als hätt der Himmel ...

x́ x x́ x x́ x x́ x (= Trochäus)
Als ich schläfrig heut erwachte ...

Eine besondere Gedichtform stellt das **Sonett** dar. Diese Gedichtform wurde im 14.–16. Jahrhundert häufig verwendet. Sie besteht aus zwei Strophen zu vier Zeilen und zwei Strophen zu drei Zeilen. Häufig wird in den beiden Vierzeilern das Thema vorgestellt, während die abschließenden Dreizeiler eine Auswertung oder Schlussfolgerung beinhalten.

Lyrisches Ich: Das lyrische Ich kann die oder der Sprechende im Gedicht sein. Das lyrische Ich kann, muss aber nicht die Einstellung oder Stimmung der Dichterin/des Dichters wiedergeben.

Märchen: Märchen erzählen Geschichten, die sich in Wirklichkeit nicht ereignen könnten. Oft handeln sie von Zauberern, Hexen, Feen und sprechenden Tieren. In einer räumlich und zeitlich nicht festgelegten Welt steht die Hauptfigur vor großen Gefahren und kaum lösbaren Aufgaben. Die Zahlen 3, 6, 7, 12 spielen eine besondere Rolle. Auch formelhafte Sprüche sind typisch für Märchen. Am Ende siegt meist das Gute.

Merkmale erzählender Texte: Wenn man eine Erzählung analysieren will, ist die genaue Untersuchung von folgenden Merkmalen wichtig:

1. **Erzählperspektive:** Ein Autor kann in unterschiedlicher Weise erzählen. Daher unterscheidet man:
   Ich-Erzählung: Das Geschehen, aber auch Gedanken und Gefühle werden aus der Sicht einer bestimmten Figur in der 1. Person erzählt: *Meine Eltern schlafen sicher schon. Mir aber dreht sich der Kopf, und ich komm nicht zur Ruhe. Was soll ich nur tun? Könnte ich doch nur die Zeit um einen halben Tag zurückdrehen!*
   Er-/Sie-Erzählung: Der Erzähler stellt seine Personen in der dritten Person vor. Er kann dabei **als auktorialer Erzähler (auktoriales Erzählen/auktoriale Erzählsituation)** auftreten. Der Autor ist der Allwissende, der das Geschehen von außen erzählt und auch mehr weiß als die Figuren des Geschehens und daher Ereignisse voraussehen oder auf sie zurückblicken und sie kommentieren kann.
   Jan vermutete, dass seine Eltern schon schliefen, während er sich im Bett wälzte und sich heftige Vorwürfe machte. Ein bisschen tat er sich auch selbst leid. Seine Eltern schliefen jedoch keineswegs, sondern fassten einen Entschluss.
   Der Erzähler kann aber auch in der 3. Person aus der Sicht einer Person die Geschichte erzählen und kommentieren. Man spricht dann von einem **personalen Erzähler (personales Erzählen/personale Erzählsituation):**
   Jan wälzte sich im Bett und fand keine Ruh. Sicher würden seine Eltern schon schlafen. Warum nur konnte er die Zeit nicht zurückdrehen, nur einen halben Tag?
2. **Zeitverhältnisse:** Wenn ein Erzähler ein Geschehen, das in der Realität sehr kurz ist, sehr ausführlich darstellt und kommentiert, spricht man von **Zeitdehnung:** *In diesem Augenblick des Fallens liefen die Ereignisse der letzten Tage in seinem Kopf wie in einem Film ab: die Begegnung mit seinem Vater, sein unbeherrschtes Verhalten Marion gegenüber und das Treffen mit dem großen Unbekannten, der ihn in diese ausweglose Situation gebracht hatte.*
   Von **Zeitraffung** hingegen spricht man, wenn der Autor ein Geschehen, das in der Realität länger dauert, zusammenfasst, nur andeutet oder überspringt:
   Als Jan Stunden später im Krankenhaus aufwachte, hatte er Mühe, sich zurechtzufinden.
3. **Redeformen:** Der Erzähler kann unterschiedliche Redeformen verwenden.
   Direkte Rede: In wörtlicher Rede werden Äußerungen und Gedanken wiedergegeben: *Jan war aufgebracht: „Was wissen Sie schon, was geschehen ist!“*
   Indirekte Rede: Äußerungen werden vom Erzähler wiedergegeben, zumeist unter Verwendung des → *Konjunktivs: Vollkommen unbeherrscht machte er allen um ihn Stehenden Vorwürfe, dass schließlich niemand gekommen sei, ihm zu helfen, und er daher ganz allein auf sich selbst gestellt gewesen sei.*
   Erlebte Rede: Der Erzähler gibt die Gedanken und Gefühle in der 3. Person und meistens im Präteritum wieder: *Als alle den Raum verlassen hatten, war Jan sehr niedergeschlagen. War es nicht auch sein Fehler, dass es so weit gekommen war? War er nicht einfach zu stolz gewesen?*
   Innerer Monolog: Die Gedanken und Gefühle werden in der Ich-Form dargestellt, häufig im Präsens: *Jan nahm sein Handy und suchte die Nummer von Marion. Ich werde ihr alles erklären. Ich werde sie nicht um Verzeihung bitten, denn mein Verhalten kann man nicht entschuldigen.*
4. **Satzbau:** Man unterscheidet folgende Möglichkeiten des Satzbaus:
   - **Satzreihe (Parataxe):** Es werden nur Hauptsätze aneinandergereiht. Häufig sind sie kurz: *Jan schwieg. Sein Puls raste. Blut schoss ihm in den Kopf. Dann sprang er auf.*
   - **Satzgefüge (Hypotaxe):** Darunter versteht man den Verbund von Haupt- und Nebensätzen: *Als er die Tür öffnete* (Nebensatz), *blies ihm ein kalter Wind entgegen* (Hauptsatz), *der schon vor geraumer Zeit begonnen hatte zu wehen und sich nun zu einem Sturm entwickelte* (Relativsatz).
   - **Unvollständige Sätze (Ellipse):** → *Sprachliche Mittel*

   Die Wirkung dieser Satzformen kann sehr unterschiedlich sein und kann nur aus dem Zusammenhang des Textes erschlossen werden.
5. **Sprachliche Mittel:** → *Sprachliche Mittel*

Metapher: → *Sprachliche Mittel*

Metrum: → *Lyrik*

Neologismus: → *Sprachliche Mittel*

Paradoxon: → *Sprachliche Mittel*

Parallelismus: → *Sprachliche Mittel*

Personaler Erzähler: → *Merkmale erzählender Texte*

Personifikation: → *Sprachliche Mittel*

Redeformen: → *Merkmale erzählender Texte*

Reim: → *Lyrik*

Reportage: → *Journalistische Textsorten*

Rhetorische Frage: → *Sprachliche Mittel*

Roman: Der Roman ist eine lange Erzählung, die zwischen mehreren hundert und tausend Seiten umfassen kann. Im Zentrum eines Romans steht oft die ausführliche Schilderung der problematischen Situation eines Einzelnen.

Beschrieben wird, wie er in seiner Umgebung und mit seinen Mitmenschen lebt, sich verändert und entwickelt.

Rückblick: Vor allem in der → *Epik* (Erzählung, Roman) gibt es solche Einschübe, die vor der Zeit der eigentlichen Handlung spielen. Sie dienen dazu, die jetzige Situation oder das Handeln einer Figur zu erklären.

Sachtext: Ein Sachtext informiert über Tatsachen, Vorgänge und Sachverhalte. Er kann z. B. über die Tier- oder Pflanzenwelt informieren oder über bedeutsame Ereignisse. Sachtexte findet man in Zeitungen, Zeitschriften oder in Sach- oder Schulbüchern.

Satire: Eine satirische Darstellung zeigt menschliche Schwächen oder Fehler in stark übertriebener Darstellungsweise auf. Sie will diese lächerlich machen, zum Nachdenken anregen, kritisieren und häufig auch eine Änderung von Verhaltensweisen bewirken. Satire kann in verschiedenen Textsorten auftreten.

Merkmale:
1. Ironie → *Sprachliche Mittel*
2. Übertreibungen und überzogene Vergleiche
3. Verspottungen durch ins Lächerliche gezogene Situationen
4. Wortspiele

Satzgefüge: → *Merkmale erzählender Texte*

Satzreihe: → *Merkmale erzählender Texte*

Sprachliche Mittel: Nahezu in allen Texten werden gezielt sprachliche Mittel eingesetzt, um bestimmte Wirkungen zu erzielen (siehe Übersicht unten).

Sonett: → *Lyrik*

Strophe: → *Lyrik*

Umarmender Reim: → *Lyrik*

Vergleich: → *Sprachliche Mittel*

Vers: → *Lyrik*

Zeitdehnung: → *Merkmale erzählender Texte*

Zeitraffung: → *Merkmale erzählender Texte*

Zeitverhältnisse: → *Merkmale erzählender Texte*

Sprachliche Mittel	Erläuterung	Beispiel	mögliche Wirkung
Alliteration, die	Wiederholung von Anfangslauten bei aufeinanderfolgenden Wörtern	Milch macht müde Männer munter.	emotionale Verstärkung des gewünschten Eindrucks
Anapher, die	Wiederholung derselben Wortgruppe an Satz-/Versanfängen	Worte sind verletzend. Worte sind unersetzlich.	Eindringlichkeit; Rhythmisierung erreichen
Ellipse, die	unvollständiger Satz, der aber sinngemäß leicht zu ergänzen ist	Feuer! / Je früher der Abschied, desto kürzer die Qual.	der wichtigste Aspekt soll hervorgehoben werden
Euphemismus, der	Beschönigung	vollschlank statt dick / eingeschlafen statt gestorben	abgemilderte Negativbotschaft, taktisches Verhalten
Hyperbel, die	starke Unter- oder Übertreibung	Es ist zum Haareraufen! / ein Meer von Tränen	Dramatisierung; starke Veranschaulichung
Ironie, die	Äußerung, die durchblicken lässt, dass das Gegenteil gemeint ist	Das hast du ja ganz toll hinbekommen! / Vier Wochen Regen. Super!	Herabsetzung; kritische Anmerkung; Stellungnahme
Klimax, die	Steigerung; meist dreigliedrig	Sie kam, sah und siegte.	Dramatisierung
Metapher, die	verkürzter Vergleich, Verwendung eines Wortes in übertragener Bedeutung	Geldwäsche / Er war ein Löwe in der Schlacht. / Du bist meine Sonne.	Veranschaulichung
Neologismus, der	Wortneuschöpfung	Mobbing / Gammelfleisch / unkaputtbar (Werbesprache)	Hervorhebung
Paradoxon, das	Zusammenstellung von Wörtern, die sich eigentlich widersprechen	bittersüß / Vor lauter Individualismus tragen sie eine Uniform.	starker Anreiz zum Nachdenken
Parallelismus, der	Wiederholung gleicher Satzstrukturen	Ein Blitz leuchtete, der Donner folgte, ein Gewitter setzte ein.	Dramatisierung, Intensivierung
Personifikation, die	Vermenschlichung; Gegenstände oder Tiere erhalten die Eigenschaften oder Fähigkeiten von Menschen	Die Sonne lacht. / Die Smileys haben uns fest im Griff. / Mutter Natur	lebendige und anschauliche Darstellung
Rhetorische Frage, die	scheinbare Frage, deren Antwort jeder kennt; Leser und Zuhörer müssen zustimmen, da ihr Einverständnis vorausgesetzt wird	Gibt es den idealen Menschen? / Wer ist schon perfekt? / Wer glaubt denn das noch?	Mobilisierung einer bestätigenden Reaktion der Leser
Vergleich, der	Verknüpfung zweier Begriffe mit *wie*	Der Kämpfer ist stark wie ein Löwe.	anschauliche Darstellung